Torsten Selck · Tim Veen

Die politische Ökonomie des EU-Entscheidungsprozesses

Torsten Selck · Tim Veen

Die politische Ökonomie des EU-Entscheidungs- prozesses

Modelle und Anwendungen

VS VERLAG FÜR SOZIALWISSENSCHAFTEN

Bibliografische Information der Deutschen Nationalbibliothek
Die Deutsche Nationalbibliothek verzeichnet diese Publikation in der
Deutschen Nationalbibliografie; detaillierte bibliografische Daten sind im Internet über
<http://dnb.d-nb.de> abrufbar.

1. Auflage 2008

Alle Rechte vorbehalten
© VS Verlag für Sozialwissenschaften | GWV Fachverlage GmbH, Wiesbaden 2008

Lektorat: Katrin Emmerich / Marianne Schultheis

VS Verlag für Sozialwissenschaften ist Teil der Fachverlagsgruppe
Springer Science+Business Media.
www.vs-verlag.de

Umschlaggestaltung: KünkelLopka Medienentwicklung, Heidelberg
Druck und buchbinderische Verarbeitung: Krips b.v., Meppel
Gedruckt auf säurefreiem und chlorfrei gebleichtem Papier
Printed in the Netherlands

ISBN 978-3-531-15406-0

Danksagung

Wir möchten uns bei Constanze Kathan und Damaris Mattner für ihre wertvolle Unterstützung während des Editierens dieses Bandes bedanken.

Inhalt

Die politische Ökonomie des EU- Entscheidungsprozesses:
Modelle und Anwendungen

Die Europäische Union aus der Sicht der politischen Ökonomie

Torsten J. Selck/Tim Veen

1 Einleitung

Im März 2007 unterzeichneten die 27 Mitgliedsstaaten der Europäischen Union (EU) unter Federführung der deutschen Ratspräsidentschaft feierlich die ‚Berliner Erklärung‘. 50 Jahre nach der offiziellen Ratifizierung der Verträge zur Gründung der Europäischen Wirtschafts- Gemeinschaft (EWG) in Rom bekannte sich die EU in dieser Erklärung zu erneuten grundsätzlichen Reformen sowie zur Schaffung einer neuen vertraglichen Grundlage bis zum Jahre 2009. Dieser Fahrplan wurde auf dem EU-Gipfel unter deutscher Ratspräsidentschaft in Brüssel Juni 2007 noch einmal bekräftigt. Zum Zeitpunkt des Drucks dieses Sammelbands befindet sich die EU in der Ratifikationsphase des ‚Vertrags von Lissabon‘, wie die neue vertragliche Basis der Europäischen Union genannt wird, nachdem sich die Regierungsführer im Dezember 2007 über dessen Inhalt auf dem Ratsgipfel ebenjener Stadt einig geworden waren. Durch den Vertrag von Lissabon werden die institutionellen Hemmnisse Vertrags von Nizza (2001) weitestgehend entschärft, wodurch eine effizientere Entscheidungsfindung auf EU-Ebene gewährleistet sein soll. Vorrangiges Ziel ist es, die institutionellen Grundlagen dafür zu schaffen, dass die Union auch mit der geplanten Aufnahme weiterer Beitrittskandidaten, wie z.B. Kroatiens und der Türkei, in Ihren Entscheidungsverfahren handlungsfähig bleibt.

Die Berliner Erklärung und der daraus resultierende Vertrag von Lissabon werden darum auch als ersehnte Impulse, von manchen gar bereits als historische Meilensteine der Integrationsgeschichte der Europäischen Union gesehen. War noch 2003 durch die Volksabstimmungen in Frankreich und in den Niederlanden die Errichtung einer stabileren vertraglichen Basis durch den Vertrag über eine Verfassung von Europa (VVE) gescheitert, so ist die Berliner Erklärung nun ein „Glücksfall für Europa und die Welt", wie es der luxemburgische Ministerpräsident Jean-Claude Juncker in einem Interview mit dem Deutschlandfunk beschrieb. Nach den Rückschlägen von 2003 sowie der im Zuge dessen neu entfachten Kritik an Brüssel und seinen Institutionen, wurden in Berlin und Lissabon die benötigten Zeichen zur Trendwende gesetzt. Der Europäische Rat bezog dabei eindeutig die Position, dass die Europäische Union mit ihrem Leitmotiv der „ever closer union" (Dinan 1999) allen Widerständen zum Trotz bestrebt sei, gemeinsam und geeint an einer Zukunft für die Europäische Union und ihrer nunmehr 27 Mitgliedsstaaten zu arbeiten.

In den 50 Jahren, die seit der Unterzeichnung der Römischen Verträge 1957 verstrichen sind, hat der europäische Integrationsprozess manche Höhen und Tiefen erlebt. So musste sich dieses größte politische und wirtschaftliche Gemeinschaftsprojekt Europas, bisweilen sogar als eine „never ending succes story" (Schneider 2002) beschrieben, so manches Mal mühsam aus Fasen der „Eurosklerose" und Stagnation befreien. Langsam jedoch wuchs die Europäische Union in diesem halben Jahrhundert zu jenem quasi-föderalen System und friedvollen Verbund von Staaten zusammen (Wallace 1983), wie wir sie heute kennen, einem „middle ground between the cooperation of existing nations and the breaking of a new one" (Scharpf 1988: 242), auf dem der wirtschaftliche Wohlstand und die politische Stabilität Europas in weiten Teilen begründet liegen. Dies konnte jedoch nur dadurch erreicht werden, dass die Mitgliedsstaaten Europas bereits im frühen Stadium ihrer intereuropäischen Kooperation begonnen hatten, wichtige Entscheidungen auf intergouvernementaler Ebene zu treffen sowie nationalstaatliche Befugnisse auf die „supranationale" Ebene, d.h. auf die der Europäischen Union, zu übertragen. Im Laufe der Zeit wurde die Verflechtung der Mitgliedsstaaten mit der EU stets vielschichtiger. Auch das interinstitutionelle politische Gefüge der EU durchlief manche Revidierung und Überarbeitung. Diese Entwicklungen trugen ihrerseits dazu bei, dass sich die Entscheidungsfindung der EU zu einer in der Welt einmaligen Kooperation von Nationalstaaten entwickelte.

Dieser Sammelband soll einen Beitrag leisten, die komplexen Entscheidungsprozesse auf den diversen Ebenen der Europäischen Union sowie ihrer Organe und Mitgliedsstaaten durch Anwendung politikökonomischer Theorien und Modelle verständlich zu machen. Gleichzeitig stellt der Band eine angewandte Einleitung in das Rational-Choice-Paradigma dar, das in den Autorenbeiträgen vornehmlich zu Rat gezogen wird, um die EU erklären und verstehen zu lernen. Bevor dies jedoch en détail in den nachfolgenden Kapiteln geschieht, soll in dieser Einleitung eine theoretische Grundlage hierfür geschaffen werden. Wir gehen daher in diesem Abschnitt nachfolgend auf die Integrationsgeschichte der Europäischen Union, die Entwicklung ihrer Entscheidungsprozesse sowie auf die Positionierung der politischen Ökonomie innerhalb europäischer Integrationstheorien ein. Abschließend wird die Struktur dieses Sammelbandes erläutert und werden die nachfolgenden Kapitel im Einzelnen kurz zusammengefasst.

2 Die Integrationsgeschichte der EU: Von Vernunftehe zu Liebe auf den zweiten Blick?

Um die politische und ökonomische Entwicklung der Europäischen Union verstehen zu können, sollte man noch in die Zeit vor der Gründung der Europäischen Gemeinschaften im Jahre 1957 zurückblicken. Denn bereits kurz nach dem Ende des Zweiten Weltkrieges, ging in Europa erneut die Angst vor einem Krieg um. Diese Angst wurde zum einen durch die Furcht vor einem möglicherweise wiedererstarkenden Westdeutschland geschürt (McCormick 2005), sowie zum anderen durch Befürchtungen vor weiteren kommunistischen Expansionsplänen der UdSSR in Richtung Westen bestärkt.[1] Es sollte sich im Laufe der folgenden Jahre zeigen, dass diese beiden Motive als eine Art Katalysator auf die politische und wirtschaftliche Integration der westlichen europäischen Nachkriegsstaaten wirkten. Denn nur durch eine Gemeinschaft der europäischen Staaten konnte gleichzeitig eine wirksame Blockbildung gegen Russland stattfinden, als auch Deutschland effektiv in diesen Prozess eingebunden werden, wodurch ein weiterer deutscher 'Sonderweg' verhindert werden sollte.

Die Vereinigten Staaten wollten nach dem Zweiten Weltkrieg den Einfluss Russlands auf West-Europa möglichst zügig eindämmen. Der Wiederaufbau der im Krieg zerstörten nationalen Volkswirtschaften Europas war hierfür von größter Wichtigkeit. Die Amerikaner stellten dazu den Marshallplan, offiziell als das *European Recovery Program* bezeichnet, als wirtschaftliche Starthilfe auf. Hierdurch wurden rund 12,5 Milliarden US Dollar in den Aufbau West-Europas investiert (Milward 1984: 94). Neben seinen wirtschaftlichen Effekten hatte der Marshallplan jedoch auch eine politische Bedeutung. Die Wirtschaftshilfe führte zu ersten Schritten der Zusammenarbeit der Länder Europas. Dabei wurde den Nationen vor Augen geführt, wie groß die gegenseitige Abhängigkeit ihrer Ökonomien untereinander war (Urwin 1995), und dass nur eine enge Kooperation den Schlüssel zum wirtschaftlichen Erfolg bedeuteten konnte. In diesem Sinne wurde alsbald mit dem Wirtschaftsplan OEEC (der Europäische Wirtschaftsrat in Paris) eine europäische Initiative zur direkten Unterstützung des Marshallplans beschlossen, die die gemeinsamen Wiederaufbaubemühungen der Volkswirtschaften weiter verstärken sollte und gleichzeitig eine erste institutionalisierte Zusammenarbeit der (west-)europäischen Nationen darstellte. Zusammenfassend waren die sicherheitspolitischen Aspekte sowie das Bestreben nach einem schnellen wirtschaftlichen Wiederaufbau die Gründe für den Beginn einer Vernunftehe im Westen Europas; gleichzeitig fiel dabei auch der Startschuss für die

[1] Der Überfall Nordkoreas auf Südkorea am 25. Juni 1950 und der Konflikt um Berlin in den Jahren nach dem Zweiten Weltkrieg machten deutlich, dass die sowjetische Ideologie nach dem Zweiten Weltkrieg expansiv geprägt war.

Integrationsgeschichte der EU. Eine bewegte Liebesgeschichte nahm so ihren Anfang.

Den bis dato deutlichsten politischen Impuls erhielt die europäische Integration durch die Errichtung der Europäischen Gemeinschaft für Kohle und Stahl (EGKS), oftmals auch als Montanunion bezeichnet. Im Gegensatz zum Marshallplan war die EGKS ursprünglich ins Leben gerufen worden, um die Ressourcen der deutschen Rüstungsindustrie in ein Korsett zu zwängen, das der Bundesrepublik keine Luft für eine erneute Wiederaufrüstung erlauben sollte. Die Montanunion war das geistige Kind des damaligen französischen Außenministers Robert Schuman.[2] So sollte daher besonders Frankreich nach der Gründung der EGKS seine Furcht vor Deutschland, dem alten „Erbfeind", durch die fruchtbare und vertrauensvolle Zusammenarbeit dieser Jahre verlieren (Monnet 1978: 292). Ziel der 1951 durch den Pariser Vertrag errichteten Montanunion war neben der rüstungsökonomischen Kontrolle Deutschlands die Errichtung einer Freihandelszone für Kohle und Stahl zwischen den Benelux-Ländern, Italien, Deutschland und Frankreich. Die bemerkenswerteste und richtungsweisendste Eigenschaft der EGKS für die Integration der EU war jedoch ihre teils supranational gestaltete politische Befugnis. Der EGKS war es zum Beispiel gestattet, autonom die Handelsbarrieren der Freihandelszone zu verringern oder eigene Geldmittel durch Steuersätze auf Handelsgüter zu erheben, was ihr eine gewisse finanzielle Selbstständigkeit einbrachte. Die Gremien dieser neuen Organisation, und somit die Vorläufer der Organe der heutigen Europäischen Union, waren die so genannte Hohe Behörde, der Ministerrat, die Gemeinsame Versammlung und der Gerichtshof. Diese Institutionen waren verantwortlich für die politische Entscheidungsfindung und für die Durchführung der Entscheidungen der EGKS. Die Hohe Behörde hatte hierbei eine deutlich mächtigere Position als der Rat der Minister (Craig/De Búrca 1998: 9), was die supranationale Tendenz der Montanunion noch einmal unterstrich.

Neben der EGKS sowie der Initiativen von Marshallplan und OEEC wurde überdies im Jahr 1948 der Europarat gegründet. Dieser hatte die Förderung der politischen, wirtschaftlichen, kulturellen, wissenschaftlichen und justiziellen Kooperation der Staaten Europas zum erklärten Ziel. Darin nur bedingt erfolgreich, beschränkt sich der Rat von Europa heute, der im übrigen völlig unabhängig und autonom von den Institutionen der EU agiert, vornehmlich auf die Förderung und Wahrung der Menschenrechte, und ist im Zuge dessen zu Europas führender Menschenrechtsorganisation avanciert (Quinn 2001: 852).

Eine Institutionalisierung von supranationaler Kooperation auf dem Gebiet der Sicherheits- und Verteidigungspolitik kam in den Jahren kurz nach dem

---

[2] Der ursprüngliche Plan zur Gründung der EGKS wird auch als „Schuman-Plan" bezeichnet.

Zweiten Weltkrieg trotz einiger Initiativen nicht zustande. Sowohl die Europäische Politische Gemeinschaft (EPG) als auch die Europäische Verteidigungsgemeinschaft (EVG) scheiterten 1953 an dem Veto Frankreichs. Dies schien anfangs recht verwunderlich, war Frankreich doch der Initiator der EVG. Da aber der Indochina-Krieg die Kräfte Frankreichs aufzehrte und die Vierte Republik in Asien die politische Unterstützung der Sowjetunion benötigte, opferte Frankreich in diesen Jahren die europäische Sicherheit für eine Kooperation mit der UdSSR im Fernen Osten (Besson 1970). Die Gründung der EVG hätte zur Folge gehabt, dass die sechs Armeen der Montanunionmitglieder vollständig verschmolzen wären, was für die Sowjetunion einen politischen Affront bedeutet hätte. Dennoch konnte 1954 zumindest ein erster Schritt in eine gemeinsame sicherheitspolitische Richtung durch die Gründung der Westeuropäischen Union (WEU) durch den Brüsseler Vertrag, dem so genannten Fünfmächtepakt, genommen werden.[3] Die WEU sollte dabei als Ersatz für die EVG dienen, allerdings ohne den supranationalen Charakter, den diese gehabt hätte.[4] Neben der NATO, die bereits 1949 gegründet wurde und auch einige westeuropäische Staaten zu ihren Mitgliedern zählte, waren die Länder Europas durch die WEU sicherheitspolitisch in einem europäischen Verbund miteinander verwoben. Neben Ressentiments gegenüber der expansiven Außenpolitikpolitik der Sowjetunion war dabei auch das wirtschaftlich erstaunlich schnell wiedererstarkte Deutschland ein Motiv für Überlegungen im Bereich der Sicherheitspolitik. So waren Westeuropa und die USA bestrebt, Sicherheit *mit* Deutschland und zugleich die Sicherheit *vor* Deutschland zu erreichen (Kielmansegg 2003: 139ff.), noch stets im Hinterkopf habend, wem die letzten verheerenden Kriege hauptsächlich zu verdanken waren.

Der nächste Meilenstein in der europäischen Integrationsgeschichte war die offizielle Errichtung der Europäischen Wirtschaftsgemeinschaft (EWG) im Jahr 1957. Durch die Europäische Wirtschaftsgemeinschaft sollte vor allem auf anhaltende und tiefere wirtschaftliche Zusammenarbeit sowie auf die supranationale Koordination zwischen den Gründungsmitgliedern hingearbeitet werden. Darüber hinaus wurde in den Verträgen die Gründung der Europäischen Atomgemeinschaft (Euratom) beschlossen, die neben der Friedenssicherung der Atomkraft auch deren zivile Nutzung in den Mitgliedstaaten zum Ziel hatte. EGKS,

---

[3] Dieser zwischen Großbritannien, Frankreich und den Beneluxländern am 17.3.1948 abgeschlossene Vertrag manifestierte die wirtschaftliche, soziale und kulturelle Zusammenarbeit sowie die kollektive Selbstverteidigung dieser Länder (vgl. Fuchs/Raab 2001).

[4] Die WEU wird auch als Schockabsorber zwischen den Institutionen EU und NATO bezeichnet, weil sie die Verteidigung der europäischen Länder unabhängig koordinierte, zugleich aber auch eine moderierende Rolle zwischen den entgegengesetzten Interessen von EU und NATO spielte (Deighton 2002).

Euratom und EWG gingen übrigens später in der Europäischen Gemeinschaft (EG) auf. Wie kam es aber zur EWG?

Nach einem Treffen der EGKS-Minister 1955 im italienischen Messina kam man darin überein, das ‚Projekt Europa' weiter voranzutreiben. Eine Kommission zur Ausarbeitung dieser Pläne unter der Leitung von Paul-Henri Spaak wurde eingerichtet, deren Abschlussbericht zu neuen Verhandlungsrunden und schlussendlich zur Gründung der EWG sowie der Euratom führte. Die Europäische Wirtschaftsgemeinschaft (1993 wurde sie aufgrund ihres nunmehr breiteren Aufgabenspektrums in Europäische Gemeinschaft umbenannt) hatte eine politische Struktur ähnlich der der EGKS. Eine neunköpfige Kommission wurde mit der Ausarbeitung von Gesetzesinitiativen betraut. Dieses Organ kann als Nachfolger der Hohen Behörde betrachtet werden, wobei die Kommission weniger supranationalen Handlungsspielraum besaß als ihre Vorgängerbehörde (Selck 2004: 39). Dies macht deutlich, dass man bei der EWG nicht vollständig an das hohe Maß an Supranationalität der Montanunion anknüpfen wollte und sich erst einmal auf mehr intergouvernementale, oder zwischenstaatliche, Kooperation verließ. Die Parlamentarische Versammlung, die im Jahr 1962 in das Europäische Parlament (EP) umbenannt wurde und seit 1979 direkt gewählt wird, hatte die Aufgabe, jeweils die EWG, die Euratom und die EGKS zu überblicken, sowie dem Rat der Minister kritische Ratschläge zu unterbreiten. Dabei hatte das Parlament von Beginn an die an die nationalen Parlamente angelehnte Möglichkeit inne, per Veto das gesamte Kollegium der Kommission abzulehnen. (Rittberger 2003) Wie schon bei der EGKS beschäftigte sich der Rat der Minister vor allem mit der Entscheidungsfindung der EWG (vgl. Hayes-Renshaw/Wallace 2006). Für rechtliche Streitigkeiten zwischen den Mitgliedsstaaten und für die Beilegung von Streitfällen zwischen Bürgern und Mitgliedsstaaten aufgrund von Gemeinschaftsrecht wurde der Europäische Gerichtshof (EuGH) eingesetzt.[5] Das große politische Ziel der EWG war die Einrichtung des Binnenmarkts innerhalb von zwölf Jahren nach Gründung. Dieses Ziel verfehlte die EWG allerdings um Jahrzehnte, da sie von Beginn der Sechziger Jahre bis in die Mitte der Achtziger Jahre in solch unruhiges politisches Fahrwasser geriet, dass der Kooperations- und Integrationsprozess Europas weitestgehend zum Stillstand kam. Zwar wurde im Jahr 1963, und somit sogar 18 Monate vor dem eigentlichen Stichtag, die Einrichtung einer gemeinsamen Zollunion vollbracht, das eigentliche Ziel des

---

[5] Die wichtigsten und richtungweisenden Entscheidungen des Gerichtshofs sind *Costa/Enel* und *Van Gend en Loos*. Darin wurden der Anwendungsvorrang sowie die direkte Wirkung von Gemeinschaftsrecht auf das nationale Recht der Mitgliedsstaaten festgelegt. In den Jahren bis zur Europäischen Akte fungierte der Gerichtshof mit seinen Urteilen als der eigentliche Motor der Integration, da der Rat der Minister durch den Kompromiss von Luxemburg in dieser Hinsicht stark eingeschränkt war (Tsebelis/Garrett 2001: 382).

Binnenmarkts jedoch war auf Jahre in weite Ferne gerückt. Diese schwierige Periode wird in der Politikwissenschaft als Fase der Eurosklerose und Stagnation bezeichnet. Vor allem der französische Präsident Charles de Gaulle erwies der Europäischen Gemeinschaft durch seine Außenpolitik einen Bärendienst. Die durch ihn herbeibeschworene ,Krise des leeren Stuhls' (1965) sowie der daraus hervorgegangene ,Luxemburger Kompromiss' (1966) sollten die Entscheidungs-findung der Gemeinschaft bis zur Europäischen Akte 1987 auf lange Sicht läh-men. Der Luxemburger Kompromiss sah nämlich vor, dass alle auf qualifizierter Mehrheit beruhenden EG-Beschlüsse von einem Mitgliedsstaat ausgesetzt wer-den konnten, wenn dieser ,sehr wichtige Interessen' gefährdet sah. Die politische Konsequenz für die Gemeinschaft war daher, dass sämtliche Beschlüsse *de facto* einstimmig beschlossen werden mussten. Zudem blockierte de Gaulle das Bei-trittsgesuch Großbritanniens von 1963, da er das Land als Rivalen um die Vor-machtstellung innerhalb der Europäischen Gemeinschaften sah (McCormick 2005: 65). Einen weiteren Höhepunkt erreichten die Spannungen des Westens mit Frankreich, nachdem es 1966 aus dem militärischen Teil der NATO ausget-reten war. Ein weiteres, die Eurosklerose verstärkendes, eher weltpolitisches Problem war die Energiekrise von 1973, die die Mitgliedsstaaten der EWG sich eher auf sich selbst als auf die Förderung der Gemeinschaft besinnen ließ.

Dennoch waren die Jahre der Eurosklerose nicht ausschließlich von integra-tivem Stillstand gekennzeichnet. So wurde zum Beispiel 1973 der Europäische Rat ins Leben gerufen, der bis heute die Geschicke der EU lenkt. Dieses Gre-mium besteht aus den Regierungsoberhäuptern der Mitgliedsländer, die die Auf-gabe haben, die polit-strategischen Rahmenrichtlinien der EG/EU festzulegen (Art. 4 EU).[6] Nachdem de Gaulle 1969 aus seinen Ämtern geschieden war, konnten sich schließlich auch Großbritannien, Irland und Dänemark im Jahr 1972 der EWG anschließen. Im Jahr 1968 wurde zudem die Gemeinschaftliche Agrarpolitik (GAP) eingeführt. Sie ist bis heute der größte Kostenfaktor im EU-Budget und ein ständiger Anlass für Kritik bei Verhandlungen über Handelsab-kommen der EU mit dritten Ländern und Organisationen. Darüber hinaus führte die GAP zu gigantischen Überschussproduktionen in der Landwirtschaft, in der Presse gerne als ,Zuckerberge' und ,Milchseen' tituliert. Diese sind jedoch in jüngster Zeit durch die neuen makroökonomischen Bedingungen – Chinas mas-siven Milchimport und die Nutzung von Nahrungsmitteln als alternative Brenn-stoffquellen – im Schwinden begriffen.

Neben diesen Entwicklungen begannen die Mitgliedstaaten in den Siebziger Jahren damit, über die Einführung einer gemeinsamen Währung nachzudenken

---

[6] Beispiele hierfür sind die Lissabon-Agenda (2003) sowie die bereits erwähnte Berliner Erklärung und der Vertrag von Lissabon (2007).

und die Wechselkurse der Währungen gemeinsam zu koordinieren, um innerhalb der Grenzen der Gemeinschaft durch makroökonomische Stabilität nachhaltiges Wachstum zu gewährleisten. Das Europäische Währungssystem (1979) wurde dabei durch sein Konzept der flexiblen Bandbreite zur Kontrolle der Währungsfluktuationen als ‚Schlange im Tunnel' bekannt. Es war zugleich der institutionelle Wegbereiter für die Wirtschafts-und Währungsunion, aus der dann der Euro entspringen sollte.

Die Unterzeichnung der Einheitlichen Europäischen Akte (engl. *Single European Act*) von 1987 gab der Europäischen Gemeinschaft unter Federführung des damaligen Kommissionspräsidenten Jacques Delors neuen Aufwind. In der Europäischen Akte wurde festgelegt, dass der Gemeinschaftliche Markt bis zum 31. Dezember 1992 vollendet werden sollte.[7] Außerdem wurde 1985 bereits das Schengener Abkommen verabschiedet, worin sich die europäischen Mitgliedsstaaten verpflichteten, sämtliche internen Zollkontrollen zu unterlassen. Ein weiterer wichtiger Punkt der Europäischen Akte war die Errichtung des sogenannten Kohäsionsfonds. Dieser sollte helfen, ökonomisch benachteiligte Regionen Europas zu fördern und sie mittelfristig an den wirtschaftlichen Stand der übrigen Regionen heranzuführen. Mit der Europäischen Akte wurde die Verantwortung der EU auf dem Gebiet des Konsumentenschutzes, der öffentlichen Gesundheit, der Bildung sowie der Sozialpolitik erweitert. Des weiteren wurde der Plan zur Vollendung der Europäischen Wirtschafts- und Währungsunion (EWU) vorangetrieben, die seit Mitte der Siebziger Jahre bestand.

Stand die Europäische Akte für eine tiefere wirtschaftliche Kooperation zwischen den europäischen Mitgliedsstaaten, so war der Vertrag von Maastricht (1992) der entscheidende Schritt zur einer engeren politischen Zusammenarbeit. Die Europäische Union wurde darin offiziell eingerichtet und in drei Kooperationsfelder, so genannte Pfeiler, unterteilt; eine Einteilung, die auch heute noch ihre Gültigkeit hat. Der erste Pfeiler beinhaltet die drei bereits existierenden Gemeinschaften, also die EGKS, die Euratom und die EWG. Die Europäische Kommission hat dort das Initiativrecht beim Entwurf von Gesetzen. EU-Gesetzgebungsinitiativen werden durch ein Zweikammersystem verhandelt, bestehend aus dem Rat der Europäischen Union (Ministerrat) und dem Europäischen Parlament, wobei es innerhalb des Gesetzgebungsprozesses unterschiedliche Verfahren zur Entscheidungsfindung gibt. Die Kommission fungiert im ersten Pfeiler auch als ‚Hüterin der Verträge', und sie sorgt dafür, dass der Wettbewerb auf dem europäischen Markt nicht diskriminierend ist. Hierbei wird sie vom Europäischen Gerichtshof unterstützt und überwacht. Im ersten Pfeiler hat

---

[7] Der Gemeinschaftliche Markt setzt den freien Verkehr von Gütern, Personen, Kapital und Dienstleistungen innerhalb der Grenzen des Marktes voraus. Diese werden auch die ‚vier Freiheiten' genannt. Das Projekt zur Vollendung dieses Plans erhielt den Namen ‚Projekt 1992'.

das europäische Gemeinschaftsrecht, auch als *acquis communautaire* bezeichnet, Anwendungsvorrang *vor* und eine direkte Wirkung *auf* das jeweilige nationale Recht der Mitglieder. Der zweite und der dritte Pfeiler der Europäischen Union sind beide von intergouvernementaler Art. In den zweiten Pfeiler ist die gemeinschaftliche Sicherheits- und Außenpolitik aufgenommen, in den dritten die polizeiliche und justizielle Zusammenarbeit zwischen den Mitgliedern. Folglich haben weder die Kommission noch das Europäische Parlament entscheidenden Einfluss auf diese Teilbereiche; der Rat der Minister besitzt dort die alleinige Weisungsbefugnis. Die Kommission kann zwar auch in diesen Bereichen ihre Meinung kundtun, aber die grundsätzlichen Entscheidungen liegen in den Händen der Mitgliedsstaaten. Daher ist auch die Einstimmigkeit der *modus vivendi* bei Verhandlungen innerhalb dieser Pfeiler.

Mit dem Maastricht Gipfel wurde spätestens deutlich, dass sich in der ursprünglichen Vernunftehe langsam eine gewisse Verliebtheit zwischen den Partnern eingestellt hatte. Die stete Erweiterung der supranationalen Kompetenzen der EU zeugten vom Vertrauen, das die Mitgliedstaaten dieser Form von internationaler Organisation einräumten. Wie es jedoch in fast jeder Beziehung der Fall ist, so kam auch hier alsbald die Erweiterung der Familie zur Sprache, und die Ehe geriet dadurch in den folgenden Jahren wiederum in unruhiges Fahrwasser.

Nachdem erst Griechenland (1981), Spanien und Portugal (1986) und schließlich auch Österreich, Schweden und Finnland (1995) der EU beigetreten waren, wurde bald darauf ein weiterer großer EU-Vertrag unterzeichnet, der Vertrag von Amsterdam (1997). Von diesem Vertrag wurde im Vorfeld viel erwartet, sollte er die Union institutionell auf die bevorstehende Erweiterung in Richtung Mittel- und Osteuropa vorbereiten. Jedoch konnten bei den Verhandlungen keine der im Vorfeld geplanten institutionellen Reformen befriedigend umgesetzt werden (Laursen 2002). Der Vertrag von Amsterdam beschränkte sich im Wesentlichen auf die Entwicklung der Gemeinsamen Außen- und Sicherheitspolitik (GASP), der Anpassung des Mitentscheidungsverfahrens sowie auf die Schaffung des Postens des Hohen Vertreters der GASP (seit 1999 hat Javier Solana diese Position inne).

Was die Erarbeitung effektiver institutioneller Reformen anging, so musste auch dem nächsten großen EU-Vertrag, dem Vertrag von Nizza aus dem Jahr 2001, ein ähnlich schwaches Zeugnis ausgestellt werden. Da damals die große Erweiterung um zehn neue Mitgliedstaaten unmittelbar bevorstand, sollte die EU nach dem schwachen Vertrag von Amsterdam nun endgültig institutionell für den ‚Big Bang' gerüstet werden. Insbesondere die Entscheidungsfindung bei qualifizierter Mehrheit im Rat der Europäischen Union mit seinen künftig 25 bzw. 27 Mitgliedern musste reformiert werden, um der neuen Anzahl von Vertretern der Nationen Genüge zu tun und um einen effizienten Entscheidungsprozess zu gewährleisten. Die zähen Verhandlungen über die Stimmengewichtung der Länder endeten jedoch mit einem unbefriedigenden Kompromiss, bei dem man ohne Zuhilfenahme eines Taschenrechners und einer demographischen Karte Europas schnell den Überblick verlieren sollte beim Versuch, eine qualifizierte Mehrheit zu errechnen. Dieser Kompromiss wurde als der ‚Schlüssel von Nizza' bekannt: Für die qualifizierte Mehrheit bei 27 Mitgliedsländern sind 258 der 345 Stimmen erforderlich. Des Weiteren wird die Zustimmung von zwei Dritteln der Mitgliedsstaaten benötigt. Wenn allerdings der Vorschlag für einen zu fassenden Beschluss von der Kommission kam, so reicht die Zustimmung einer einfachen Mehrheit. Ferner besteht für jedes EU-Mitglied die Möglichkeit, prüfen zu lassen, ob die Länder, die die jeweilige Mehrheit konstituieren, mindestens 62% der Bevölkerung der Europäischen Union repräsentieren. Ist dieses Minimum unterschritten, kommt keine Entscheidung zustande.

Die Unzufriedenheit über das Ergebnis von Nizza führte im Jahr 2002 zu erneuten Überlegungen über institutionelle Reformen der Union (Weißbuch der Kommission 2001). Eine Kommission unter der Leitung des ehemaligen französischen Staatspräsidenten Valéry Giscard D'Estaing wurde mit der Aufgabe betraut, eine neue vertragliche Basis für die EU, einen Vertrag über eine Verfassung von Europa (VVE), zu erarbeiten, in der besonders den institutionellen Reformen Sorge getragen werden sollte. Dieser sah vor, dass der Schlüssel von Nizza durch eine doppelte Mehrheit ersetzt werden sollte, bei der bei gleichzeitiger Chancenwahrung für die kleineren und mittelgroßen Länder ein effektiverer Entscheidungsprozess gewährleistet sein sollte. Der hieraus resultierende Entwurf für eine Europäische Verfassung scheiterte, wie bereits angemerkt, an den ablehnenden Mehrheiten bei den Volksabstimmungen in Frankreich und den Niederlanden.

Darüber hinaus wurde im Jahr 2000 die Lissabon-Agenda vom Europäischen Rat beschlossen. Darin wird das Ziel formuliert, aus der Europäischen Union bis 2010 die wettbewerbsstärkste und dynamischste Wissensökonomie der Welt zu machen, die zugleich in der Lage ist, nachhaltigen wirtschaftlichen Wachstum mit besseren Arbeitsplätzen und größerer sozialer Kohäsion unter Berücksichtigung der Umwelt zu gewährleisten. Hierbei sollte besonders die Methode der Offenen Koordination zum Einsatz kommen, bei der die mittelbare und doch unverbindliche Kooperation der Mitgliedsstaaten durch Benchmarking, Scoreboards und Peer-Pressure koordiniert werden.

Ein weiterer Meilenstein der europäischen Integration war die Lancierung des Euro in zwölf EU-Mitgliedsstaaten im Jahr 2004. Dies war die dritte und letzte Fase zur Vollendung der Europäischen Wirtschafts- und Währungsunion. 2007 trat Slowenien der Euro-Zone bei; Malta und Zypern werden 2008 der EWU beitreten und den Kreis der Euro-Länder auf 15 erweitern. Nach der Osterweiterung um zehn neue Mitglieder im Jahr 2004 traten 2007 mit Rumänien und Bulgarien Nummer 26 und 27 der Union bei. Die bereits erwähnte Berliner Erklärung sowie die Unterzeichnung des Vertrags von Lissabon Ende 2007 beenden die bisherige Integrationsgeschichte der Europäischen Union, wobei die Ratifizierung und das Inkrafttreten des Vertrags von Lissabon am 1 Januar 2009 auf eine institutionell effizientere Europäische Union hoffen lassen. Damit ist gleichzeitig zu ersehen, dass auch nach der großen Familien-Erweiterung in der ‚Ehe EU‘ in Zukunft noch stets die Liebe auf den zweiten Blick vorherrschen wird und die Länder nicht in Müdigkeit und Lethargie verfallen werden.

3 Entscheidungsverfahren der EU

Genau wie die Europäische Union selbst, so haben auch die Entscheidungsfindungsverfahren der Gemeinschaft mit der Zeit starke Veränderungen erfahren. Als allgemeiner Trend kann dabei konstatiert werden, dass die gesetzgebende Befugnis des Europäischen Parlaments stetig zunahm. Daraus folgt, dass der Rat der Minister seine dominante Position langsam einbüßte und seit dem Vertrag von Amsterdam, zumindest bei dem Mitentscheidungsverfahren, nur noch ein gleichberechtigter Partner des Europäischen Parlaments ist. Insgesamt gibt es vier Verfahren, die *de facto* die Sekundärgesetzgebung der EU hervorbringen. Diese Verfahren werden im Folgenden kurz besprochen. Bei allen Verfahren gilt zu beachten, dass die Europäische Kommission das Initiativrecht bezüglich des Rechtsakts besitzt.

Durch die Römischen Verträge wurde dem Europäischen Parlament das Konsultationsverfahren, oder auch Anhörungsverfahren (Art. 13, 19, 22, 67, 89, 93, 107, 128, 175 EG; Art. 21, 39 EU), zugebilligt. Hierbei kann das Parlament dem Rat der Minister nicht-bindende Änderungs- und Anpassungsvorschläge unterbreiten, bevor dieser ein neues Gesetz endgültig verabschiedet. Sollte der Rat mit der Kritik des Parlaments übereinstimmen, so kann er daraufhin die Europäische Kommission bitten, den Gesetzesvorschlag noch einmal dementsprechend zu überarbeiten. Allerdings kann die Kommission nicht zu einer Überarbeitung verpflichtet werden. Durch den Luxemburger Kompromiss wurde dieses Verfahren jedoch bis zur Europäischen Akte praktisch effektiv ausgehebelt (Tsebelis/Garrett 2000). Das Konsultationsverfahren hat seit der Einführung des Verfahrens der Zusammenarbeit und des Mitentscheidungsverfahrens (werden später ausführlich besprochen) erheblich an Bedeutung verloren; es wird jedoch noch stets in den Bereichen der Landwirtschaft (z.B. Preispolitik), Steuern, Wettbewerbspolitik, Industriepolitik sowie bei Aspekten der Sozial- und Umweltpolitik angewandt. Seit dem Vertrag von Amsterdam hat das Parlament durch das Konsultationsverfahren überdies die Garantie, im dritten Pfeiler (Justiz und Inneres) bei Rahmenbeschlüssen und Übereinkommen konsultiert zu werden (Europäisches Parlament 1997).

Mit der Einheitlichen Europäischen Akte (1987) wurde das Verfahren der Zusammenarbeit (Art. 252 EG) in die EG eingeführt. Dieses wird in der Literatur auch oft als Kooperationsverfahren bezeichnet. Das Verfahren sieht vor, dass nach der Unterbreitung eines Gesetzesvorschlag durch die Europäische Kommission an das Parlament dieses daraufhin in einer ersten Lesung eine Stellungnahme abgibt. Auf Basis der Stellungnahme beschließt daraufhin der Rat einen ‚gemeinsamen Standpunkt'. Das Parlament hat daraufhin das Recht auf eine zweite Lesung dieses Standpunkts. D.h. wenn das Parlament nicht mit dem Inhalt des vom Rat überarbeiteten Gesetzesvorschlags zufrieden ist, kann es die zweite Lesung anstrengen. Hierbei besteht für die Parlamentarier die Möglichkeit, Verbesserungsvorschläge bezüglich des gemeinsamen Standpunkts zu machen. Ferner kann das EP diesen auch komplett zurückweisen. Allerdings steht es dem Rat offen, den Entscheidungen der zweiten Lesung zuzustimmen. Jedoch müssen vom Parlament geänderte oder verworfene Rechtsakte mit Einstimmigkeit vom Rat verabschiedet werden, was dem Parlament mehr Macht einräumte (Tsebelis 1994). Zuerst noch als ein Entscheidungsprozess zur Koordinierung des Gemeinschaftlichem Markts, spezifischer Forschungsprogramme sowie einiger sozial- und umwelttechnischer Regelungen eingesetzt, wird das Verfahren der Zusammenarbeit seit dem Vertrag von Amsterdam nur noch im Bereich der Wirtschafts- und Währungspolitik angewandt.

Das dritte Verfahren, das so genannte Mitentscheidungsverfahren (Art. 251 EG), wurde 1992 mit dem Vertrag von Maastricht ins Leben gerufen und mit dem Vertrag von Amsterdam (1997) modifiziert. Es ist komplexer als die anderen bisherigen Verfahren und räumt dem Europäischen Parlament die gleiche gesetzgebende Befugnis ein wie dem Ministerrat. Die beiden legislativen Organe der EU sind hierbei also entscheidungspolitisch gesehen gleichwertig (Crombez 2001). Im Mitentscheidungsverfahren gibt es neben einer dritten Lesung einen Vermittlungsausschuss von Rat und Parlament. Der Vermittlungsausschuss setzt sich zu gleichen Teilen aus Mitgliedern des Parlaments und des Rats zusammen. Er wird eingesetzt, wenn sich die beiden Institutionen in den Lesungen auf keinen Konsens einigen können. Kann keine Einigung erzielt werden, wird der Gesetzesvorschlag an die Kommission zurückgesendet.

Das Mitentscheidungsverfahren wurde 1997 mit den Verträgen von Amsterdam angepasst, wobei die legislativen Befugnisse des Europäischen Parlaments erweitert wurden (Hix 2005: 102).[8] Bei dem Mitentscheidungsverfahren

---

[8] Man spricht daher von auch Mitentscheidung I (Prä-Amsterdam) und II (Post-Amsterdam).

der Prä-Amsterdam-Ära hatte der Ministerrat die Möglichkeit, nach einem Scheitern der Gespräche im Vermittlungsausschuss den gemeinsamen Standpunkt der Regierungen zu überarbeiten und diesem dem Parlament danach als ein *Take- it- or- leave- it-* Angebot zu unterbreiten. Das Parlament hatte so mehr nur noch die Möglichkeit, diesen Gesetzesvorschlag entweder anzunehmen oder abzulehnen. Im gewissen Maße wurde das Parlament durch dieses prozedurale Arrangement von den Regierungenländern in ein ungünstiges Abhängigkeitsverhältnis gedrängt, da die Parlamentarier in den meisten Fällen eines *Take- it- or- leave- it-* Angebots diesem zustimmen würden um die Europäische Integration nicht zu verlangsamen. Somit wurde jedoch gleichzeitig die gesetzgeberische Befugnis und der Spielraum des Parlaments arg beschnitten (vgl. Tsebelis 1996, Scully 1997). Mit der Anpassung des Verfahrens 1997 wurde die Option des *Take- it- or- leave- it-* Angebots allerdings fallengelassen. Wenn nunmehr Rat und Parlament keine Einigung im Vermittlungsausschuss erzielen, so wird der Rechtsakt abgewiesen.[9]

Das Zustimmungsverfahren (Art. 106, 107 EG, Art. 49 EU) räumt dem Parlament bei Gesetzesvorschlägen des Rats der Europäischen Union ein Vetorecht ein. Das Parlament muss seine Zustimmung erteilen, sonst wird der Gesetzesakt nicht rechtskräftig. Die Zustimmung muss von einer absoluten Mehrheit der Mitglieder getragen werden. Die Parlamentarier haben bei diesem Verfahren allerdings keine Möglichkeit, etwaige Verbesserungsvorschläge auf Basis einer Lesung einzureichen. Das Zustimmungsverfahren gewährt dem EP daher nur ein reines Veto-Recht ohne weitergehende Befugnisse. Das Verfahren kommt in vielen Bereichen zur Anwendung (39 Rechtsgrundlagen im EG-Vertrag), zum Beispiel bei Fragen der Erweiterung, des Assoziationsstatus sowie bei internationalen Abkommen der EU.

4   Theorien der europäischen Integration

Die europäische Integration hat bereits einen langen wechselhaften Weg hinter sich, und wird voraussichtlich noch einen weiten Weg zurückzulegen haben. Das Ende dieses Prozesses ist auf jeden Fall noch nicht absehbar. Geisteswissenschaftler haben auf vielerlei Art versucht, den bisherigen Integrationsprozess zu analysieren und zu erläutern. Manche haben sich dabei auf bestimmte Politikfelder, andere auf bestimmte Entwicklungen, und einige auf die politischen und wirtschaftlichen Motive der involvierten Akteure konzentriert. Nachfolgend

---

[9] Wie bereits im vorherigen Anschnitt erwähnt, hätte der Vertrag über eine Europäische Verfassung das Mitentscheidungsverfahren zum allgemeinen Entscheidungsverfahren der EU erhoben.

werden daher kurz einige Theorien und Ansätze zur europäischen Integration
kritisch erläutert, sowie die politische Ökonomie in deren Kontext angesiedelt
und umschrieben.

Die Theorien zur europäischen Integration sind mitunter so alt wie die europäische Integration selbst. Bereits in den Fünfziger Jahren begannen Forscher
darüber nachzudenken, wie es sein könne, dass das Phänomen europäische Integration sich erfolgreich entwickeln konnte, war Europa doch über Jahrhunderte
hinweg eines der größten Schlachtfelder der Welt gewesen. Die prominenteste
Theorie aus dieser Zeit ist der (Neo-)Funktionalismus, begründet von Ernst Haas
(1958, 1961). Diese Theorie sieht die Integration als einen fortlaufenden Prozess,
wobei erfolgreiche Zusammenarbeit auf einem bestimmten Terrain die erneute
Zusammenarbeit in weiteren Bereichen zufolge hat. Dies wird als ‚Spill-Over'-
Effekt bezeichnet. Allerdings kamen an dieser Theorie bereits in der Phase der
Eurosklerose begründete Zweifel auf, da sie nicht in der Lage zu sein schien,
auch Fasen der Stagnation, zu erklären sondern nur sich stetig vertiefende Kooperation vorhersagte.

In der Politikwissenschaft können nach Simon Hix (2005: 16-8) die moder-
nen europäischen Integrationstheorien global in drei Teilbereiche gegliedert
werden.[10] Als erster Teilbereich ist der Liberale Intergouvernementalismus zu
nennen, begründet durch Andrew Moravcsik (1993, 1998). Für Moravcsik ist die
europäische Integration das Ergebnis von Verhandlungen zwischen souveränen
nationalen Regierungen, die ihren eigenen wirtschaftlichen und politischen Vorteil im Auge haben. Der Liberale Intergouvernementalismus versucht, die unterschiedlichen Integrationsschübe innerhalb der Geschichte der EU mit Hilfe einer
Einteilung dieser Prozesse in drei Fasen zu erklären. In der ersten Fase formulieren die Regierungen unter dem Druck sozialer Akteure auf nationaler Ebene ihre
Präferenzen und definieren die daraus resultierenden Verhandlungspositionen. In
der zweiten Fase verhandeln die Staaten auf Basis dieser Positionen mit den
anderen Mitgliedsländern auf intergouvernementaler Ebene. Das Ergebnis
schlägt sich in einem großen Vertrag oder in der Modifizierung bestehender
Verträge nieder. Schließlich werden in der dritten Fase gewisse staatliche Befugnisse nach Brüssel übertragen. Dies allerdings findet nur in dem Maß statt, in
dem dieser Transfer auf die supranationale Ebene mehr wirtschaftspolitische
Vorteile für die Mitglieder einzubringen verspricht als etwaige intergouvernementale Einigungen. Doch auch diese Theorie ist nicht gefeit vor Kritik, da der
Liberale Intergouvernementalismus praktisch keine Erklärung für das selbständi-
ge Handeln der Europäischen Kommission und für die direkte politische Beein-

---

[10] Vgl. Pollack (2005) für eine detaillierte Bestandsaufnahme, wie sich innerhalb des letzten Jahr-
zehnts diese drei Teilbereiche in ihren theoretischen Grundlagen und Ausgangspositionen weiterent-
wickelt haben.

flussung von EU-Entscheidungsträgern durch Lobbygruppen hat. Moravcsik versucht zwar der Kommission einen Platz in seiner Theorie einzuräumen (Moravcsik 1999), allerdings ist dieser Gedanke bis heute noch nicht konsequent genug in der Theorie aufgenommen.

Die zweite Familie der Integrationstheorien sind die Mehrebenenpolitik (Multi-Level-Governance) und die Politiknetzwerke (Policy-Networks). Diese Theorien gehen davon aus, dass sich die EU nicht auf ein bestimmtes Analyseniveau zur Erklärung der Integration reduzieren lässt, sondern dass verschiedene Akteure (europäisch, staatlich, privat) auf verschiedenen Ebenen (d.h. EU, national, regional) miteinander arbeiten und untereinander verhandeln. Aus diesem komplexen System heraus kann schließlich erweiterte Integration resultieren. Die unterschiedlichen Interessen der Akteure sind dabei nicht festgelegt. Manche verfolgen Langzeit-, andere hingegen Kurzzeitziele; sie alle haben keine vollständige Information darüber, was um sie herum simultan vonstatten geht. Da diese Theorien unterschiedliche Analyseebenen kennen, ist auch, im Gegensatz zum Liberalen Intergouvernementalismus, die Anzahl unterschiedlicher theoretischer Ansätze entsprechend vielfältig. Hierbei besonders hervorzuheben sind die Werke von u.a. Gary Marks (2000), Beate Kohler-Koch (1999) oder Liesbeth Hooghe (1996).

Der dritte Teilbereich der Integrationstheorien ist nach Hix (2005) die Institutionelle Spieltheorie, auf der auch einige Kapitel dieses Sammelbandes basieren. Formale und räumliche Modelle werden hier angewandt, um verschiedene Verhandlungsszenarios innerhalb der EU zu analysieren. Andere Beiträge zu diesem Buch lassen sich allerdings nicht in dieser Kategorie ansiedeln, weshalb wir uns für den eher inklusiven Sammelbegriff der ‚politischen Ökonomie' entschieden haben, um die theoretische Herangehensweise dieses Buch an die Entscheidungsfindung in der Europäischen Union zu beschreiben. Der Begriff der politischen Ökonomie umschließt grundsätzlich eine Fülle theoretischer und methodischer Ansätze, die von der Volkswirtschaftslehre bis hin zur Politik- und Verwaltungslehre reichen. Dabei sind diese Ansätze wie auch die verschiedenen Beiträge in diesem Sammelband in der Annahme geeint, dass politische Akteure Nutzenmaximierung anstreben. In der politik-ökonomischen Forschung geht es sowohl um normative Ansätze als auch um eine objektive Analyse politischer Entscheidungsfindung. Die politische Ökonomie bedient sich dabei oftmals formaler und statistischer Modelle, um politische Verhandlungsergebnisse erklären, verstehen und vorhersagen zu können.

5   Aufbau und Struktur des Buches

Dieses Buch folgt im Wesentlichen dem theoretischen Ansatz der politischen
Ökonomie. Während diese Einleitung noch als breite deskriptive Einführung in
die EU und deren Entscheidungsprozesses diente, stützen sich die nachfolgenden
Beiträge auf die politische Ökonomie als Paradigma zur Analyse der Entscheidungsprozesse der Europäischen Union. Dabei kommen, jeweils abhängig vom
Beitrag, unterschiedliche Modelle und Anwendungen zum Tragen, um die Entscheidungsprozesse auf den verschiedenen Ebenen der Europäischen Union und
ihrer Institutionen detailliert zu analysieren.

Zuerst erläutern Thilo Bodenstein und Achim Kemmerling im zweiten Kapitel polit-ökonomische Ansätze am Beispiel der EU-Osterweiterung. Der Beitrag verteidigt die Anwendung des Rational-Choice Paradigmas und plädiert für
die Erweiterung dieser herkömmlicher Anwendung um das Konzept des Erwartungsnutzens. Die Autoren argumentieren, dass durch differenzierte Mitgliedschaft und Übergangsfristen die allgemein als nicht-rational beschriebene EU-
Osterweiterung dennoch rational zu erklären sei. Durch eine stilisierte dynamische Betrachtungsweise wird illustriert, dass polit-ökonomische Analysen sowohl die Grundsatzentscheidung zur Erweiterung als auch deren Konsequenzen
für den Prozess der Verhandlungen erklären können. Wesentlich für die Betrachtungen ist dabei eine Verknüpfung der zwischenstaatlichen und innerstaatlichen
Ebenen des Entscheidungsprozesses.

Im dritten Kapitel untersuchen Constanze Kathan und Torsten J. Selck unterschiedliche spieltheoretische Modelle des Gesetzgebungsprozesses in der EU.
Sie analysieren die bestehende Literatur in diesem Bereich und argumentieren,
dass bislang noch keine Ergebnisse vorliegen, die die Behauptung rechtfertigen
könnten, dass eines der vielen Modelle tatsächlich die besten Ergebnisse liefert.
Darüber hinaus wird in dem Beitrag ein Vorschlag zu Verbesserung der vorliegenden Situation gemacht, der vorsieht, dass man bestehende Modelle mit quantitativen Daten und weiteren Daten koppelt, um dadurch auch das Verständnis
der dynamischen Entwicklung des EU-Gesetzgebungsprozesses nachhaltig zu
verbessern.

Das vierte Kapitel stammt von Christian Fahrholz und Philipp Mohl. Sie untersuchen mit Hilfe einer Machtindexanalyse die Auswirkungen der Erweiterung
der Europäischen Wirtschafts-und Währungsunion auf bis zu 27 Mitglieder hinsichtlich der Inflationserwartungen des Euro und der geld-politischen Glaubwürdigkeit der Europäischen Zentralbank (EZB). Das Hauptaugenmerk der Machtindexanalyse liegt dabei auf der Reform der Entscheidungsprozesse innerhalb
der EZB. Die Analyse erfolgt dynamisch, da auch die Erweiterung der Eurozone
schrittweise stattfindet und durch eine dynamische Analyse der Effekt des Bei-

tritts einzelner Länder auf die geld-politische Glaubwürdigkeit hervorgehoben werden kann. Fahrholz und Mohl kommen zu dem Ergebnis, dass die Erweiterung der EWU keinen signifikanten Verlust der Glaubwürdigkeit der EZB nach sich zieht.

Torsten J. Selck und Constanze Kathan testen im fünften Kapitel räumliche Präferenzmodelle der Europäischen Union hinsichtlich der Dimensionalität des politischen Entscheidungsraums. Sie entwerfen Möglichkeiten zum Testen dieser Modelle anhand verschiedener Dimensionalitätsannahmen. Nach der Anwendung dimensionenreduzierender Techniken werden in einem zweiten Schritt stärker theoriegestützte Analysen angewandt und prognostizierte Ergebnisse für Abstimmungsmodelle der EU unter verschiedenen räumlichen Konstellationen berechnet. Dabei kann das Fazit gezogen werden, dass die Prognosefähigkeit formaler Modelle durch die Annahme multidimensionaler Politikräume zunimmt.

Der Beitrag von Arndt Wonka untersucht die Rolle der Europäischen Kommission in EU-Entscheidungsprozessen. Da die Kommission das Monopolrecht auf die Eröffnung von Gesetzgebungsprozessen besitzt, hat sie eine einzigartige Position innerhalb des institutionellen Gefüges der EU inne. Wonka untersucht in diesem Zusammenhang zum einen, welche Akteure dabei das Handeln der Kommission bestimmen. Zum anderen werden in der Folge auch die Motive dieser Akteure hinsichtlich der EU-Entscheidungsfindung diskutiert. Wonkas Definition der Kommission als ein nicht-unitärer Akteur, der keine rein supranationalen Interessen verfolgt, wird in dem Beitrag analytisch begründet und dient zugleich als Kritik an der aktuellen Forschung über die Europäische Kommission.

Im siebten Kapitel untersucht Frank M. Häge, welche Faktoren im Rat der Europäischen Union den Grad des politischen Konflikts beeinflussen. Um diese Frage zu beantworten, werden in seinem Beitrag verschiedene räumliche Abstimmungsmodelle verglichen. Diese Modelle testen jeweils den Einfluss institutioneller Faktoren auf die Beschlussfähigkeit des Rats. Häges abschließendes Fazit lautet, dass die Mitentscheidungsbefugnisse des Europäischen Parlaments, die Notwendigkeit der Umsetzung von Richtlinien sowie die Abwesenheit eines supranationalen Status Quos jene bestimmenden Faktoren sind, die das Konfliktpotenzial im Ministerrat erhöhen können.

Im achten Kapitel geht Michael Kaeding der Frage nach, wie die Berichterstatter im Europäischen Parlament charakterisiert werden können. Dies geschieht auf der Basis unterschiedlicher Daten über die Berichterstatter des Ausschusses für Umweltfragen im Europäischen Parlament. Kaeding extrahiert für diese Charakterisierung die Ausschusskonzepte der Verteilungskämpfer und der Informationsbeschaffer aus der amerikanischen Kongressliteratur, um diese gegeneinander zu testen. Er kommt zu dem Ergebnis, dass keines der beiden Konzepte allein genommen eine befriedigende Charakterisierung der Berichterstatter bietet, eine Kombination beider Ansätze jedoch das beste Erklärungspotenzial darstellt.

Gerald Schneider, Daniel Finke und Konstantin Baltz erörtern im neunten Kapitel die Rolle von Interessengruppen bei der Formierung von Verhandlungspositionen zu EU-Gesetzesvorhaben. Hierzu werden Vorverhandlungen auf nationaler Ebene nach Unterbreitung des Gesetzesvorschlags in vier Mitgliedstaaten verglichen. Dabei evaluiert der Beitrag die Erklärungskraft korporatistischer, konkordanzdemokratischer, pluralistischer, étatistischer und klientelistischer Interessenvermittlungsmodelle anhand ihrer Vorhersagegenauigkeit. Die Autoren kommen zu dem Ergebnis, dass die klassische, scharfe Trennung dieser Ansätze nicht zielführend ist. So sind Verallgemeinerungen nur wenig hilfreich, um nationale Verhandlungen vorhersagen zu können.

Im letzten Kapitel untersucht Ellen Mastenbroek die Umsetzungsgeschwindigkeit von europäischen Richtlinien in den Niederlanden. Die zentrale Fragestellung ist, ob die Niederlande unter einem Implementationsdefizit leiden. Mastenbroek verwendet eine Überlebens-Analyse, um einerseits die Pünktlichkeit der Umsetzung der Richtlinien zu untersuchen, und um andererseits mögliche Gründen für Verzögerungen in den Umsetzungsprozessen zu identifizieren. Mastenbroek kommt zu dem Ergebnis, das 60 Prozent aller untersuchten Richtlinien zu spät umgesetzt wurden, und die Niederlande somit tatsächlich unter einem Umsetzungsdefizit leiden. Als Gründe hierfür werden, neben Anderen, vor allem das verwendete Rechtsinstrument, das verantwortliche Ministerium sowie der EU-Entscheidungsprozess genannt.

Literatur

Besson, Waldemar (1970): *Die Außenpolitik der Bundesrepublik Deutschland: Erfahrungen und Maßstäbe.* München: Piper
Craig, Paul P./De Búrca, Gráinne (2002): *EU LAW. Text, Cases and Materials.*Oxford: Oxford University Press
Crombez, Christophe (2001): Institutional Reform and Co-Decision in the European Union. In: *Constitutional Political Economy* 11 2001.41-57
Deighton, Anne (2002): The European Security and Defence Policy. In: *Journal of Common Market Studies.* 40(4) 2002
Dinan, Desmond (1999): *Ever Closer Union: An Introduction to European Integration.* 2ᵉ Aufalge. Lynne Rinner: Boulder
Europäische Kommission (2001): *European Governance- A White Paper*, Com 428 Final. Brüssel: Europäische Kommission
Europäisches Parlament (1997): *Auswirkungen des Vertragsentwurfs von Amsterdam vom 19.Juni 1997 auf das Europäische Parlament.* 08/09/1997
Fuchs, Konrad/Raab, Heribert (2001): *Wörterbuch Geschichte.* München: DTV
Haas, Ernst (1958): The Uniting of Europe: Political, Social and Economic Forces 1950- 1957. Stevens and Sons: London
Haas, Ernst (1961): International Integration: The European and the Universal Process. In: *International Organization.* 15(3) 1961. 366-92
Hayes-Renshaw, Fiona/Wallace, Helen (2006): *The Council of Ministers.* 2ᵉ Auflage. Basingstoke: Palgrave Macmillan
Hix, Simon (2005): *The Political System of the European Union.* 2ᵉ Auflage. New York: Palgrave MacMillan
Hooghe, Liesbeth (1996): Building a Europe with the regions: The Changing role of the European Commission. In: Liesbeth Hooghe (Hrsg.) (1996) *Cohesion Policy and European Integration: Building Multi-Level Governance.* Oxford: Oxford University Press.
Kielmansegg, Peter Graf (2003): *Das geteilte Land. Deutschland 1945-1990.* München: Siedler
Kohler- Koch, Beate (1999): The evolution and Transformation of European Governance. In: Beate Kohler- Koch/Eising, Rainer (Hrsg.) (1999) *The Transformation of Governance in the European Union.* London: Routledge
Laursen, Finn (2002): Institutions and Procedures: The Limited Reforms. In: Finn Laursen (Hrsg.) (2002) *The Amsterdam Treaty: National Preference Formation, Interstate Bargaining and Outcome.* Odense: Odense University Press
Marks, Gary (2000): Structural Policy and Multilevel Governance in the EC. In: AlanW. Cafruny/Rosenthal, Glenda G. (Hrsg.) (2000) *The State of the European Community.* Harlow: Longman
McCormick, John (2005): *Understanding the European Union. A Concise Introduction.* New York: Palgrave MacMillan
Milward, Allan S. (1984): *The Reconstruction of Western Europe, 1945- 1951.* Berkeley CA: University of California Press
Monnet, Jean (1978): *Memoirs.* Garden City, NY: Doubleday
Moravcsik, Andrew (1999): A new statecraft? Supranational entrepreneurs and international cooperation. In: *International Organization* 53(2) 1999
Moravcsik, Andrew (1993): Preferences and Power in the European Community: A liberal Intergovernmentalist Approach. In: *Journal of Common Market Studies* 31 4 1993
Moravcsik, Andrew (1998): *The Choice for Europe, Social Purpose and State Power from Messina to Maastricht.* Ithaca NY: Cornell University Press

Pollack, Mark A. (2005): Theorizing the European Union: International Organization, Domestic Polity, or Experiment in New Governance? In: *Annual Review of Political Science* 8 2005. 357-98

Quinn, Gerard (2001): The European Union and the Council of Europe on the issue of human rights: Twins separated at birth? In: *McGillan Law Journal*. 46 2001

Rittberger, Berthold (2003): The creation and empowerment of the European Parliament In: *Journal of Common Market Studies* 41 2 2003. 203-25

Selck, Torsten J. (2004): *The Impact of Procedure: Analyzing European Union Legislative Decision-Making.* Göttingen: Cuvillier Verlag

Scharpf, Fritz W. (1988): The Joint decision Trap: Lessons from German Federalism and European Integration. In: *Public Administration* 66 1988. 239-78

Schneider, Gerald (2002): A Never-Ending Success Story? The Dynamics of Widening and Deepening European Integration. In: Bernard Steunenberg (Hrsg.) (2002) *Widening the European Union: The Politics of Institutional Change and Reform.* London: Routledge. 183-201

Scully, Roger M. (1997): The EP and the Co-Decision Procedure: A Reassessment In: *Journal of Legislative Studies* 3 3 1997. 58-73

Tsebelis, George (1996): Maastricht and the Democratic Deficit In: *Aussenwirtschaft* 52 1/ 2 1996 29-56

Tsebelis, George (1994): The Power of the European Parliament as a Conditional Agenda-Setter In: *American Political Science Review* 88 1 1994. 128-42

Tsebelis, George/Garrett, Geoffrey (2000): Legislative Politics in the European Union. In: *European Union Politics* 1(1) 2000. 9-36

Tsebelis, George/Garrett, Geoffrey (2001): The Institutional Foundations of Intergovernmentalism and Supranationalism in the European Union. In: *International Organization* 55(2) 2001. 357-390

Urwin, Derek (1995): *The Community of Europe. A History of European Integration since 1945.* 2ᵉ Ausgabe. New York und London: Longman

William Wallace (1983): 'Less than a Federation, more than a Regime: The Community as a political System'. In: Helen Wallace/Wallace, William/Webb, Carol (Hrsg.), *Policy Making in the European Community.* 2ᵉ Auflage. New York: Wiley

Die politische Ökonomie der EU-Integration am Beispiel der EU-Osterweiterung

Thilo Bodenstein/Achim Kemmerling

1 Politikwissenschaftliche Erklärungen für die EU-Osterweiterung

Die Osterweiterung der EU war keine Selbstverständlichkeit. Nach dem Zusammenbruch der kommunistischen Regime Osteuropas zögerte die EU den jungen Demokratien die Mitgliedschaft anzubieten. Stattdessen sah die EU lediglich weitgehende Assoziierungsverträge vor (Schimmelfennig 2001). Doch schon nach kurzer Zeit änderten die Mitgliedsländer ihre Meinung und beschlossen die Osterweiterung der EU, in deren Verlauf die institutionellen Regeln und Normen der EU auf die neuen Mitgliedsstaaten übertragen wurden (Schimmelfennig/Sedelmeier 2002). Das anfängliche Zögern der EU und die geringe Unterstützung einiger Länder für das Erweiterungsprojekt stellt die politikwissenschaftliche Literatur vor ein Rätsel. Wenn der Erweiterungsnutzen für eine Mehrzahl der damaligen Mitgliedstaaten negativ ist, weshalb stimmen diese dann einer Erweiterung zu? Insbesondere Theorieansätze des Rational-Choice (RC)-Paradigmas scheinen hier vordergründig ein Erklärungsdefizit aufzuweisen. Im Folgenden bieten wir einen Überblick über die Osterweiterungsdebatte und versuchen, das theoretische Puzzle aus einer RC-Perspektive zu lösen. Zentrales Argument ist hierbei, dass *Erwartungsnutzen* die Entscheidungsgrundlage rational handelnder Akteure bilden.

Die Osterweiterung beinhaltet für die Altmitglieder Kosten, welche den Gesamtnutzen des Projekts in Frage stellen. Als Kosten werden in der Literatur v. a. drei Varianten genannt (Schimmelfennig/Sedelmeier 2002). Zum einen erzeugt jegliche Wirtschaftsintegration einen Verlust an nationaler politischer Autonomie. Zum zweiten müssen kollektive Güter, sofern sie in der Terminologie des RC ‚verzehrbar' sind, zwischen alten und neuen Mitgliedsländern geteilt werden. Für die alten Mitgliedsländer bedeutet dies eine Reduktion ihrer Anteile an solchen Gütern.[1] Zum dritten können auch die EU-bedingten Transaktionskosten steigen – etwa dadurch, dass in einer größeren Gemeinschaft Einigungen schwieriger zu erzielen sind.

Gerade die letzten beiden Kostenfaktoren haben viele Kritiker der RC-Schule zu der Aussage bewogen, dass die Entscheidung der EU zur Osterweiterung nicht mit einer Kosten-Nutzen-Analyse erklärt werden kann (Schimmelfennig 2001). Dies gilt insbesondere aufgrund der Tatsache, dass zu Beginn mehrere Mitgliedsländer der EU als Bremser des Erweiterungsprozesse aufgetreten sind (ibid.). Prominentestes Gegenkonzept zu RC-Ansätzen ist das von Schimmelfennig postulierte Modell des ‚Rhetorischen Handelns', welches eine Mittelposition zwischen konstruktivistischen und rationalistischen Ansätzen einnimmt. So ist für Schimmelfennig (2002) ‚Demokratie' eine wesentliche Variable, die Osterweiterung zu erklären. Dabei ist die Berufung der Befürworter der Osterweiterung auf die gemeinsamen politischen Freiheitswerte West- und Osteuropas das entscheidende strategische Mittel, um die Gegner des Prozesses zu überstimmen. Konkret dienen Werte in diesem Zusammenhang dazu, durch ‚Rhetorisches Handeln' blockierende Staaten wie Frankreich oder Portugal in eigene normative Widersprüche zu verflechten (ibid.: 72). Dieser Ansatz mag erklären, weshalb erweiterungskritische Länder schließlich nachgegeben haben. Unklar bleibt jedoch, warum Länder wie Deutschland von Anfang an die Erweiterung befürworteten. Stellt die Erweiterung tatsächlich für einige Altmitglieder einen negativen Nettonutzen dar, kann letztlich ‚Rhetorisches Handeln' nur von den Beitrittsländern als entscheidende Ressource benutzt worden sein. Dies billigt letzteren eine große Verhandlungsmacht zu.

Argumente des RC hingegen basieren generell auf einem Maximierungskalkül des Nutzens abzüglich der Kosten des Erweiterungsprozesses. Zu den ökonomischen Gewinnen werden zumeist die Vorteile von Handelsintegration gezählt (Gstöhl 2002), beispielsweise in der Form von vermiedener Handelsumlenkung oder einer Zunahme intraindustriellen Handels. Plümper und Mattli (2002) gehen über Handel hinaus, indem sie auf die erhebliche Reduktion wirtschaftlicher Risiken durch die Osterweiterung hinweisen. All diese Vorteile sind im Sinne der wirtschaftlichen Interdependenzidee für Nachbarländer der Beitrittskandidaten weitaus höher als für den Rest Westeuropas (Schimmelfennig 2001). Über die rein ökonomischen Aspekte hinaus sind negative Externalitäten zwischen West- und Osteuropa v. a. im Bereich ‚Sicherheit' vorhanden

[1] Das klassische Beispiel für solche Güter sind die EU-Ausgaben für Strukturpolitik. Der größte Teil dieser Finanztransfers wird nach dem Kriterium vergeben, dass nur Regionen unterhalb des Grenzwertes von 75 Prozent des durchschnittlichen Prokopfeinkommens der EU gefördert werden. Die EU-Osterweiterung hatte dadurch beispielsweise für Ostdeutschland drastische Konsequenzen, da nahezu alle Regionen aus der Förderung fielen (Weise 2002).

(Friis/Murphy 1999; Gstöhl 2002; Schimmelfennig 2001). Die Reduktion der sicherheitspolitischen Risiken durch die Osterweiterung ist vermutlich das wichtigste Argument der RC-Ansätze zur Erklärung des Erweiterungsprozesses. Diese Risiken haben zumindest in der offiziellen Rhetorik der Entscheidungsträger eine große Rolle gespielt.[2] Da der Reformprozess in Osteuropa die komplette Umwälzung nationaler Wirtschaftssysteme implizierte, wurde die Erweiterung der NATO als nicht ausreichend betrachtet, diese Stabilisierungsfunktion allein zu garantieren (z.B. Die Zeit 14.02.97: 8). Im Zeitverlauf scheint die Bedeutung des sicherheitspolitischen Themas jedoch rapide abgenommen zu haben, was sich auf die erfolgreiche politische und ökonomische Transformation der Region zurückführen lässt. Eine rein auf sicherheitspolitische Erwägungen abzielende Erklärung leidet daher unter dem Paradox, dass die externe Stabilisierungsfunktion eines angekündigten EU-Beitritts diesen eigentlich nicht mehr zwingend nötig macht.

Generell kann die Nutzenbilanz der Osterweiterung für die alten EU-Mitgliedsländer negativ ausfallen, wenn die ökonomische und institutionelle Erweiterungsbilanz miteinbezogen wird. Langfristig werden die westeuropäischen EU-Länder mit andauernden Transferzahlungen konfrontiert. Institutionell droht eine Blockade der europäischen Entscheidungsgremien und Allianzen ärmerer neuer Mitgliedsländer, die den EU-Haushalt zu ihren Gunsten umverteilen. Anpassungskosten durch strukturellen Wandel von Wirtschaftssystemen erzeugen große und ungleich verteilte soziale Probleme Die sozialen Folgen ökonomischer Anpassungskosten sind dabei für Anrainerstaaten wie Deutschland und Österreich wesentlich höher als für Länder mit größerer geographischer Distanz.[3] Daraus ergibt sich, dass regionale Nähe allein zunächst wenig zur Erhellung des Kosten-Nutzen-Kalküls beitragen kann. Sie könnte jedoch unterschiedliche Intensitäten der Interessen (sog. Salienzen) zwischen Anrainerstaaten und Nichtanrainerstaaten innerhalb der Gruppe der derzeitigen Mitgliedsländer implizieren.

Wie dieser Beitrag zeigt, diskontieren Regierungen jedoch zukünftige Nutzen und Kosten: kurzfristig anfallende Kosten werden höher bewertet. Durch Übergangsregelungen und Ausnahmetatbestände ist es aus RC-Perspektive den alten Mitgliedsländern gelungen, die Nutzenbilanz so auszugleichen, dass eine

---

[2] Vgl. das Zitat des damaligen deutschen Bundespräsidenten Herzog: „An den Westeuropäern ist es heute, die Entscheidung der Mittel- und Osteuropäer für Europa anzunehmen. Europa wird unvollendet bleiben, solange Budapest, Prag und Warschau nicht dazugehören. Das ist kein bloßer romantischer Traum. Es ist auch ein Imperativ des *Realismus* [Hervorhebung durch Autoren]." (Bulletin der Bundesregierung, Bonn 1997, S. 230).
[3] Man vergleiche etwa nur die ungleiche Verteilung der Migrationsströme. Deutschland und Österreich nehmen zusammen genommen etwa drei Viertel aller Migranten aus Osteuropa auf (Kemmerling 2003).

Zustimmung zur Osterweiterung möglich wurde. Im nächsten Abschnitt erörtern wir das Konzept des Erwartungsnutzens und gehen auf die zentralen Entscheidungsfelder der Osterweiterung ein. Abschnitt 3 diskutiert die zwischenstaatlichen Ausgleichsstrategien. Der vierte Abschnitt beleuchtet die innenpolitischen Nutzenbilanzen.

2   Nutzendynamik und Erwartungsnutzen

In der Tradition der Politikfeldanalyse stehend fordert Sedelmeier (Sedelmeier 2002) die substantiellen Themen des Erweiterungsprozesses stärker in die Analyse einzubeziehen. Für ihn hängt die Frage, ob sich die EU auf Koordination verständigen kann, davon ab, wie stark unterschiedliche Politikfelder materiell und ideell fragmentiert sind. Das konkrete Verhandlungsergebnis der Osterweiterung ist daher eine Matrix aus unterschiedlichen Allianzformierungen in den einzelnen Feldern. Für die Kosten-Nutzen-Analyse ist es ja gerade entscheidend, welches Verhandlungsergebnis erzielt wurde, denn ‚Vollmitgliedschaft' war im Laufe der Verhandlungen ein inhaltlich dehnbares Konzept. Der folgende kursorische Überblick über die polit-ökonomischen Themenbereiche der Erweiterung soll dazu dienen, den Status der Vollmitgliedschaft für einige Themenfelder näher zu beleuchten.

Vermutlich ist das bedeutsamste Faktum des wirtschaftlichen Integrationsprozesses der EU, dass es längst nicht mehr um die bloße Intensivierung des Güter- und Dienstleistungsaustausches geht. Spätestens mit dem Binnenmarkt versucht die EU, die Produktmärkte so stark zu integrieren, dass Faktorströme davon nachhaltig betroffen sind. Die Währungsunion soll diesem Prozess noch zusätzlichen Impetus verleihen. Diese institutionellen Veränderungen haben sich direkt auf die Kapitalmärkte ausgewirkt und indirekt – wenn auch in weit geringerem Maße – auf die Arbeitsmärkte. Schließlich bildet sich auch immer mehr eine gemeinsame Wirtschaftspolitik der EU heraus. Dies gilt v. a. für die Geldpolitik, in Ansätzen aber auch für eine Koordinierung und Integration nationaler Fiskalpolitiken. Letztere geschieht in Form eines gemeinsamen EU-Haushaltes, der zwar in nationalen Maßstäben gerechnet relativ gering ist, aber als polit-ökonomisches Verteilungsinstrument und als ‚nationales Anliegen' dennoch eine Rolle spielen dürfte.

Das Institutionenpaket EU ist daher sogar innerhalb des wirtschaftspolitisch relevanten Acquis multidimensional. Dies wird analytisch betrachtet umso wichtiger, je weniger die einzelnen Politikbereiche miteinander kausal verknüpft sind. Ein konkretes Beispiel ist der Zusammenhang zwischen Handelsströmen und den Strömen ausländischer Investitionen. Während erstere von so ‚profanen' Institutionen wie öffentlichem Straßenbau abhängen, sind für letztere v. a. die rechtlichen Regelungen nationaler Finanzmärkte relevant. Empirisch gesprochen sind diese beiden Ströme daher keineswegs perfekt miteinander korreliert. Dies legt nahe, dass die Interessen von EU-Staaten in beiden Bereichen unterschiedlich gelagert sein können. Für die Analyse des Erweiterungsprozesses bedeutet dies, dass die ‚Fronten' in den Verhandlungen themenspezifisch unterschiedlich verlaufen können. Im folgenden gehen wir jedoch in vereinfachender Absicht vor allem von einem Interessenunterschied zwischen alten und neuen Mitgliedsländern aus.

Die Integration der Kapitalmärkte macht darüber hinaus deutlich, dass mit den in der Handelstheorie vorherrschenden statischen Betrachtungen der Integrationsprozess der EU unterspezifiziert bleibt. Der Haupteffekt der Kapitalmarktintegration liegt in einer Reduktion des Investitionsrisikos für ausländische Anleger. Als ökonomischer Nutzen äußert sich dieser Effekt in der Form höheren Wirtschaftswachstums (Baldwin/Francois/Portes 1997). In ähnlicher Weise sollte sich die Währungsunion positiv auf das Wirtschaftswachstum der beteiligten Länder auswirken, da mit ihr das Wechselkursrisiko ausländischer Anleger entfällt. Der ökonomische Nutzen der Osterweiterung ist daher für das einzelne Land logisch an dessen Erwartungen bezüglich künftiger Entwicklungen geknüpft und mit Unsicherheit verbunden.

Eine weitere Quelle der Dynamik, und damit eine Rechtfertigung dafür, überhaupt von einem *Prozess* der Osterweiterung zu sprechen, liegt in der Natur des Acquis Communitaire selbst. Dieser entwickelt sich stetig weiter. Daher sind die Erweiterungsverhandlungen auch nicht unwesentlich dadurch gekennzeichnet, dass beide Verhandlungsseiten versuchen müssen, ein bewegliches Ziel anzusteuern. Das hatte beispielsweise für die Beitrittskandidaten die Konsequenz, dass für sie die Währungsunion als Teil des Acquis gilt. Die Erweiterung der Währungsunion kann auch deutlich machen, dass die osteuropäischen Länder keinesfalls automatisch in einer unterlegenen Verhandlungsposition sind. Osteuropäische Länder könnten damit drohen, entweder den Euro unilateral einzuführen, oder aber durch einen ‚übertrieben' harten Anpassungskurs die Bedingungen für den Beitritt zu erfüllen. In beiden Fällen würde unter bestimmten Bedingungen ein großer Teil der Anpassungskosten auf Westeuropa überwälzt (Fahrholz 2007).

Die Dynamik findet sich in den unterschiedlichen Schätzungen wissenschaftlicher Institutionen bezüglicher der Osterweiterung wieder. Die Unsicherheit in der Bewertung der Kosten und Nutzen einer Osterweiterung war gerade zu Beginn der Transformation außerordentlich hoch. Dies äußerte sich häufig in eklatanten Fehleinschätzungen. So deuteten die ersten Berechnungen der Migration von Osteuropa nach Deutschland auf einen jährlichen Zuwachs von ein bis

zwei Millionen Menschen hin (Boeri/Brücker 2000). Zurzeit liegen die Schätzungen eher im Bereich von ein paar Hunderttausenden (ibid.).[4] Auch für die
Einschätzung der gesamten Kosten der Osterweiterung ergibt sich bis heute ein
uneinheitliches Bild. So wird einer einflussreichen Studie (Bald-
win/Francois/Portes 1997), die 1997 die Osterweiterung als ein ‚Schnäppchen'
(bargain) bezeichnet hatte, mittlerweile vorgeworfen, zu optimistisch in Bezug
auf die möglichen Wachstumseffekte in Osteuropa gewesen zu sein (Weise
2002).

Dynamik impliziert somit die Berücksichtigung von Unsicherheit, die nicht
notwendigerweise, wie Schimmelfennig/Sedelmeier andeuten (2002: 521), rationale Entscheidungen unmöglich macht. Vielmehr können die entscheidenden
Akteure trotz erheblicher Unsicherheitsbeschränkungen im Sinne der ‚bounded
rationality' handeln (z.B. Williamson 2000). Weiterhin sind pareto-effiziente
Abkommen zwischen Alt- und Neumitgliedern möglich, wenn das Prinzip der
differenzierten Mitgliedschaft Anwendung findet. Altmitglieder reduzieren ihre
Erweiterungskosten, indem sie Übergangsphasen mit den Beitrittskandidaten
vereinbaren (Plümper/Schneider 2007). Dem liegt das Prinzip des Erwartungsnutzens zugrunde, wonach Regierungen kurzfristige Kosten höher bewerten als
den langfristigen Nutzen. Differenzierte Mitgliedschaft senkt die kurzfristigen
Kosten, wie später noch zu zeigen sein wird, weshalb auch kurzfristige Verlierer
der Erweiterung dieser zustimmen können.

Zusammenfassend lässt sich feststellen, dass durch die Osterweiterung verschiedene Politikfelder, auch gerade innerhalb der ökonomischen relevanten
Bereiche, berührt sind. Zu Beginn des Verhandlungsprozesses dürften sicherheitspolitische Interessen im Vordergrund gestanden haben, welche allerdings im
Laufe der Zeit abgeklungen sind. Die wirtschaftspolitisch relevanten Bereiche
wie beispielsweise die Kapitalmarktintegration machen deutlich, dass die Erweiterung ein dynamischer Prozess ist, der schon vorab zu veränderten Erwartungs-
bildungen führt. Aus RC-Perspektive liegt es daher nahe, den nationalen Regierungen ein auf Erwartungsnutzen basierendes Maximierungskalkül zu unterstellen, das den Prinzipien der Pfadabhängigkeit, Unsicherheit und Heterogenität
Rechnung trägt. Ein solches Kalkül sollte erklären können, warum einerseits
‚Vollmitgliedschaft' als Verhandlungsergebnis bereits zu einem frühen Zeitpunkt
feststand, warum andererseits aber auch diese ‚Vollmitgliedschaft' im Rahmen
von ‚Nachbesserungen' immer wieder neu definiert wurde. Diese Fragestellun-

---

[4] Ein illustratives Beispiel für solche Fehleinschätzungen gab es auch zu Beginn der deutschen Wie-
dervereinigung. Die Bundesregierung ging Anfang der 90er Jahre davon aus, durch die Unterneh-
mensverkäufe der Treuhandanstalt einen Nettogewinn von ca. 600 Milliarden DM zu erzielen. Zum
Zeitpunkt der Auflösung der Treuhand bilanzierte sich der Nettoverlust jedoch auf ungefähr 270
Milliarden (Breuel 1994).

gen sollen im folgenden Kapitel im Rahmen polit-ökonomischer Modelle untersucht werden.

3 Ein polit-ökonomischer Ansatz für die zwischenstaatliche Ebene

Die zwischenstaatliche Einigung auf die Osterweiterung erscheint aus rationalistischer Perspektive unwahrscheinlich, da im Rahmen des einstimmigen Abstim-
mungsmodus ein einzelnes Veto für deren Abbruch ausgereicht hätte. Dieser
Abschnitt zeigt jedoch, dass gerade ein RC-Ansatz zu dem Schluss kommt, dass
die Erweiterung verkoppelt mit institutioneller Vertiefung auch rational vor dem
Hintergrund von Erweiterungskosten ist. Die Erweiterung der EU ist logisch an
deren Vertiefung geknüpft. Die Option einer erweiterten Freihandelszone stellt
sich aus rationalistischer Sicht nicht. Ausgangspunkt für eine solche These ist ein
Modell von Alesina und Spolaore (1997; Alesina et al. 1997), welches die optimale Größe von Ländern in Abhängigkeit von Interessenheterogenität und Landesgröße vor dem Hintergrund des jeweils historischen Freihandelssystems modelliert. Das Ergebnis ihres Models ist eine im positiven Sinne optimale bzw.
gleichgewichtige Ländergröße, die sich aus folgendem Kosten-Nutzen-Kalkül
ergibt:

$$K = K(H(G)), \text{ wobei } dK/dG > 0, \text{ sowie}$$

$$N = N(P(G, H)), \text{ wobei } dN/dG > 0 \text{ und } dN/dH < 0.$$

Die Kosten (K) einer politischen Union bestehen darin, dass allgemein gesprochen die Heterogenität (H) einer politischen Einheit mit deren Größe (G) zunimmt.[5] Der materielle Nutzen (N) hängt ebenfalls von der Größe einer Union
ab. Die These dabei lautet, dass der Nutzen steigt, je größer die Union ist, da
größere Länder produktiver (P) sind und dadurch stärker wirtschaftlich wachsen
können.[6] Allerdings sind diese positiven Effekte der Landes- bzw. Unionsgröße
umso kleiner, je mehr Freihandel (FH) auf internationaler Ebene besteht. Der
Grund hierfür ist darin zu suchen, dass international integrierte Gütermärkte die
unterschiedlichen Produktivitäten zwischen Ländern angleichen. Die Landesgröße ist in diesem Falle für wirtschaftliche Prosperität nicht mehr so entscheidend.

---

[5] Was genau unter Heterogenität zu verstehen ist, bleibt dabei offen. Alesina et al. (1997) geben
jedoch als Beispiel an, dass ethnische Unterschiede in größeren Staaten eher anzutreffen sind, als in
kleineren. Solche Unterschiede können zu Polarisierung führen, welche sich polit-ökonomisch negativ auf die Wahrscheinlichkeit der politischen Integration auswirkt.

[6] Die Annahme, die hinter diesem Effekt steckt, ist diejenige steigender Skalenerträge bei der Produktion privater oder öffentlicher Güter.

Grafisch lässt sich die Bestimmung optimale Landesgröße (G) wie in Abbildung
1 darstellen.

Abbildung 1:   Vereinfachte Version des Modells von Alesina et al. (1997)

Bestimmung der optimalen Landesgröße

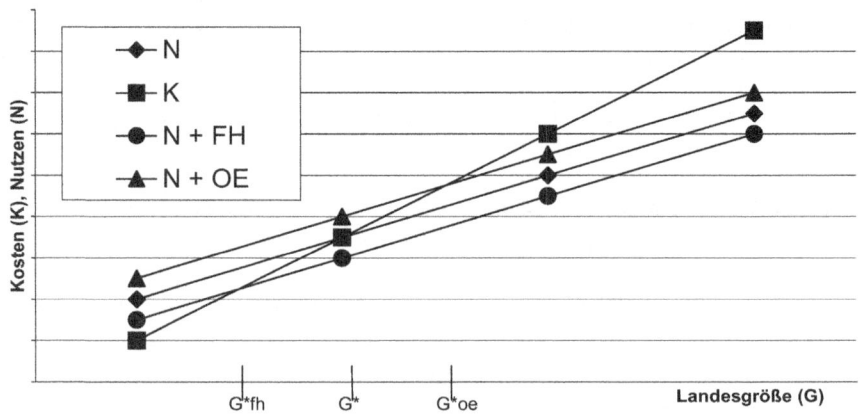

Quelle: eigene Darstellung.

Die Grafik zeigt in einer schematischen Vereinfachung das Modell von Alesina
et al. Mit zunehmender Landesgröße überwiegen die Nachteile die Vorteile politischer Integration. Die optimale Landesgröße (G) hängt aber auch vom Grad des
internationalen Freihandels ab. Mehr Freihandel führt zu weniger Integration
(G_{fh} < G). Für Alesina et al. erklärt dieses Modell, warum in Phasen verstärkter
internationaler wirtschaftlicher Integration die Zahl an Ländern stetig zugenommen hat. Die Autoren folgern daraus, dass die EU immer mehr zu einem Europa
der Regionen führen wird. Dies muss aber nicht notwendigerweise so sein. Interpretiert man die europäische Integration im Sinne des Modells wird vielmehr
zweierlei klar. Erstens ermöglicht die EU-Mitgliedschaft bei gleichen Heteroge-
nitätskosten mehr Nutzen als eine Nicht-Mitgliedschaft. Dies liegt daran, dass
die EU mittlerweile vielmehr als ein Freihandelsabkommen darstellt. Während
also die WTO und das internationale Freihandelsregime sehr wohl ,in Konkurrenz' zu regionalen Initiativen stehen können, ist dies für die EU wohl kaum der
Fall. Grafisch lässt sich dies durch eine Verschiebung der Nutzengerade nach
oben darstellen. Dadurch ergibt sich, wie Abbildung 1 andeutet, eine höhere

optimale Landesgröße ($G_{oe} > G$). Zweitens wird anhand dieses Modells deutlich, warum regionale Integration immer „tiefer" gehen, d.h. immer mehr Wirtschaftsbereiche erfassen muss, je größer das Ausmaß an internationaler Verflechtung ist. Eine reine Freihandelszone zwischen Ost- und Westeuropa vergrößert die zusätzlichen Effizienzgewinne nur marginal.[7] Die Effizienzgewinne aus der Osterweiterung können also nur durch eine Vollmitgliedschaft wirklich erreicht werden.

Der Weg zur Erweiterung läuft jedoch über Verhandlungen, welche nur eine pareto-effiziente Lösung haben können. Ausgangsschwierigkeit war dabei die erhebliche Heterogenität zwischen Alt- und Neumitgliedern. Beispielsweise waren die westeuropäischen Länder reicher gemessen am BSP pro Kopf. Selbst das reichste Land der Beitrittskandidaten Slowenien war zum Zeitpunkt der Verhandlungen ärmer als die ärmsten EU-Länder Griechenland und Portugal (Kittel 2001). Diese Unterschiede im Wohlstand sind durch die höhere Kapitalintensität der Altmitglieder zu erklären, welche im Sinne der realen Außenwirtschaftstheorie reich am Faktor Kapital, wohingegen die Beitrittskandidaten überwiegend reich am Faktor Arbeit sind.

Die Ableitung der jeweiligen Nutzenfunktionen der alten und neuen Mitgliedsländer für die Verhandlungen verdeutlicht das Zustandekommen des Verhandlungsergebnisses. In der polit-ökonomischen Literatur ist die Nutzenfunktion der nationalen Regierungen (RN) durch drei wesentliche Erweiterungseffekte gekennzeichnet. Erstens stellt die Osterweiterung öffentliche Güter – z.B. Investitionssicherheit – für mehr Menschen zur Verfügung. Da öffentliche Güter hohe Fixkosten aber geringe variable Kosten aufweisen, sinkt der Pro-Kopf-Preis dieser Güter für eine größere EU. Dies ist die Basis für die in allen theoretischen Studien angenommenen Effizienzgewinne durch die Osterweiterung. Zweitens führt eine Osterweiterung zu Umverteilungseffekten zwischen reichen und armen Ländern. Dies gilt für die EU-Haushaltspolitik, da in der erweiterten Union die osteuropäischen Länder über Agrar- und Strukturfonds ein größeres Stück des ‚Kuchens' abbekommen. Drittens führt sowohl in Mitglieds- als auch Beitrittsländern die Osterweiterung zu einem Autonomieverlust. Dies liegt daran, dass sich in diesen Modellen die Position des entscheidenden Wählers vor und nach der Erweiterung unterscheidet (Persson/Tabellini 2002: 136).

Diesen drei Effekten der ‚general interest politics' wird noch ein Umverteilungseffekt zwischen Interessengruppen zur Seite gestellt (Brou/Ruta 2002). Dabei wird davon ausgegangen, dass Interessengruppen nicht nur nationale Politikergebnisse zu ihren Gunsten beeinflussen können. Durch die Osterweiterung

---

[7] Dies zeigen auch zahlreiche makroökonomische Studien, die den Effekt der Handelsintegration mit den anderen Effekten eines EU-Beitritts vergleichen (Breuss 2001).

kann Lobbying auch dazu führen, dass die nationale Politik in anderen Ländern beeinflusst wird.[8] Ist nationale Politik daher im Wesentlichen von den Interessen einzelner Lobbygruppen abhängig, dürfte sich deren Engagement auch im Rahmen der Osterweiterung bemerkbar machen. Tabelle 1 fasst die vier Effekte für die Nutzenfunktionen der Regierungen von armen und reichen Ländern (RN_r, RN_a) zusammen. Annahmegemäß sind die Effekte im Bereich Effizienz und Autonomie zwischen West- und Osteuropa gleichgerichtet, während Umverteilungs- und Lobbyeffekt in die jeweils gegenteilige Richtung für arme und reiche Länder zeigen. Die Integration ist dadurch keineswegs garantiert, da für beide Ländergruppen der Gesamteffekt auf theoretischer Basis unbestimmt bleibt.

Tabelle 1: Übersicht über die polit-ökonomischen Effekte von Integration: zwischenstaatliche Ebene

	Effizienz-gewinn	Umvertei-lung	Autono-mieverlust	Lobby-effekt	Gesamt-effekt
RN_r	> 0	< 0	< 0	> 0	<> 0
RN_a	> 0	> 0	< 0	< 0	<> 0

Die Spezifika des EU-Institutionsgefüges können natürlich auch Konflikte innerhalb der beiden Ländergruppen erzeugen. Beispielsweise profitiert Frankreich in erheblichem Maße vom derzeitigen EU-Transfersystem, während Deutschland dessen größter Nettobeitragszahler ist (Weise 2002). Frankreich agierte daher solange als Bremser in den Erweiterungsverhandlungen, bis garantiert war, dass die osteuropäischen Beitrittskandidaten – zumindest vorübergehend – nicht in vollem Maße von der gemeinsamen Agrarpolitik profitieren können (Kemmerling 2003). Sieht man von diesen Interessenkonflikten innerhalb der neuen und alten Mitglieder einmal ab, hängt die Entscheidung zur Osterweiterung zunächst von den zu erwartenden Effizienzgewinnen für beide Ländergruppen ab.

Jedoch können die derzeitigen Mitgliedsländer natürlich auch die Kosten der Osterweiterung in Bezug auf Umverteilung und Autonomieverlust reduzieren. Auch für eine Kostenreduktion über den Autonomieeffekt gibt es widersprüchliche Interessen. Dies hat z.B. im Rahmen der Reformdebatte der EU-Institutionen dazu geführt, dass die in Nizza beschlossenen Abstimmungsregeln

---

[8] Da dieser Effekt wohl am schwierigsten zu verstehen ist, wird im nächsten Abschnitt ein Fallbeispiel darauf noch näher eingehen.

den derzeitigen Mitgliedsländern gleich mehrere zusätzliche Vetomöglichkeiten beschert haben (Kandogan 2000). Dies wird insbesondere durch die Einführung einer Bevölkerungsmehrheit als dritte Schwelle einer qualifizierten Mehrheitsentscheidung deutlich. Eine Koalition aus Beitrittsländern ist weit davon entfernt, die geforderte Bevölkerungsmehrheit zustande zu bringen (Baldwin et al. 2001). Die Autonomiekosten für die alten Mitgliedsländer sollten somit gering ausfallen.

Polit-ökonomische Modelle verdeutlichen, weshalb generell für die Regierungen eine Vollmitgliedschaft rationaler war, als reine Freihandelsabkommen. Dies ist eine mögliche Antwort auf die Frage, warum es in Europa nie ein Gegenprojekt zur Erweiterung geben konnte (Bieler 2002). Der Grund ist in der internationalen Tendenz zur verstärkten weltwirtschaftlichen Integration der Gütermärkte zu suchen. Diese Vollmitgliedschaft ist jedoch kein statisches Faktum, sondern kann von den derzeitigen Mitgliedsländern neu definiert werden. Die Reform des Abstimmungssystems innerhalb des EU-Ministerrats im Rahmen der Verfassungsdiskussion sowie die zyklisch wiederkehrenden Diskussionen um den EU-Haushalt sind nur zwei Beispiele für Versuche, die Kosten der Osterweiterung für die alten Mitgliedsländer zu reduzieren, während die neuen Mitgliedsländer ihren Einfluss behalten wollen. Solche Revisionen spielten auch für die Osterweiterung eine große Rolle. Dies wird im nächsten Abschnitt deutlich, der sich mit der politische Ökonomie auf der nationalen Ebene beschäftigt.

4   Innerstaatliche Determinanten für Regierungsverhalten bezüglich der Osterweiterung

Während der vorige Abschnitt die Nutzenfunktionen der Regierungen auf zwischenstaatlicher Ebene abbildete, wendet sich dieser Abschnitt der innerstaatlichen Nutzenmaximierung zu. Die innerstaatliche Nutzenmaximierung hängt substantiell von der Zulassung von Faktormobilität im Bereich Arbeits- und Kapitalmärkte ab. Sie ist ein Beispiel dafür, wie nach der Terminologie von Putnam (1988), die internationale Ebene die nationale determiniert. Dieser Abschnitt kehrt die Einflussrichtung um und zeigt, wie die innerstaatliche Ebene das zwischenstaatliche Verhandlungsergebnis beeinflussen kann. Dazu ist es zunächst nötig zu zeigen, wie sich Faktormobilität auf die Interessen von Wählern und Lobbygruppen auswirkt.

Legt man die Annahmen des vorigen Abschnitts zugrunde, sind westeuropäische Länder reicher am Faktor Kapital, während die Beitrittskandidaten reicher am Faktor Arbeit sind. Zinssätze sind damit im Westen niedriger, während die

Löhne als Preise für Arbeit im Westen höher sind.[9] Gütermarktintegration kann diese Preisunterschiede zwar bis zu einem bestimmten Grade ausgleichen (sog. Stolper-Samuelson-Theorem), dies dürfte allerdings eine Zeit von Jahrzehnten bis Jahrhunderten in Anspruch nehmen. Daher besteht für Kapitaleigner und Arbeitnehmer ein Anreiz, jeweils die Region mit den höheren Preisen aufzusuchen. Für die Osterweiterung bedeutet dies eine Ost-West-Migration von Arbeitnehmern und einen Nettokapitalzufluss in Osteuropa. Als Konsequenz hieraus ergeben sich – flexible Märkte vorausgesetzt – fallende Löhne in Westeuropa und fallende Zinssätze in Osteuropa. Allerdings dürfte der Zinseffekt in Westeuropa marginal sein, da die Kapitalabflüsse nach Osteuropa, in Relation zur Gesamtgröße des westlichen Kapitalmarktes betrachtet, vernachlässigenswert sind .

Die ökonomische Asymmetrie zwischen West- und Osteuropa reicht allein noch nicht aus, um Interessenskonflikte abzubilden. Dazu muss man theoretische Erwartungen formulieren, wie sich die international verhandelnden Regierungen verhalten sollen. Polit-ökonomische Ansätze modellieren Regierungsverhalten als ein Nutzenmaximierungskalkül mit den Input-Faktoren finanzielle Wahlkampfhilfen bzw. Geld sowie Stimmenzahl (Grossman/Helpman 2001). Zumeist gestehen Politik-Ökonomen jedoch auch die Möglichkeit ein, dass Regierungen im Sinne von Sozialplanern den gesellschaftlichen Gesamtnutzen zu maximieren suchen oder von ideologischen Präferenzen geleitet werden. Tabelle 2 zeigt die Nutzenfunktion von Regierungen – getrennt für arme und reiche Länder – in Abhängigkeit dieser Input-Faktoren. Analog zum vorigen Abschnitt dürften die westlichen Lobbygruppen von der Osterweiterung profitieren und daher ihre Zahlungen erhöhen. Für die Beitrittskandidaten ergibt sich der gegenteilige Effekt. Des Weiteren folgt aus den Überlegungen zur Wirkung von Faktormobilität, dass Osterweiterung gerade für westeuropäische Arbeitnehmer unpopulär ist. Die Stimmenzahl für Regierungsparteien könnte sich dadurch reduzieren. Wird Migration zwischen Ost- und Westeuropa zugelassen, profitieren osteuropäische Arbeitnehmer und danken dies mit einem Zuwachs an Stimmen. Aus der Perspektive eines gemeinwohlorientierten Sozialplaners sind die Effekte für Westeuropa unbedeutend oder schwach negativ, während die Effekte für Osteuropa positiv sind.[10]

---

[9] Dies sind stilisierte Ableitungen aufgrund des Heckscher-Ohlin-Modells der Außenwirtschaftstheorie.

[10] Dies ist eine zugegebenermaßen sehr krude Annahme, die sich jedoch in etwa mit den derzeitigen Studien zu den gesamtwirtschaftlichen Effekten der Osterweiterung deckt (Breuss 2001). In Westeuropa gab es lediglich für Portugal und Griechenland geringe Anzeichen für negative wirtschaftliche Effekte der Osterweiterung, die relativ problemlos kompensiert werden konnten.

Tabelle 2: Übersicht über die polit-ökonomischen Effekte von Integration: innerstaatliche Ebene

	Beiträge	Stimmen	Benevolenz	Gesamteffekt
RN_r	> 0	< 0	0	$<> 0$
RN_a	< 0	> 0	> 0	$<> 0$

Vor dem tatsächlichen Beitritt in die EU ergibt sich jedoch ein Unsicherheitsproblem. Wie glaubwürdig war die Ankündigung der EU bzw. der Kandidatenländer, die Osterweiterung anzustreben? Dies ist ein klassisches Problem möglicher zeitlicher Inkonsistenzen (z.b. Persson/ Tabellini 2002: 299). Regierungen auf beiden Seiten könnten die Osterweiterung der EU ankündigen, diese Ankündigung jedoch möglicherweise im Laufe der Zeit aufgrund veränderter Kosten-Nutzen-Kalküle revidieren. Misstrauten private Kapitalanleger den jeweiligen Regierungen, würde der Effizienzgewinn der Kapitalmärkte von Anfang an ausbleiben. Doch wäre gerade auf osteuropäischer Seite für die Regierungen ‚Betrügen' keine dominante Strategie gewesen, weil die dadurch zu erzielende einmalige Rente mit prohibitiv hohen Opportunitätskosten in der Zukunft verbunden wäre. Um ausländisches Kapital anzuziehen, ist es für osteuropäische Länder lohnender, sich politisch an die Beitrittsstrategie zu binden.

Wenn also die Glaubwürdigkeit Osteuropas bezüglich des Beitrittswillens nicht angezweifelt werden konnte, dann bestand seit den frühen 90er Jahren für westeuropäische Kapitalbesitzer ein Anreiz, in Osteuropa zu investieren. Je länger dieser Zustand andauert, desto größer sind die 'invested interests' (Frieden 1991) Westeuropas, die wirtschaftliche und politische Stabilität Osteuropas zu garantieren. Dies induziert ein weitergehendes Interesse westeuropäischer Kapitalbesitzer an innenpolitischen Prozessen in Osteuropa. Beispielsweise sollten sie an stabilen bzw. zumindest vorhersagbaren Wechselkursen und verlässlichen makroökonomischen Politiken in Osteuropa interessiert sein (ibid.: 445). Die Reduktion der Volatilität von Wechselkursen wird aber durch eine glaubwürdige und chancenreiche Bewerbung der Beitrittskandidaten erleichtert. Im Bereich der Kapitalmarktintegration wird die Osterweiterung dadurch zu einem pfadabhängigen politischen Prozess.

Für andere Märkte und deren Interessenvertreter gilt dies hingegen nicht in äquivalenter Weise. Das wichtigste Politikfeld in dieser Beziehung ist der Arbeitsmarkt. Dabei stand die Mobilität von Arbeitnehmern zwischen West- und

Osteuropa im Brennpunkt der öffentlichen Meinung.[11] Hier lässt sich der innerstaatliche Interessenkonflikt zwischen normalen Arbeitnehmern und (Human-) Kapitalbesitzern besonders deutlich feststellen. Während erwartungsgemäß Gewerkschaften in Osteuropa für eine Freizügigkeit der Arbeitnehmer eintraten, begrüßten insbesondere deutsche Gewerkschaftsvertreter die Osterweiterung zwar an sich, forderten jedoch für die Freizügigkeit Übergangsregelungen.[12] Die in den Erweiterungsverhandlungen getroffenen Ausnahmeregelungen legen nahe, dass die deutschen und österreichischen Gewerkschaften einen maßgeblichen Einfluss auf die nationalen Regierungen ausgeübt haben.[13] Daher lohnt es sich, dieses Phänomen näher zu untersuchen.

Im Folgenden soll davon ausgegangen werden, dass die Verhandlungen im Bereich Arbeitsmärkte im Wesentlichen aus zwei Dimensionen bestehen: 1) Der Übernahme des sozialen Acquis (S) durch die osteuropäischen Beitrittskandidaten. Wichtige EU-Regelungen sind in diesem Bereich die EU-weit gültigen Schutzrechte für Arbeitnehmer wie auch andere für den Kündigungsschutz relevante Rechtsakte. 2) Die Zulassung von Arbeitnehmermobilität zwischen West- und Osteuropa (M). Ferner wird davon ausgegangen, dass es nur zwei relevante innerstaatliche und rein eigennützige Veto-Spieler gibt: Gewerkschaften und Unternehmensverbände. Die Präferenzordnungen der beiden Spieler für den Fall eines derzeitigen Mitgliedslandes sind in Tabelle 3 dargestellt.

Tabelle 3: Fallbeispiel Ausnahmefristen: Präferenzordnung westeuropäischer Lobbygruppen

	Präferenzordnungen
Gewerkschaften	S$\underline{M}$ > $\underline{S}$M > SM > $\underline{SM}$
Arbeitgeber	SM > S$\underline{M}$ > S$\underline{M}$ > SM

---

[11] Auch für den Arbeitsmarkt gilt, dass die erwarteten Effekte nicht nur geringer sind als häufig befürchtet, sondern sich auch im Wesentlichen bereits manifestiert haben (Burda 1999).

[12] Vgl. Interessenposition von ost- und westeuropäischen Gewerkschaftsvertretern, die im Rahmen einer Tagung der Otto-Brenner-Stiftung geäußert wurden (http://www.otto-brenner-stiftung.de/tagungen/tag.tagungen/content.tag.tagungen/, 7.03.03).

[13] Die Ausnahmeregelungen sehen vor, dass Arbeitnehmer aus den Beitrittskandidaten erst nach maximal sieben Jahren das Recht erhalten sollen, sich einen Arbeitsplatz in Westeuropa zu suchen. Dabei ist eine Fristenlösung vorgesehen: Frühestens in drei Jahren wird diese Bestimmung neu verhandelt und kann dann zweimal für zwei Jahre verlängert werden.

Für die Gewerkschaften ist das optimale Ergebnis, die Übernahme des sozialen Acquis der EU ohne Mobilität zuzulassen (S̲M). Die Übernahme des Acquis garantiert, dass eventuelles soziales Dumping durch osteuropäische Importe nach Westeuropa reduziert werden kann. Gleichzeitig entfällt der Migrationsdruck auf die westeuropäische Arbeitsmärkte. Die schlimmste (‚neoliberale') Option ist der umgekehrte Fall: Nur Mobilität, keine gemeinsamen Arbeitnehmerstandards (S̲M). Da die Gewerkschaften v. a. die unmittelbare Wirkung von Migration auf ihr Klientel fürchten, ist für sie der Status Quo (S̲M), d.h. weder Mobilität noch gemeinsame Arbeitnehmerstandards, immer noch besser als die vollständige Integration der Beitrittskandidaten in die EU.

Dieser Status Quo ist jedoch für westeuropäische Unternehmer nicht unbedingt vorteilhaft. Bereits existierende Freihandelsabkommen können dazu führen, dass osteuropäische Unternehmer durch niedrige Löhne und geringere Sozialstandards eine ernstzunehmende Konkurrenz für sie darstellen. Aus Unternehmersicht ist daher die vollständige Integration (SM) die beste Option. Arbeitnehmermobilität (S̲M) ist dabei für Unternehmer wichtiger als die Übernahme des sozialen Acquis (SM̲). Dies liegt daran, dass die sinkenden Lohnkosten für westeuropäische Unternehmer bedeutsamer wären als die steigenden Sozialstandards in Osteuropa. Sucht man nun eine stabile Verhandlungslösung, wird deutlich, dass Übergangsregelungen im Bereich Mobilität (S̲M) die einzige Lösung sein können, wenn eine Regierung die Zustimmung sowohl der Gewerkschaften als auch der Arbeitgeber benötigt.[14] Gewerkschaften lehnen alle Ergebnisse ab, die schlechter als der Status Quo sind (SM, S̲M). Unternehmensverbände müssen das vollständige Verhandlungsmenü anbieten, da der Status Quo die schlechteste Option darstellt.

Gleichzeitig ist dieses innerstaatliche Spiel mit der zwischenstaatlichen Ebene gekoppelt. Deutschland und Österreich schlugen gemäß dem innerstaatlichen Verhandlungsergebnis die Lösung S̲M vor. Wie zu erwarten liefen osteuropäische Gewerkschaften gegen diesen Vorschlag Sturm. Jedoch spielten osteuropäische Gewerkschaften in den jeweiligen nationalen Systemen immer noch eine untergeordnete Rolle. Das kommunistische Vermächtnis und die Transformation hatten dazu beigetragen, dass sich die Gewerkschaften niemals in ähnlicher Weise wie in Westeuropa etablieren konnten (Greskovits 1998). Zudem war für manche osteuropäische Gewerkschaften die Option S̲M immer noch besser als der Status Quo, denn er garantiert höhere Sozialstandards. Dieses Beispiel zeigt also wie Politikpositionen und Organisationsstärke westeuropäischer Interessenvertreter dazu führen, dass sie die Gesetzgebung anderer Länder beeinflussen können. Durch die Osterweiterung können die Lobbygruppen ihren Einfluss auf

---

[14] Für eine ausführlichere Darstellung siehe Kemmerling (2003).

ein Gebiet ausweiten, das ihnen vorher nicht zur Disposition stand. Hier ist der für reiche Länder positive Lobbyeffekt aus dem vorigen Abschnitt zu suchen (vgl. Tabelle 2). Auf nationaler Ebene bedeutet dies auch, dass Lobbyorganisationen ihre politische Unterstützungsleistungen (vgl. Tabelle 1) erhöhen.

Die differenzierte Mitgliedschaft im Bereich des Arbeitsmarktzugangs illustriert aber auch die Bedeutung des Konzepts des Erwartungsnutzens. Deutschland, Österreich und Italien fürchteten den Hauptteil der erwarteten Ost-West Migration zu tragen. Entsprechend forderten die Regierungen der drei Länder Übergangsfristen für die Arbeitnehmerfreizügigkeiten aus den neuen Mitgliedsländern (Schneider 2006). Diese Forderung stieß bei den übrigen Altmitgliedern zunächst auf Ablehnung. Doch das eindeutige Signal der deutschen und österreichischen Regierungen, die Beitrittsverhandlungen zu blockieren, führte zu einem entsprechenden Kompromiss. Die Altmitglieder der EU haben demnach das Recht, Übergangsfristen für den Zugang zu ihren Arbeitsmärkten für Arbeitnehmer aus den neuen Mitgliedsländern (mit Ausnahme Zyperns und Malta) einzuführen. Die kurzfristigen Anpassungskosten Deutschland, Österreichs und Italiens werden damit erheblich gesenkt (ibid.).

Als letztes Teil des empirischen ‚Puzzels' muss nun noch die Reaktion v. a. der polnischen Regierung betrachtet werden (Szczerbiak 2004). Um ihr Gesicht zu wahren, forderte diese im Gegenzug zu den eingeschränkten Freizügigkeitsrechten Ausnahmen bei den Investitionsmöglichkeiten westeuropäischer Kapitalbesitzer insbesondere im Bereich des Grunderwerbs. Damit entsprach sie einer weit verbreiteten Angst in Polen, dass Westeuropäer und nachgerade Deutsche polnische Ländereien massenhaft aufkaufen würden. Interessanterweise wurde diese Forderung nach einigen Monaten unilateral von polnischer Seite aus teilweise zurückgenommen. Dies entspricht dem vereinfachten Bild des positiven Summenspiels, das für die Kapitalmarktintegration entworfen wurde (siehe oben). Das Verhalten der polnischen Regierung sagt auch etwas über die Bedeutung relativer Nutzengewinne in internationalen Verhandlungen aus. Basieren die Nutzengewinne von internationaler Kooperation auf einem innerstaatlichen Nullsummenspiel zwischen Regierung und Opposition, kann die Regierung es sich nicht leisten, ein Verhandlungsergebnis zuzulassen, das sie selbst schlechter als die westeuropäischen Regierungen stellt. Die Opposition könnte dies kurzfristig politisch ‚ausschlachten'. Jedoch sind die Opportunitätskosten einer solchen Strategie auf Dauer so hoch, dass diese Strategie nur in extremen Situationen stabil sein dürfte.

Fasst man diese innerstaatlichen Prozesse zusammen, stellt man fest, dass die Osterweiterung ein Prozess ist, der zunehmend Ausstiegsoptionen verbaute. Märkte passten sich an die neuen Gegebenheiten an und würden heutzutage eine Reversion des Prozesses nur unter hohen Kosten zulassen. Das Faktormobilitätsspiel macht zudem deutlich, dass diese Ausstiegskosten gerade im Bereich der Kapitalmärkte zu suchen sind, während Arbeitsmärkte v. a. in Westeuropa politisch wesentlich resistenter waren. Die befürchteten Kosten für die Regierungen liegen daher auch eher im sozialen als im rein materiellen bzw. realwirtschaftlichen Bereich und, spezifischer, in der öffentlichen Meinung und den möglichen politischen Kosten in Form von Stimmenverlusten. Den Regierungen bleibt daher nichts anderes übrig, als die Zustimmung zum Erweiterungsprozess zu mobilisieren. Dies implizierte notfalls eine partielle Neudefinition und vorübergehende Aussetzung der Vollmitgliedschaft der Beitrittskandidaten.

5 Zusammenfassung

Der Prozess der Osterweiterung stellt für die europawissenschaftliche Forschung eine analytische Herausforderung dar. Ausgangspunkt ist die Tatsache, dass das ökonomische Gefälle zwischen Alt- und Neumitgliedern erheblich ist, und dass die EU nach dem Fall der Mauer den jungen Demokratien Osteuropas lediglich Assoziationsabkommen in Aussicht stellten. Eine rasche Erweiterung schien die Umverteilungskosten zugunsten der Neumitglieder für die Altmitglieder nicht aufzuwiegen. Schimmelfennig (2001) argumentiert folglich, dass die Zustimmung zur Osterweiterung nur als Konsequenz eines ‚rhetorical entrapment' zu verstehen ist, in welchem die Bremser sich befanden.

Dieser Beitrag zeigt hingegen, wie eine rationalistische Erklärung der Osterweiterung argumentiert. Eingebettet in den weltwirtschaftlichen Kontext war die Option zur Vollmitgliedschaft attraktiver als partielle Abkommen – z.B. reine Freihandelszonen. Dieses positive ‚Anfangssignal' induzierte jedoch eine Reihe von Wirkungen auf die Märkte in West- und Osteuropa, so dass die Ausstiegskosten aus dem Erweiterungsprozess mit der Zeit sehr hoch wurden. Als dann in zunehmendem Maße die Erweiterungsgewinne infrage gestellt wurden, versuchten beide Seiten, die Kosten der Osterweiterung zu senken. Ausschlaggebend war hierfür der Umstand, dass Regierungen ihren Nutzen diskontieren, d.h. kurzfristig anfallende Kosten höher bewerten. Dies führte zu erheblichen Veränderungen hinsichtlich der Frage, was mit der Vollmitgliedschaft überhaupt verbunden war. Die Veränderungen speisten sich aus einer Reihe von innerstaatlichen Determinanten, die je nach Politikfeld – in diesem Beitrag wurden v. a. die Kapital- und Arbeitsmärkte gegenübergestellt – unterschiedliche Wirkungen entfalteten.

Dieses polit-ökonomische Erklärungsraster zeigt natürlich auch Schwächen auf. Generell beziehen sich die meisten Modelle überwiegend auf die politischen Konsequenzen ökonomischer Veränderungen. Politische und politikrelevante soziale Folgen werden dabei in der Regel ausgeblendet. Das hat nicht zuletzt die Diskussion um die Arbeitsmarkteffekte der Osterweiterung deutlich gemacht. Auch deshalb werden ökonomische Effizienzgewinne häufig überschätzt und politische und soziale Kosten unterschätzt. Wie nicht zuletzt dieser Beitrag gezeigt hat, spielen gerade Wahrnehmungen von Problemen eine große Rolle. Dies gilt sicherlich auch für Normen und Wertvorstellungen. Wenn solche ideellen Faktoren jedoch nur zugrunde liegende polit-ökonomische Interessenskonflikte verdecken, setzen sich weniger Politiker als vielmehr Europaforscher der Gefahr aus, in die Falle des rhetorischen Handelns zu tappen.

Literatur

Alesina, Alberto/Spolaore, Enrico (1997): On the Number and Size of Nations. In: *The Quarterly Journal of Economics* 112(4) 1997. 1027-1056

Alesina, Alberto/Spolaore Enrico/Wacziarg ,Romain (1997): Economic Integration and Political Disintegration. In: *NBER Working Paper Series* 1997 No. 6163

Baldwin, Richard E./Francois Joseph F. /Portes, Richard (1997): The Costs and Benefits of Eastern Enlargement: The Impact on the EU and Central Europe. In: *Economic Policy* 24 1997. 125-176

Baldwin, Richard E./ Berglof,E.,/Giavazzi,F./Widgren, Mika (2001): Nice Try: Should the Treaty of Nice be Ratified? In: CE*PR Monitoring the European Integration*. 11 2001. CEPR London

Bieler, Andreas (2002): The Struggle over EU Enlargement: A Historical Materialist Analysis of European Integration. In: *Journal of European Public Policy* 9(4) 2002. 575-597

Boeri, Tito/, Brücker Herbert (2000): The Impact of Eastern Enlargement on Employment and Labour Markets in the EU Member States.In: European Integration Consortium: Berlin and Milano 2000

Breuel, Birgit (1994): Treuhandanstalt: Bilanz und Perspektiven. In: *Aus Politik und Zeitgeschichte*, 43/44 1994

Breuss, Fritz (2001): Macroeconomic Consequences of Enlargement for Old and New Member States. In: *WIFO Working Papers Vienna*: 143/2001 2001

Brou, Daniel/Ruta, Michele (2002): A Positive Explanation of EU Enlargement. In: *Mimeograph*. 2002

Burda, Michael (1999): Mehr Arbeitslose - Der Preis für die Osterweiterung? Zur Auswirkung der EU-Erweiterung auf die europäischen Arbeitsmärkte im Osten und Westen. In: *Schriften des Vereins für Sozialpolitik. Bd. 274 (Beiheft 9) Jahrestagung 1999. Die Erweiterung der EU.* Lutz Hoffmann (Hrsg.). Berlin: Duncker&Humblodt. 1999. 79-101

Fahrholz, Christian (2007): Bargaining for Costs of Convergence in the Exchange-Rate Mechanism II: A Rubinstein Threat Game. In: *Journal of Theoretical Politics* 19(4) 2007. 193-214

Frieden, Jeffrey A. (1991): Invested Interests: the Politics of National Economic Policies in a World of Global Finance. In: *International Organization* 451991. 425-451

Friis, Lyke/Murphy, Anna (1999): The European Union and Central and Eastern Europe: Governance and Boundaries. In: *Journal of Common Market Studies* 37(2). 1999. 211-232

Greskovits, Béla (1998): *The Political Economy of Protest and Patience. East European and Latin American Transformations Compared.* Budapest: Central European University Press. 1998

Grossman, Gene M/ Helpman, Elhanan (2001): *Special Interest Politics*. Cambridge (Mass.)/ London: MIT Press

Gstöhl, Sieglinde (2002): Scandinavia and Switzerland: Small, Successful and Stubborn Towards the EU. In: *Journal of European Public Policy* 9(4) 2002. 529-549

Kandogan, Yener (2000): Political Economy of Eastern Enlargement of the European Union: Budgetary Costs and Reforms in Voting Rules. In: *European Journal of Political Economy* 16 2000. 685-705

Kemmerling, Achim (2003): The Social Dimension of Ezoneplus. In: *Ezoneplus Working Paper*. No. 13. 2003

Kittel, Bernhard (2001): EU Enlargement and the European Social Model: Trends, Challenges, and Questions. Keynote Lecture 3. In: *The European Enlargement Process: Between 'Western Acculturation' and Regional Differences.* 2001. Vienna

Persson, Torsten/Tabellini, Guido (2002): *Political Economics. Explaining Economic Policy*. Cambridge (Mass.)/ London: MIT Press (2002)

Plümper, Thomas/Mattli, Walter (2002): The Demand-Side Politics of EU Enlargement: Democracy and the Application for EU Membership. In: *Journal of European Public Policy* 9(4) 2002. 550-574

Plümper, Thomas/ Schneider, Christina (2007): Discriminatory Membership and the Redistribution of Enlargement Gains: A Rational Theory of EU Enlargement. In: *Journal of Conflict Resolution, forthcoming* 2007

Putnam, Robert (1988): Diplomacy and Domestic Politics: The Logic of Two-Level Games. In: *International Organization.* 42 1988. 427-460

Schimmelfennig, Frank (2001): The Community Trap: Liberal Norms, Rhetorical Action, and the Eastern Enlargement of the European Union. In: *International Organization* 55(1) 2001. 47-80

Schimmelfennig, Frank (2002): Liberal Community and Enlargement: An Event History Analysis. In: *Journal of European Public Policy* 9(4) 2002. 598-626

Schimmelfennig, Frank/Sedelmeier Ulrich (2002): Theorizing EU Enlargement: Research Focus, Hypotheses, and the State of Research. In: *Journal of European Public Policy* 9(4) 2002. 500-528

Schneider, Christina (2006):Differenzierte Mitgliedschaft und die EU-Osterweiterung: Das Beispiel der Arbeitnehmerfreizügigkeit. In: *Swiss Political Science Review,* 12(2) 2006. 67-94

Sedelmeier, Ulrich (2002): Sectoral Dynamics of EU Enlargement: Advocacy, Access and Alliances in a Composite Policy. In: *Journal of European Public Policy* 9(4) 2002. 627-649

Szczerbiak, Aleks (2004): History Trumps Government Unpopularity: The June 2003 Polish EU Accession Referendum. In: *West European Politics* 27 2004. 671-90

Weise, Christian (2002): How to Finance Eastern Enlargement of the EU. In: *DIW Discussion Papers,* No. 287 2002

Williamson, Oliver E. (2000): The New Institutional Economics: Taking Stock, Looking Ahead. In: *Journal of Economic Literature* 38(3) 2000. 595-613

Zum Stand der Dinge: Spieltheoretische Modelle des Gesetzgebungsprozesses in der Europäischen Union[1]

Constanze Kathan/Torsten J. Selck

1 Spieltheoretische Modelle zum EU-Gesetzgebungsprozess

Wie lassen sich die Ergebnisse des Gesetzgebungsprozesses in der Europäischen Union (EU) am besten erklären? Neo-Institutionalistische Erklärungsversuche, die auf dem sogenannten *Rational-Choice-Ansatz* (Holler 2003) basieren, gehen bei der Analyse des Zustandekommens von Sekundärgesetzgebung in der EU von der Annahme aus, dass die legislativen Zuständigkeiten, die im Vertrag zur Gründung der Europäischen Gemeinschaft und im Vertrag über die Europäische Union festgelegt sind, eine entsprechende Berücksichtigung bei der Analyse von Entscheidungsprozessen finden müssen.[2]

Die zuweilen heftig geführten politischen Debatten von Nizza (2000) und Rom (2003), die im Nebenfeld der zwischenstaatlichen Verhandlungen über weitere Vertragsanpassungen und die Neugestaltung wichtiger institutioneller Rahmenbedingungen der EU geführt wurden, sind ein Zeugnis für die Relevanz formaler Regeln im EU-Entscheidungsprozess. Das Ergebnis der zwischenstaatlichen Konferenz von Nizza war im Dezember 2000 das Zustandekommen eines neuen Europäischen Vertrages. Seine Hauptzielsetzung besteht darin, die bisher bestehenden Verträge neu zu definieren, und somit im Rahmen der Erweiterung der Europäischen Union vom Mai 2004 die Voraussetzungen für mehr Effizienz zu gewährleisten. Das Ergebnis der in Nizza geführten Debatten bestand vor allem in den Entscheidungen, (1) öfter als bisher das sogenannte Mitentscheidungsverfahren anzuwenden, (2) die formale Stimmenverteilung der Einzelstaa-

[1] Der Dank der Autoren gilt der *Niederländischen Organisation für Wissenschaftliche Forschung* (NWO) für ihre finanzielle Unterstützung. Dieses Kapitel basiert auf einem englischsprachigen Artikel des ersten Autors (Selck 2004a).
[2] Vgl. Shepsle/Bonchek (1997) für eine Einführung in die analytische institutionalistische Theorie sowie Shepsle/Weingast (1981) für eine Erklärung, welche Auswirkungen Entscheidungsregeln auf Gesetzgebungsprozesse haben. Für eine kritische Auseinandersetzung mit dem spieltheoretischen Ansatz in den Internationalen Beziehungen, siehe Müller (1994), Risse-Kappen (1995), Risse (2000) und Schneider (1994).

ten im Rat neu zu gewichten und (3) die Struktur der Europäischen Kommission anzupassen (Cottrell 1999; *The Economist* 2000).

Dieses Kapitel zielt darauf ab, die unterschiedlichen in der Literatur genannten spieltheoretischen Modelle zum EU-Gesetzgebungeprozess miteinander zu vergleichen. Wir beschreiben die bestehenden Gesetzgebungsverfahren und deren Modellierung hinsichtlich der (a) Anzahl der involvierten Akteure, (b) des Spielverlaufs und (c) der Art der Verhandlungen. Die vier wichtigsten primären Gesetzgebungsinstrumente der Europäischen Union sind derzeit das *Anhörungsverfahren*, das *Zustimmungsverfahren*, das *Kooperationsverfahren* sowie das *Mitentscheidungsverfahren*. Faktisch besteht zwar noch eine Anzahl weiterer Verfahrensregeln, doch die Wirtschafts-, Politik- und Rechtswissenschaft fokussiert ihre Aufmerksamkeit maßgeblich auf die eben genannten, da die überwiegende Mehrheit von Sekundärgesetzgebung in der EU auf der Grundlage eines dieser vier Verfahren stattfindet.[3]

Der Gesetzgebungsprozess in der EU kann als weitaus komplexer betrachtet werden als die bestehenden Verhandlungsstrukturen in Staaten wie beispielsweise Deutschland oder den Vereinigten Staaten. Der größte Unterschied zwischen dem Prozess in der EU und anderen staatlichen Verbänden liegt in der Vielzahl der bestehenden Verfahren, ein Phänomen, das auf die graduelle Veränderung der Union von einer zwischenstaatlichen Organisation zu einem suprastaatlichen Akteur in den vergangenen Jahrzehnten zurückzuführen ist. Je nachdem, welches Politikfeld betroffen ist, bestehen Unterschiede nicht nur im Hinblick auf die involvierten Gremien, sondern auch im Hinblick auf die benötigten Mehrheiten innerhalb dieser Gremien. Dies gilt vor allem für den Rat der Europäischen Union, der das Forum darstellt, in dem die verschiedenen Ressortminister der Mitgliedsstaaten vertreten sind. Abbildung 1 zeigt eine schematische Darstellung des EU-Gesetzgebungsprozesses.

---

[3] Für einen Überblick über alle Verfahren vgl. Herdegen (2003), Weidenfeld (2003), Kapteyn et al. (1998) und Craig/De Búrca (1998).

Abbildung 1:   Der EU-Gesetzgebungsprozess

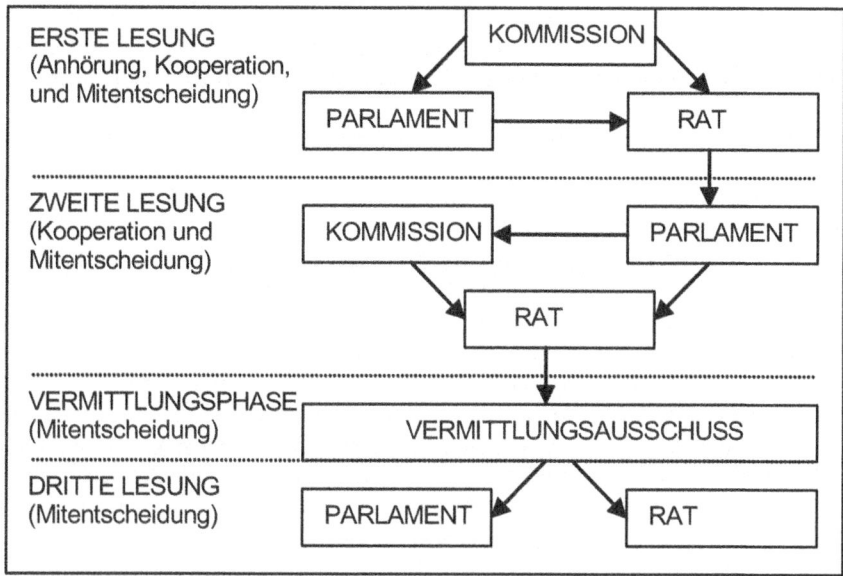

Es wird deutlich, dass das Zustandekommen von Sekundärgesetzgebung in unterschiedlicher Weise von drei institutionellen Akteuren abhängt: Der Europäischen Kommission, die das Vorschlagsrecht besitzt, dem Rat der Europäischen Union, der bei den meisten Gesetzgebungsentscheidungen grundsätzlich involviert ist, sowie letztlich dem Europäischen Parlament, das im Laufe der Zeit durch Änderungen der Römischen Verträge zu seinen Gunsten stetig mehr Einfluss gewann. So hat etwa der momentan aktuelle Vertrag von Nizza dazu geführt, dass weitere Politikfelder, z.B. in Bereichen der Asyl-, Flüchtlings- und Einwanderungspolitik (Art. 63), in Zukunft mit Hilfe des Mitentscheidungsverfahrens und zu Ungunsten des Anhörungsverfahrens entschieden werden.

Um verstehen zu können, welchen konkreten Einfluss diese institutionellen Abkommen auf den Prozess der Gesetzgebung haben können, wurden sogenannte prozessorientierte räumliche Präferenzmodelle entwickelt, mit deren Hilfe Abläufe in der Europäischen Union stilisiert abgebildet werden können. Die Modelle gehen davon aus, dass Akteure innerhalb eines Verhandlungsprozesses feststehende politische Präferenzen haben (*Idealpositionen*), und dass sich die Verhandlungen auf einen politischen Entscheidungsraum beziehen, der durch metrisch skalierte *Issues* charakterisiert ist (z.B. staatliche Ausgaben im Rahmen von zehn Millionen Euro, 20 Millionen Euro, 30 Millionen Euro etc.). Die Modelle versuchen, die verschiedenen gesetzgeberischen Prozeduren begrifflich greifbarer zu machen, indem sie eine Integration von *Rational-Choice-Theorien* mit den durch die Verträge der Europäischen Union beeinflussten Strukturen des Gesetzgebungsprozesses vornehmen. Wie bei allen spieltheoretischen Modellen werden Verhandlungsergebnisse als eine Funktion von einerseits *Präferenzen* und andererseits *Institutionen* angesehen.[4]

Die EU-Verträge stellen die Primärgesetzgebung der Europäischen Union dar. Sie legen detailliert fest, welche bestimmten Rollen den einzelnen institutionellen Akteuren im Rahmen der Sekundärgesetzgebung, d.h. bei dem Erlassen von Gesetzen, Richtlinien und Beschlüssen, zukommen. Einer der ersten wissenschaftlichen Artikel zur Erklärung europäischer Gesetzgebung mit Hilfe eines proceduralen Modells stammt von Tsebelis (1994). Tsebelis verfolgt das Ziel, die gesetzgeberische Machtposition des Europäischen Parlaments im Rahmen des Kooperationsverfahrens aufzuzeigen. Dabei spricht er dem Parlament eine ganz erhebliche Machtposition zu; diese kann unter gewissen Umständen sogar dazu führen, dass das Parlament dem Rat der Europäischen Union einen Gesetzesantrag unterbreiten kann, den dieser nicht mehr erweitern, sondern bestenfalls nur noch ablehnen kann. Insofern hat das Parlament einen entscheidenden Einfluss auf der Ebene der Gesetzgebung. Der Autor bezeichnet das Europäische Parlament als einen *Conditional Agenda Setter* im Gesetzgebungsprozess der Europäischen Union.

Tsebelis' Artikel stellt ein Modell vor, welches sich im Wesentlichen auf die letzte Phase des Kooperationsverfahrens, also auf die zweite Lesung, konzentriert. Das Verfahren gründet sich ursprünglich auf die Einheitliche Europäische Akte von 1987; es war dazu gedacht, die Rolle des Parlaments im Zusammenspiel mit den anderen institutionellen Akteuren der EU, namentlich der Kommission und dem Rat, beim Erlassen neuer Gesetze zu stärken. Ein wichtiges Merkmal des Modells von Tsebelis ist, dass keine formale Darstellung der dem Kooperationsverfahren vorangehenden Lesungen erfolgt. Für die dargestellte letzte Phase wird als Voraussetzung angenommen, dass der Rat Gesetzesentwürfe, die das Parlament ihm vorlegt, entweder mit sogenannter Qualifizierter Mehrheit (a) annehmen oder (b) ablehnen kann (62 von insgesamt 87 Stimmen vor Inkrafttreten des Vertrags von Nizza) oder (c) mit Einstimmigkeit nachbessern kann. [5] Tsebelis vernachlässigt hierbei die erste Lesung einschließlich der

---

[4] So stellt beispielsweise der Preismechanismus im Bereich der Mikroökonomie eine wichtige *Institution* dar.

[5] Der Vertrag von Nizza beansprucht eine ‚dreifache' Mehrheit von erstens 258 Stimmen im Rat, zweitens eine Mehrheit der Mitgliedsstaaten, und drittens eine Mehrheit von 62% der Bevölkerung der EU.

Initiativfunktion der Europäischen Kommission, da sie, wie er ausführt, keinen Einfluß auf das Endergebnis habe (Tsebelis 1994: 131).

In den vergangenen Jahren wurden die vier wichtigsten Gesetzgebungsverfahren der EU mit Hilfe spieltheoretischer Modelle untersucht. Tabelle 1 zeigt eine Übersicht der unterschiedlichen Modelle und ihrer Merkmale.

Tabelle 1: Spieltheoretische Modelle zur Gesetzgebung der Europäischen Union

Verfahren: Unterscheidungsmerkmal:	Quelle:	Anhörung	Zustimmung	Kooperation	Mitentscheidung/ Variante von Maastricht	Mitentscheidung / Variante von Amsterdam
Definition der Akteure						
Rat als einheitlicher Akteur	Laruelle (2002)	x		x		x
Rolle der Kommission						
Kommission als *Gatekeeper* (Pförtnerfunktion)	Steunenberg (1994)	x		x	x	
Kommission als schwacher *Agenda Setter*	Crombez (1996; 1997)	x	x	x	x	
	Moser (1996; 1997)			x		
Rolle des Ministerrats						
Rat als *Agenda Setter*	Garrett (1995), Tsebelis (1997), Schneider (1995)				x	
Rat als Veto-Spieler	Crombez (1997; 2000) Tsebelis und Garrett (2000)				x	x

Rolle des Parlaments						
Parlament als *Conditional Agenda Setter*	Tsebelis (1994)			x		
	Crombez (1997)				x	
	Crombez (2000)					x
	Steunenberg (1997), Scully (1997a; 1997b), Rittberger (2000)				x	
Parlament als *Agenda Setter*	Crombez (2000), Steunenberg (2000)					x
Parlament als Veto-Spieler	Steunenberg (1994)			x	x	
	Crombez (1996), Tsebelis und Garrett (2000)			x		

Das Anhörungsverfahren wurde von Steunenberg (1994) und von Crombez (1996) untersucht. Der Unterschied zwischen den beiden Modellen besteht darin, dass Crombez davon ausgeht, die Kommission müsse einen Vorschlag einreichen, sobald der Rat sie dazu auffordert (Machtposition als *Agenda Setter*). Steunenberg geht dagegen zusätzlich von der Möglichkeit der Kommission aus, Gesetzesentwürfe zurückzuhalten (Machtposition als *Gatekeeper*).

Laruelle (2002) erarbeitet eine weitere theoretische Deutung dieses Verfahrens: Sie fasst beide gesetzgeberischen Spielarten des Anhörungsverfahrens, die Qualifizierte Mehrheit und die Einstimmigkeit, in einem Modell zusammen. Sie tut dies, indem sie von der Annahme ausgeht, dass der Rat als einheitlicher Akteur handelt. Dementsprechend werden bei ihr die Entscheidungsprozesse in der Europäischen Union eher als *inter-institutionelle* Prozesse (Rat vs. Parlament vs. Kommission) denn als *intra-institutionelle* Prozesse (Mitgliedsland *A* vs. Mitgliedsland *B*) angesehen. Die Annahme der Einheitlichkeit des Rates lässt dessen interne Entscheidungsstrukturen automatisch in den Hintergrund treten, und andere Gesichtspunkte, wie z.B. Meinungsverschiedenheiten zwischen dem Rat und dem Parlament, treten stärker in den Vordergrund der Analyse.

Mit dem Zustimmungsverfahren beschäftigt sich lediglich ein einziges Modell. Es wurde von Crombez (1996) entwickelt und konzentriert sich ausschließlich auf die Variante der Einstimmigkeit. Die Variante der Qualifizierten Mehrheit beim Zustimmungsverfahren wurde von den Vertretern spieltheoretischer Modellierung bislang gänzlich unberücksichtigt gelassen. Auch hier wird wieder davon ausgegangen, dass die Kommission ihr unliebsame Gesetzesentwürfe nicht nach Belieben zurückhalten könne.

Mit dem Kooperationsverfahren beschäftigen sich neben dem von Tsebelis (1994) entworfenen Modell noch weitere Untersuchungen von Steunenberg (1994), Crombez (1996), Moser (1996; 1997) und Laruelle (2002). Im Gegensatz zu Tsebelis beziehen die genannten Autoren alle Phasen des Kooperationsverfahrens in ihre Analysen mit ein. Dies stellt den Hauptunterschied zwischen ihren Annahmen gegenüber Tsebelis dar, der seine Ausführungen, wie bereits erwähnt, lediglich auf die zweite und letzte Phase des Verfahrens bezieht. Die unterschiedlichen Ansätze kommen jeweils zu dem Schluss, dass der Europäischen Kommission eine bedeutende Machtposition zukommt; nach Tsebelis' Modell ist die Kommission dagegen per definitionem ohne Machtbefugnisse, da sie in der zweiten Lesung keine Zuständigkeit mehr besitzt.

Im Rahmen des Mitentscheidungsverfahrens ist zwischen zwei Gesetzgebungsvarianten zu differenzieren. Die Erste ist die sogenannte Variante von Masstricht. Sie wurde mit dem Inkrafttreten des Vertrags von Amsterdam durch eine zweite Variante abgelöst. Diese neue Variante sieht vor, dass im Falle einer nicht erfolgten Einigung im Vermittlungsausschuss, in dem sowohl das Parlament als auch der Rat repräsentiert sind, ein Gesetzesvorhaben als gescheitert angesehen wird. Die alte Variante von Maastricht wurde von Steunenberg (1994; 1997), Garrett (1995), Tsebelis (1997), Schneider (1995), Crombez (1997), Scully (1997a; 1997b) und Rittberger (2000) untersucht. Ebenso gibt es Analysen für die neue Variante des Mitentscheidungsverfahrens. Diese stammen von Laruelle (2002), Steunenberg (2000), Crombez (2000) und Tsebelis und Garrett (2000). Die Unterschiede zwischen den Modellen, die sich mit der neuen Variante der Mitentscheidung befassen, sind insgesamt weniger eklatant als die Differenzen beim Kooperationsverfahren. Dennoch bleiben deutliche Abweichungen erkennbar: Laruelle geht auch hier wieder von der Annahme des Rates als einheitlichem Akteur aus; Crombez sieht die Kommission als verpflichtet an, auf Antrag des Rates Gesetzesvorschläge vorzulegen; in Anlehnung an Rubinstein (1982) bezieht Rittberger in seine Ausführungen zusätzlich die unterschiedlichen Zeithorizonte (*impatience*) der Akteure mit ein sowie eine höhere *Dimensionalität* des Entscheidungsraumes für EU-Verhandlungen.

2   Konkurrierende Ansätze

Jedes der bestehenden spieltheoretischen Modelle zur Gesetzgebung in der Europäischen Union unternimmt den Versuch, die tatsächlichen, realen Ergebnisse der Gesetzgebungsprozesse zu erklären. Doch wie können wir wissen, welches Modell hierfür tatsächlich am besten geeignet ist?[6]

Einen Ansatz dieses herauszufinden kann die Unterscheidung zwischen formalisierter Theorie (z.b. spieltheoretische Modelle, die statistisch überprüft werden können) und nicht-formalisierter Theorie (z.b. die meisten wirtschaftsgeschichtlichen Theorien, die oft an Hand von Fallstudiendesigns evaluiert werden) liefern. In unserem Kontext wird formale Theorie von spieltheoretischen Modellen geliefert, die eine analytische Lösung beinhalten. Zur Präzisierung dieses Punktes werden wir Tsebelis' (1994) Artikel etwas eingehender betrachten. Der Autor entwirft dort ein Modell, bei dem angenommen wird, dass (1) nur die letzte legislative Lesung zählt, und dass (2) vollständige und umfassende Information herrscht; gleichzeitig liefert er eine analytische Lösung mit seinem Modell. Die Einflussgrößen des Modells sind einerseits die jeweiligen *Idealpositionen* oder räumlichen Präferenzen (z.b. der von einem bestimmten Mitgliedsland angestrebte Mehrwertsteuersatz auf europäischer Ebene) der einzelnen EU-Mitgliedsstaaten, des Parlaments und der Kommission, sowie andererseits die Positionen des *Status Quo*, also die aktuelle gesetzgeberische Ist-Situation auf EU-Niveau zum Zeitpunkt des Beginns der Verhandlungen (z.B. 15% Mehrwertsteuer). Für jeden beliebigen Gesetzesentwurf der im Kooperationsverfahren verhandelt wird, würde es daher gemäß dieses Modells ausreichen, über Kenntnisse zur Idealposition der Spieler sowie zur Position des Status Quo zu verfügen, um das Ergebnis des Gesetzgebungsprozesses im Spiel voraussagen zu können. Wenn jemand in einer realen Situation eines EU-Gesetzgebungsvorschlages in Besitz dieser Informationen wäre, wäre es demnach theoretisch möglich, das Ergebnis der Verhandlungen soweit als möglich im Voraus zu bestimmen. Abbildung 2 zeigt eine graphische Darstellung der wichtigsten Annahmen dieser Modelle.

---

[6] Wir gehen hier davon aus, dass Vergleiche unterschiedlicher Modelle hinsichtlich ihrer Fähigkeit, Erklärungen für bestimmte Vorkommnisse zu liefern, eine primäre Zielsetzung sozialwissenschaftlicher Forschung darstellen (King et al. 1994: 19-23; Van Evera 1997: 17-21).

Abbildung 2:   Nutzenfunktion eines Akteurs über zwei Dimensionen

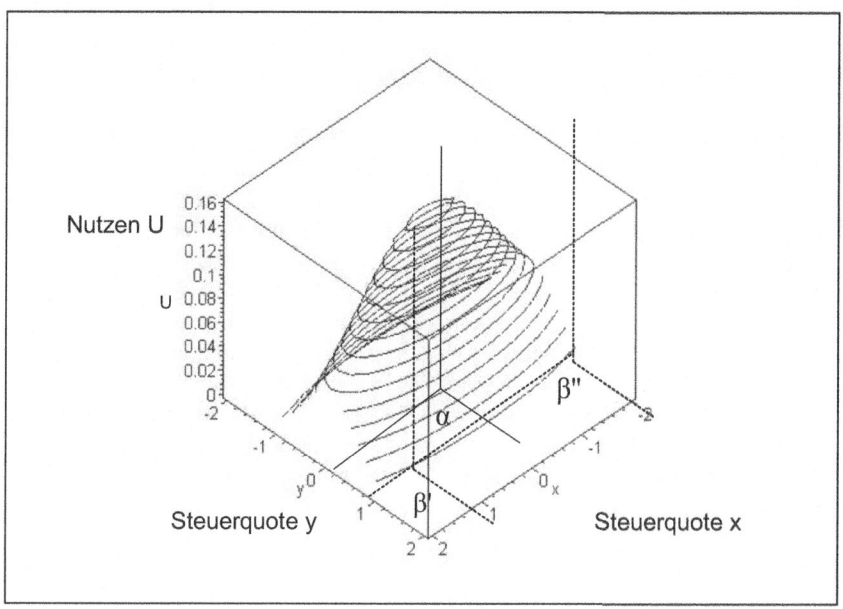

Diese Modelle gehen davon aus, dass Akteure in Verhandlungsprozessen feststehende politische Präferenzen haben. Die streitigen Idealpositionen aller Spieler befinden sich allgemein in einem multidimensionalen Entscheidungsraum, in dem es z.b. darum geht, wie hoch zwei unterschiedliche Steuerbelastungsregime angesetzt werden sollen (in Abbildung 3 mit x und y bezeichnet). Es wird davon ausgegangen, dass ein Akteur, z.B. ein Vetospieler, einen bestimmten Idealpunkt im Raum hat, hier z.b. dicht am Punkt α. Dieses Güterbündel beschert dem Akteur ein für ihn optimales Nutzenniveau. Wenn sich nun eine neue Verhandlungslösung von α zu entfernen droht und dichter gegen β' strebt, so wird der entsprechende Spieler – da dies die Verhandlungsprozedur mit ihm als Vetospieler erlaubt – gegen einen solchen Vorschlag stimmen und insistieren, auf α zu verharren. Wenn sich hingegen der gesetzgeberische Status Quo bereits bei β' befindet, so wird der entsprechende Akteur sich auch mit dem Güterbündel, welches nahe bei β'' liegt, zufrieden stellen lassen, da er zwischen den beiden für ihn ohnehin ziemlich enttäuschenden Lösungen β' und β'' indifferent ist. Die spieltheoretischen Modelle zum EU-Entscheidungsprozess gehen alle von diesen simplen Grundannahmen aus. Sie unterscheiden sich jedoch in der Frage, welche der beteiligten Akteure welche im EU-Gesetzgebungsprozess verankerten Möglichkeiten haben, um das politische Ergebnis zu beeinflussen.[7] Ein wichtiger Vorteil spieltheoretischer Modellierung von Gesetzgebungsprozessen ist, dass die Effekte unterschiedlicher Verfahren mit Hilfe von komparativer Statik (Steunenberg 1994) oder mit Hilfe von Computersimulationen (Selck, 2005) deutlicher herausgearbeitet werden können als dies beispielsweise mt Hilfe von Fallstudiendesigns möglich ist.

Abgesehen von Tsebelis' Modell gibt es derzeit noch drei weitere formale prozessorientierte Modelle für das Kooperationsverfahren. Sie wurden jeweils von Steunenberg (1994), Crombez (1996), und Laruelle (2002) entwickelt. Unter der Voraussetzung, dass die jeweiligen politischen Positionen der Spieler und der Status Quo bekannt sind, kann theoretisch auch mit diesen Modellen ein Ergebnis vorhergesagt werden. Weiterhin gibt es noch das Modell von Moser (1996; 1997). Dieses Modell bietet zwar keine analytische Lösung, es kann aber mit dem Werk von Tsebelis und dem der anderen Autoren hinsichtlich der zugrunde liegenden Annahmen verglichen werden, da es sich auf dieselben Input-Faktoren stützt. Es wäre demnach möglich, diese Modelle gleichfalls analytisch wie auch numerisch zu betrachten. Abbildung 3 zeigt schematisch, wie sich die Modelle von Steunenberg (1994) und Crombez (1996) zum Anhörungsverfahren voneinander unterscheiden.

---

[7] Für eine einführende Besprechung von rationalistischen Verhandlungstheorien und weiterer Literatur zum Thema siehe auch Holzinger (2001).

Abbildung 3: Spielsequenz für das Anhörungsverfahren mit qualifizierter
Mehrheit

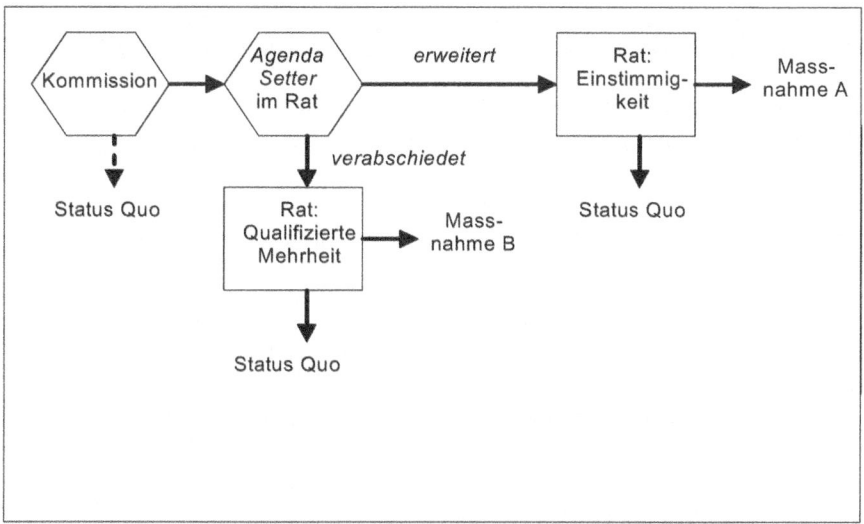

Die Graphik zeigt die Spielsequenz für das Anhörungsverfahren mit Qualifizierter Mehrheit. Sowohl Steunenberg als auch Crombez gehen dabei davon aus, dass die Kommission dem Rat einen Vorschlag vorlegt, den dieser entweder (a) verabschieden, (b) erweitern und annehmen oder (c) schlicht ablehnen kann. Die Kommission wird in den Modellen als einheitlicher Akteur, der Rat hingegen als von den Mitgliedsstaaten konstituiert angesehen. Andere Spieler, z.B. das Parlament, sind nicht beteiligt. Der einzige Unterschied in den beiden Modellen betrifft die Frage, ob die Kommission dem Rat Gesetzesvorhaben unterbreiten muss, wenn dieser es von ihr fordert, oder ob sie in der Lage ist, ihm dies zu verwehren (*Gatekeeping*).[8] Die durch den Rat erweiterten Gesetzesinitiativen könnten teilweise so weit von den ursprünglichen Präferenzen der Kommission

---

[8] Der EG-Vertrag äußert sich hierzu nicht eindeutig. Dem Vorschlagsrecht der Europäischen Kommission (z.B. Art. 11(2), 13(5), 14(3), 19(1) EG) steht Art. 208 EG gegenüber: „Der Rat kann die Kommission auffordern, die nach seiner Ansicht zur Verwirklichung der gemeinsamen Ziele geeigneten Untersuchungen vorzunehmen und ihm entsprechende Vorschläge zu unterbreiten".

entfernt liegen, dass diese, so es ihr denn möglich ist, diese gar nicht erst ins Rollen bringen würde.[9]

Die aktuelle Literatur liefert nicht nur immer neue Modelle, die mit dem Werk von Tsebelis konkurrieren, sie liefert auch direkte Kritik, die sich gegen das Modell des *Conditional Agenda Setters*, und sogar noch genereller gegen Tsebelis' gesamten theoretischen Ansatz richtet. Moser (1996; 1997) und Hubschmid und Moser (1997) unterstellen, dass das Modell keine ausreichende Darstellung des Gesamtprozesses des Kooperationsverfahrens biete, da es sich ausschließlich auf dessen letzte Phase beziehe. Die Autoren stellen die These auf, Tsebelis' Ausführungen seien nicht realistisch genug, da sie die Macht der Kommission zur Ablehnung von Änderungsanträgen des Parlaments unberücksichtigt lassen .

Corbett (2000: 377) kritisiert insbesondere Tsebelis' (1997) Behauptung, der Einfluss des Europäischen Parlaments beim Mitentscheidungsverfahren sei begrenzter als beim Kooperationsverfahren. Er unterstellt, Tsebelis ließe empirische Erkenntnisse, die im Laufe der Jahre über das Funktionieren der unterschiedlichen Verfahren gesammelt werden konnten, völlig außer acht.

Rittberger (2000) richtet seine Kritik weniger gegen das Modell zum Kooperationsverfahren, als vielmehr gegen den allgemeinen theoretischen Rahmen, von dem das Modell von 1994 nur eine singuläre Darstellung ausmacht.[10] Seiner Meinung nach sollte Tsebelis' Analyse um eine weitere räumliche Dimension der EU-Gesetzgebung ergänzt werden. Dies würde z.B. zwei statt nur einer Dimension politischen Konfliktes bedeuten und signalisieren, dass in der EU gleichzeitig über mehrere politische oder juristische Probleme verhandelt würde (*issue linkage*). Weiterhin weist Rittberger darauf hin, dass die Ungeduld der Akteure – der Wunsch nach einer schnellen Einigung und die hieraus resultierende Notwendigkeit, Kompromisse zu schließen (Rubinstein 1982) – eine ganz entscheidende Rolle im Rahmen des Verständnisses von Gesetzgebung in der Europäischen Union spielt.

Die angesprochenen Punkte symbolisieren verschiedene Möglichkeiten der Modellierung des EU-Gesetzgebungsprozesses. Zur Klärung der Frage, welche Modelle die Wirklichkeit besser abbilden, müssten weitere Studien vorgelegt werden, die empirisch orientiert sind und zum Ziel haben, bestehende Theorien testen zu wollen.

---

[9] Diese Art formaler spieltheoretischer Modelle kann auch in weniger stark institutionalisierten Umfeldern Anwedung finden. Bodenstein (2001) verwendet die Modelle zusammen mit einem vergleichenden Fallstudiendesign, um das Entscheidungsverhalten der sowjetischen bzw. der russischen politischen Eliten im Afghanistankrieg und im Tschetschenienkrieg zu untersuchen.

[10] Für eine Zusammenfassung seiner Ergebnisse, siehe auch Tsebelis (2002).

3 Maßnahmen zur Klärung

Um heraus zu finden, welche Theorie die beste Erklärung für ein bestimmtes empirisches Phänomen bietet, sollte man versuchen, die Prognosen konkurrierender Theorien hinsichtlich ihrer jeweiligen empirischen Relevanz zu beurteilen (Achen 2002).

Die einzelnen Modelle zum EU-Kooperationsverfahren könnten sich rein technisch vergleichsweise einfach hinsichtlich ihrer jeweiligen Prognosefähigkeit testen lassen.[11] Aber wie sieht es mit den weiteren Bedenken gegenüber Tsebelis' Theorie aus? Was die Kritik von Moser (1996; 1997) und Hubschmid und Moser (1997) betrifft, so sollte darauf hingewiesen werden, dass es nicht unbedingt notwendig ist, die Rolle der Kommission in die Modelle mit einzubeziehen. In Modellen werden stets bestimmte Merkmale hervorgehoben und andere, die als weniger wichtig erachtet werden, unberücksichtigt gelassen. Ein Beispiel dafür bietet das Mitbestimmungsrecht des Parlaments im Anhörungsverfahren: Obwohl das Europäische Parlament das Recht auf Anhörung hat, und es dieses Recht möglicherweise dazu nutzen kann, Gesetzesverhandlungen hinauszuzögern, wird dieser Aspekt des Gesetzgebungsprozesses von den prozeduralen Modellen durchweg vernachlässigt. Ein ähnliches Argument kann z.B. für Garretts (1995) Modell zum Mitentscheidungsverfahren vorgebracht werden; es geht davon aus, dass der Rat dem Parlament den endgültigen Gesetzesvorschlag vorlegt. Da in den EU-Verträgen jedoch nicht ausgeführt ist, dass das Recht zum Entwurf von Gesetzgebung ausschließlich beim Ratspräsidenten selber oder einem anderen Mitgliedstaat liegt, sondern vielmehr beim gesamten Rat als Gremium, müssen die Autoren der Modelle entscheiden, wie sie diesen Prozess konzeptionell beschreiben möchten. Die Art und Weise, wie der gesamte Prozess der Beratschlagungen in der Europäischen Union abgebildet wird – was ja in der Konsequenz auch die Abfolge des Spiels der einzelnen Modelle bestimmt –, ist von Modell zu Modell verschieden. Ein allzu enges Festklammern am genauen Wortlaut der Verträge würde nicht notwendigerweise eine Garantie für eine akkurate und treffsichere Theoriebildung bieten.

Wie bereits weiter oben dargestellt, kann zwischen formalisierten und nicht-formalisierten theoretischen Abhandlungen zum EU-Gesetzgebungsprozess

---

[11] Einer der ersten Ansätze zum Vergleich prozeduraler Modelle stammt von König/ Pöter (2001). Die Autoren beziehen sich auf vier Gesetzesentwürfe, die im Kooperationsverfahren verhandelt wurden. Sie fanden heraus, dass die Modelle von Steunenberg (1994), Crombez (1996) und Moser (1996, 1997) eine geringfügig bessere Prognosefähigkeit aufweisen als das Model von Tsebelis (1994). Darüber hinaus hat eine Forschungsgruppe um Robert Thomson und Frans Stokman an der Universität Groningen einen *Micro-level*-Datensatz zusammengetragen, mit dem unterschiedliche Modelle zur EU-Gesetzgebung getestet werden können (Thomson et al., 2006). Der Datensatz kann beim Steinmetz-Archiv, dem Niederländischen Archiv für Sozialforschung, bestellt werden.

unterschieden werden. Im Allgemeinen bestehen die Vorteile formaler Modelle darin, dass Widersprüchlichkeiten hinsichtlich aufgestellter Grundannahmen leichter entdeckt werden können, und dass analytische Gleichgewichtslösungen für die jeweiligen Spiele abgeleitet werden können. Für z.B. Mosers (1996; 1997) Modell des Kooperationsverfahrens könnte man annähernd die gleichen Lösungen erwarten wie für die Modelle von Steunenberg (1994) und Crombez (1996). Da die Modelle bezüglich ihrer Grundannahmen ganz ähnlich sind, sollte es möglich sein, sie direkt zu vergleichen um herauszufinden, wie unterschiedlich präzise ihre vorhergesagten Ergebnisse sind. Methodologisch sind hierfür entweder komparative Statik oder Computersimulation denkbar.[12]

Rittberger (2000) weist darauf hin, dass die unterschiedlichen Zeithorizonte der Akteure von entscheidender Bedeutung für die Erklärung des Gesetzgebungsprozesses in der EU sein könnten. Dieser Vorschlag mag zutreffend sein; allerdings gibt es keinen analytischen Lösungsansatz für sein Modell. Es ist daher nicht möglich, ein Ergebnis mathematisch vorherzusagen und diese Vorhersage anschließend mit den Prognosen anderer spieltheoretischer Modelle oder mit realen EU-Entscheidungsergebnissen zu vergleichen.

Ein weiterer methodologischer Punkt verdient Aufmerksamkeit: Selbst wenn man zugeständе, dass Rittbergers theoretische Ausführungen über den EU-Gesetzgebungsprozess zu besseren Ergebnissen führten als der Ansatz von Tsebelis, so geht sein Modell aufgrund der größeren Anzahl von zu berücksichtigen Einsatzfaktoren mit einem deutlich höheren Aufwand für diese zusätzliche Komplexität einher. Diese Problematik ist im Bereich quantitativer Anwendungen hinlänglich bekannt; ihr wird mit Methoden wie beispielsweise dem Vergleich von sogenannten *Nested Models* Rechnung getragen. Der Vergleich von Nested Models gibt Antwort auf die Frage, welches von zwei statistischen Modellen bevorzugt werden sollte: Ein bestimmtes Modell A, das zwar bessere Prognosen erreicht als ein zweites Modell B, sich jedoch auf mehr unabhängige Variablen stützt, oder Modell B, dessen Prognosefähigkeit zwar geringer ist als Modell A, das jedoch insgesamt weniger aufwändig ist. Um beurteilen zu können, welches Modell besser ist, wird das komplexere Modell A 'bestraft', indem der ausgleichende trade-off zwischen dem Vorteil der größeren Erklärungsvarianz einerseits und dem Nachteil der größeren Anzahl unabhängiger Variablen andererseits berechnet wird (Kennedy 1998: 78-93). Obgleich dieses Problem

---

[12] Komparative Statik liefert allgemeine Aussagen über Gleichgewichtsergebnisse von spieltheoretischen Modellen. Zur Anwendung von Computersimulation auf den EU-Gesetzegbungsprozess, vgl. Steunenberg (2001). Selck (2005) nutzt die Methode zur Überprüfung von Tsebelis' (2002) Veto-Spieler-Theorie. Eine methodologische Grundlage hierzu bieten Steunenberg et al. (1999). Für eine Einleitung in die Computersimulation für die Sozialwissenschaften siehe Gilbert und Troitzsch (1999).

der Vergleichbarkeit mehrerer Modelle für die Spieltheorie genauso wichtig und entscheidend ist wie für statistische Modelle, wurde diesem Problem bislang nur wenig Aufmerksamkeit entgegengebracht.[13]

Corbett (2000) argumentiert, Tsebelis' Arbeit könne aufgrund empirischer Nachweise als widerlegt erachtet werden. Er bezieht sich auf eine Reihe statistisch angelegter Studien des EU-Gesetzgebungsprozesses und kommt zu dem Schluss, die Behauptung, das Parlament verfüge im Rahmen des Kooperationsverfahrens über eine entscheidende Machtposition – Tsebelis' Idee des *Conditional Agenda Setters* – sei falsch. Die von Tsebelis selbst angelegten empirischen Testreihen, in denen er zusammen mit seinen Mitarbeitern rund 5.000 parlamentarische Änderungsanträge untersucht hat, um seine theoretischen Aussagen zu stützen (Tsebelis et al. 2001), vermögen Corbett nicht von der Gültigkeit der Theorie zu überzeugen.

Dies sollten sie auch nicht. Ein wichtiges Problem mit Tsebelis' Tests besteht nämlich darin, dass als abhängige Variable die Wahrscheinlichkeit benutzt wurde, dass ein bestimmter parlamentarischer Änderungsantrag tatsächlich als neue gesetzgeberische Maßnahme angenommen wird. Räumliche Entscheidungsmodelle, auf denen die spieltheoretischen Anwendungen des EU-Gesetzgebungsverfahrens beruhen, basieren allgemein jedoch auf einem *n*-dimensionalen Entscheidungsraum; innerhalb dieses Raumes befindet sich per definitionem das Ergebnis jedes politischen Entscheidungsprozesses – vorausgesetzt, dass es sich überhaupt identifizieren lässt (Hinich/Munger 1997). Um nun Modelle zu testen, die eine analytische Lösung aufweisen, sollten daher bevorzugt quantitative Daten zu Hilfe gezogen werden, die dem ursprünglichen Design des Modells deutlich entsprechen. Dies setzt allerdings voraus, dass es für den Erfolg eines politischen Akteurs bei der Ausgestaltung gesetzgeberischer Vereinbarungen nicht ausschlaggebend ist, ob ein Änderungsantrag angenommen wird oder nicht. Viel eher kommt es darauf an, wie dicht das schlussendliche politische Ergebnis bei der Idealposition dieses Spielers liegt (Bueno de Mesquita/Stokman 1994).

Abschließend sollten wir noch auf die sogenannte Dimensionalität des Entscheidungsraumes spieltheoretischer Modelle, also auf die Frage, ob grundsätzlich nur über einen einzigen Sachverhalt oder gleichzeitig über mehrere verhandelt wird, eingehen (*issue linkage*). Einige der Modelle wurden für eindimensionale Räume entworfen (Steunenberg 1994; Crombez 1996; Laruelle 2002), einige für zweidimensionale (Tsebelis 1994; 1997; Tsebelis/Garrett 2000). Rittber-

---

[13] Eine Ausnahme stellt Morton (1999) dar.

ger (2000) argumentiert, dass drei Dimensionen in Betracht gezogen werden sollten.[14] Wenn Strategien zum Testen von Modellen entwickelt werden sollen, besteht eine wichtige Aufgabe darin, Erkenntnisse über die Dimensionalität des tatsächlichen Entscheidungsraumes von EU-Politik herauszufinden.[15] Dies führt jedoch zu der Schwierigkeit, die „Räumlichkeit", sprich die Anzahl der Dimensionen, empirisch bestimmen zu müssen, um sie anschließend der Theorie gegenüberstellen zu können. Sind EU-Verhandlungen allgemein dadurch charakterisiert, dass meist über Einzelpunkte abgestimmt wird, oder wird gleichzeitig über verschiedene Dossiers verhandelt? Die meisten dieser Fragestellungen wurden bereits mehrfach in theoretischen Abhandlungen aufgegriffen und angerissen; sie konnten jedoch bislang noch nicht hinlänglich modellorientiert und empirisch getestet werden.[16]

4   Herausforderungen für zukünftige Studien

Will man Abhilfe gegen die Unzulänglichkeiten bestehender Modell-Testmethoden schaffen, so können drei Bereiche differenziert werden, die alle berücksichtigt werden sollten, um den Gesetzgebungsprozess in der Europäischen Union besser erklären zu können: (1) Theorievergleich, (2) Datensammlung und (3) Theorietests.

(1) Um Theorien adäquat vergleichen zu können, müssen die Modelle selbst vergleichbar sein. Die Modelle sollten sowohl bezüglich ihrer Grundannahmen als auch hinsichtlich ihrer empirischen Prognosen untersucht werden. Dies ist jedoch nur dann möglich, wenn auch die Input-Faktoren der Modelle nicht allzu unterschiedlich sind. Die Durchführung von Vergleichen verschiedener Modelle kann durch komparative Statik oder Computersimulation maßgeblich erleichtert werden.

---

[14] Rittberger basiert seine Annahmen auf ein vergleichendes Fallstudiendesign, angewandt auf eine EU-Biotechnologie- und eine Telekommunikations-Richtlinie. Er geht davon aus, dass die Räumlichkeit durch eine Dimension „mehr oder weniger Integration" charakterisiert ist, eine Links-Rechts-Dimension sowie durch eine institutionenorientierte Dimension (relatives Mitspracherecht des Rates und des Parlaments in den Verhandlungen).

[15] Wenn es darum geht, Modelle empirisch zu testen, gilt es zu beachten, dass die Dimensionalität *deduktiv* aus dem formalen Modell geschlussfolgert werden sollte, beispielsweise mit Hilfe von *logrolling* oder *package deals*, und nicht *induktiv* aus Regelmäßigkeiten des Datenmaterials. Für induktive Anwendungen, wie beispielsweise Techniken, die auf der Reduzierung von Dimensionen beruhen, vgl. Mattila/Lane (2001) und Kreppel (2002).

[16] Ausnahmen sind Selck (2004b) sowie Junge/König (2007).

(2) Um relevante Daten sammeln zu können, muss vom Forschungsteam vorab spezifiziert werden, welche genauen Fragestellungen im Bereich der Gesetzgebung der EU tatsächlich die politischen Streitpunkte sind, und wie diese erfolgreich gemessen werden können. Bei den für die Modelle erforderlichen Variablen handelt es sich eher um die politischen Positionen der beteiligten Akteure, um die Position des Status Quo, und um das politische Endergebnis als um die schlichte Wahrscheinlichkeit, mit der parlamentarische Änderungsanträge den gesetzgeberischen Verhandlungsprozess überleben.

(3) Um Theorien zu testen, sollten die Ergebnisse, die mit Hilfe der Modelle für eine angemessen große Fallzahl prognostiziert worden sind, mit den tatsächlich erzielten, realen Verhandlungsergebnissen abgeglichen werden. Hierbei kann erwartet werden, dass komplexere Modelle bessere Ergebnisse liefern als einfachere Modelle. Aus diesem Grunde muss die größere Prognosefähigkeit komplexer Modelle mit der größeren Einfachheit weniger komplexer Modelle abgewogen werden.

Im Rahmen künftiger Forschungsfragen kann es darüber hinaus interessant sein, die bestehenden Modelle des EU-Gesetzgebungsprozesses mit anderen Modellen zu vergleichen, die sich ebenfalls auf den Ansatz rational handelnder Akteure stützen, die jedoch eher auf informelle Beschlussfassung als auf formelle Regeln setzen. Hier wäre beispielsweise die Anwendung von bestehenden Verhandlungsmodellen denkbar.[17] Indem dabei die Wirkung der formalen Gesetzgebungsstruktur mit der Wirkung anderer wichtiger Mechanismen, wie zum Beispiel *logrolling* – d.h. Stimmentausch – verglichen wird, kann ein solches Testdesign vielleicht ein vollständigeres Bild des Europäischen Politikprozesses abbilden als bisherige EU-orientierte Modelle. Als weitere Stoßrichtung für künftige Forschungsprojekte wäre denkbar, präzisere spieltheoretische Modelle über die Arbeit des Vermittlungsausschusses in der EU zu entwerfen, der im Rahmen des Mitentscheidungsverfahrens stets an Wichtigkeit gewonnen hat (Shackleton 2000).

Um aufzeigen zu können, ob ein bestimmtes Modell tatsächlich besser als andere Modelle dazu geeignet ist, die Gestaltung Europäischer Politik zu erklären, sollten sich die Analysen verstärkt auf methodologische Aspekte des Testens der jeweiligen Entscheidungstheorien konzentrieren. Nur hierdurch wird es letztlich möglich sein zu zeigen, ob bestimmte Aspekte, die in der jüngeren Literatur über die Europäische Union aufgegriffen wurden, anderen Ansätzen gegenüber tatsächlich überlegen sind.

---

[17] Als mögliche Anwärter sind beispielsweise Bueno de Mesquitas/Stokmans (1994) Verhandlungsmodelle denkbar. Sie wurden bereits im Rahmen früherer Forschungsprojekte zur EU-Gesetzgebung empirisch angewandt. Für neuere Anwendungen vgl. auch Stokman/Thomson (2004) und Selck (2003; 2004b).

Derzeit gibt es kein Modell, über das berechtigterweise gesagt werden könnte, es würde eine bessere Darstellung des Gesetzgebungsprozesses der Europäischen Union liefern als andere Modelle. Die direkte Integration von theoretischen Modellen und quantitativer empirischer Information stellt einen vielversprechenden Ansatz dar, spieltheoretische Anwendungen der Gesetzgebungsprozesse in der Europäischen Union weiter voranzubringen.

Literatur

Achen, Christopher (2002): Toward a New Political Methodology: Microfoundations and ART. In: *The Annual Review of Political Science* 5 2002. 423-50

Bodenstein, Thilo (2001): Vetospieler in Krisenentscheidungen. Eine Analyse der Entscheidungsprozesse zum Afghanistan- und Tschetschenienkonflikt. In: *Zeitschrift für Internationale Beziehungen* 8(1) 2001. 41-72

Buchanan, James/Tullock, Gordon (1962): *The Calculus of Consent.* Ann Arbor: University of Michigan Press

Bueno de Mesquita, Bruce/Stokman, Frans (Hrsg.) (1994): *European Community Decision Making: Models, Applications, and Comparisons.* New Haven und London: Yale University Press

Corbett, Richard (2000): Academic Modelling of the Codecision Procedure: A Practitioner's Puzzled Reaction. In: *European Union Politics* (Forum Section) 1(3) 2000. 376-83

Cottrell, Robert (1999): Europe's Worksheet. In: *The World in 2000.* London: The Economist Group

Craig, Paul/ De Búrca, Gráinne (1998): *EU Law.* Oxford: Oxford University Press

Crombez, Christophe (1996): Legislative Procedures in the European Community. In: *British Journal of Political Science* 26 1996. 199-228

Crombez, Christophe (1997): The Co-decision Procedure in the European Union. In: *Legislative Studies Quarterly* 22 1997. 97-119

Crombez, Christophe (2000): Institutional Reform and Codecision in the European Union. In: *Constitutional Political Economy* 11 2000. 41-57

Garrett, Geoffrey (1995): From the Luxembourg Compromise to Codecision: Decision Making in the European Union. In: *Electoral Studies* 50 1995. 289-308

Gilbert, Nigel/ Troitzsch, Klaus (1999): *Simulation for the Social Scientist,* Buckingham: Open University Press

Herdegen, Matthias (2003): *Europarecht.* München: Beck Juristischer Verlag

Hinich, Melvin/ Munger, Michael (1997): *Analytical Politics.* Cambridge: Cambridge University Press

Holler, Manfred (2003): *Einführung in die Spieltheorie.* New York: Springer

Holzinger, Katharina (2001): Kommunikationsmodi und Handlungstypen in den Internationalen Beziehungen. In: *Zeitschrift für Internationale Beziehungen* 8(2) 2001. 243-86

Hubschmid, Claudia/Moser, Peter (1997): The Co-operation Procedure in the EU: Why Was the European Parliament Influential in the Decision on Car Emission Standards? In: *Journal of Common Market Studies* 35 1997. 225-42

Kapteyn, P.J.G./VerLoren van Themaat, Pieter/Gormley, Lawrence (1998): *Introduction to the Law of the European Communities.* London: Kluwer

Kennedy, Peter (1998): *A Guide to Econometrics.* Oxford: Blackwell

King, Gary/Keohane, Robert/Verba, Sidney (1994): *Designing Social Inquiry,* Princeton: Princeton University Press

Junge, Dirk/König, Thomas (2007): What's Wrong with EU Spatial Analysis? The Accuracy and Robustness of Empirical Applications in Light of Process Interpretation and Preference Specification. In: *Journal of Theoretical Politics* (im Erscheinen)

König, Thomas/Pöter, Mirja (2001): Examining the EU Legislative Process: The Relative Importance of Agenda and Veto Power. In: *European Union Politics* 2 2001. 329-51

Kreppel, Amie (2002): *The European Parliament and Supranational Party System.* Cambridge: Cambridge University Press

Kreppel, Amie/Tsebelis, George (1999): Coalition Formation in the European Parliament. In: *Comparative Political Studies* 32 1999. 933-66

Laruelle, Annick (2002): The EU Decision-Making Procedures: Some Insight from Non Cooperative Game Theory. In: Madeleine Hosli/ van Deemen, Adrian/Widgrén, Mika (Hrsg.), *Institutional Challenges in the European Union*. London: Routledge. 89-112

Mattila, Mikko/Lane, Jan-Erik (2001): Voting in the EU Council of Ministers: Will Enlargement Change the Unanimity Pattern? In: *European Union Politics* 2(1) 2001. 31-52

Morton, Rebecca (1999): *Methods and Models*. Cambridge: Cambridge University Press

Moser, Peter (1996): The European Parliament as a Conditional Agenda Setter: What Are the Conditions? A Critique of Tsebelis (1994). In: *American Political Science Review* 90 1996. 834-38

Moser, Peter (1997): A Theory of the Conditional Influence of the European Parliament in the Cooperation Procedure. In: *Public Choice* 91 1997. 333-50

Müller, Harald (1994): Internationale Beziehungen als Kommunikatives Handeln: Zur Kritik der Utilitaristischen Handlungstheorien. In: *Zeitschrift für Internationale Beziehungen* 1(1) 1994. 15-44

Risse, Thomas (2000): Let's Argue! Communicative Action in World Politics, In: *International Organization* 54(1) 2000. 1-39

Risse-Kappen, Thomas (1995): Reden ist Nicht Billig: Zur Debatte um Kommunikation und Rationalität. In: *Zeitschrift für Internationale Beziehungen* 2(1) 171-84

Rittberger, Berthold (2000): Impatient Legislators and New Issue Dimensions: A Critique of Garrett and Tsebelis 'Standard Version of Legislative Politics'. In: *Journal of European Public Policy* 7(4) 2000. 554-75

Rubinstein, Ariel (1982): Perfect Equilibrium in a Bargaining Model. In: *Econometrica* 50 1982. 97-109

Schneider, Gerald (1994): Rational Choice und Kommunikatives Handeln: Eine Replik auf Harald Müller. In: *Zeitschrift für Internationale Beziehungen* 1(2) 1994. 357-66

Schneider, Gerald (1995): Agenda-Setting in European Integration: The Conflict between Voters, Governments and Supranational Institutions. In: Finn Laursen (Hrsg.) *The Political Economy of European Integration*, Maastricht: European Institute of Public Administration. 31-61

Scully, Roger (1997a): The European Parliament and the Co-decision Procedure: A Reassessment. In: *Journal of Legislative Studies* 3 1997. 58-73

Scully, Roger (1997b): The European Parliament and Co-decision: A Rejoinder to Tsebelis and Garret. In: *Journal of Legislative Studies* 3. 93-103

Selck, Torsten J. (2003): Evaluating the Predictive Power of a Procedural Model for the European Union Legislative Process. In: *Journal of Legislative Studies* 9(3) 2003. 140-52

Selck, Torsten J (2004a): The European Parliament's Conditional Agenda-Setting Power Reconsidered: Assessing the Current State of the Spatial Models Literature. In: *Politics* 24 2004. 79-87

Selck, Torsten J. (2004b): On the Dimensionality of European Union Legislative Decision-Making. In: *Journal of Theoretical Politics* 16 2004. 203-22

Selck, Torsten J. (2006): Veto Players, Decision Rules, and Dimensionality: The Effects of Institutional Change on Organizational Decision-Making. In: *Homo Oeconomicus* 23(1) 2006. 43-55

Shackleton, Michael (2000): The Politics of Codecision In: *Journal of Common Market Studies* 38 2000. 325-42

Shepsle, Kenneth/ Bonchek, Mark (1997): *Analyzing Politics*. New York: Norton

Shepsle, Kenneth/Weingast, Barry (1981): Structure-Induced Equilibrium and Legislative Choice. In: *Public Choice* 37 1981. 503-19

Steunenberg, Bernard (1994): Decision-Making under Different Institutional Arrangements: Legislation by the European Community. In: *Journal of Institutional and Theoretical Economics* 150 1994. 642-69

Steunenberg, Bernard (1997): Codecision and its Reform: A Comparative Analysis of Decision Making Rules in the European Union. In: Bernard Steunenberg/van Vught, Frans (Hrsg.) *Po-*

litical Institutions and Public Policy: Perspectives on European Decision-making. Dordrecht: Kluwer. 205-29

Steunenberg, Bernard (2000): Constitutional Change in the European Union: Parliament's Impact on the Reform of the Codecision Procedure. In: Hendrik Wagenaar (Hrsg.) *Government Institutions: Effects, Changes and Normative Foundations.*Dordrecht: Kluwer. 89-108

Steunenberg, Bernard (2001): Enlargement and Institutional Reform in the European Union: Separate or Connected Issues? In: *Constitutional Political Economy* 12 2001. 351-70

Steunenberg, Bernard/Schmitchen, Dieter/Koboldt, Christian (1999): Strategic Power in the European Union: Evaluating the Distribution of Power in Policy Games. In: *Journal of Theoretical Politics* 11(3) 1999. 339-66

Stokman, Frans/Thomson, Robert (Hrsg.) (2004): Winners and Losers in the European Union. In. *European Union Politics* special issue 5(1) 2004. 5-23

The Economist (2000): The Union Pauses for Breath. 12. Februar 2000

Thomson, Robert/Stokman, Frans N./Achen, Christopher H./König, Thomas (Hrsg.) (2006): *The European Union Decides.* Cambridge: Cambridge University Press

Tsebelis, George (1994): The Power of the European Parliament as a Conditional Agenda Setter. In: *American Political Science Review* 88 1994. 128-42

Tsebelis, George (1997): Maastricht and the Democratic Deficit. In: *Außenwirtschaft* 52 1997. 29-56

Tsebelis, George (2002): *Veto Players: How Political Institutions Work.* Princeton: Princeton University Press

Tsebelis, George/ Garrett, Geoffrey (2000): Legislative Politics in the European Union. In: *European Union Politics* 1(1) 2000. 5-32

Tsebelis, George/ Jensen, Christian, Kalandrakis, Anastassios, Kreppel, Amie (2001): Legislative Procedures in the European Union. In: *British Journal of Political Science* 31(4) 2001. 573-99

Van Evera, Stephen (1997): *Guide to Methods for Students of Political Science.* New York: Cornell University Press

Weidenfeld, Werner (Hrsg.) (2003): *Jahrbuch der Europäischen Integration.* Bonn: Europa Union Verlag

Machtindexanalyse und Europäische Zentralbank

Christian Fahrholz/Philipp Mohl

1 Einleitung

Der Beitritt von zehn neuen Mitgliedern zur Europäischen Union (EU) im Mai 2004 hat in der akademischen Diskussion viel Aufmerksamkeit auf sich gezogen. Dies gilt auch für die möglichen Folgen der Erweiterung der Europäischen Wirtschafts- und Währungsunion (EWU) (z.B. Bacaria et al. 2002; Berger 2002; De Grauwe 2002; Gros et al. 2002; Hefeker 2002; Hendrikx/Maier 2002). Es wird vermutet, dass die Einführung des Euro in den neuen Mitgliedsländern – insbesondere in den mittel- und osteuropäischen Ländern – zu einem inflationären Schub der Gemeinschaftswährung führen wird. In diesem Zusammenhang sind auch die Veränderungen der Entscheidungsprozesse innerhalb der Europäischen Zentralbank (EZB) von Bedeutung. Die Akteure innerhalb der EZB, deren Abstimmungsverhalten sowie die entsprechenden Abstimmungsregeln in Verbindung mit den geltenden Transparenzregeln, beeinflussen die Inflationserwartungen des Privatsektors.

Eine Änderung der Entscheidungsregeln innerhalb der EZB wurde aufgrund der anstehenden Erweiterung der Eurozone unausweichlich (Baldwin et al. 2000). Dementsprechend hat der Europäische Rat dem Reformvorschlag der EZB (ECB 2003) zur Einführung eines Rotationsmodells zugestimmt.

Vor diesem Hintergrund untersuchen wir in diesem Beitrag mittels einer Machtindexanalyse die Auswirkungen der EWU-Erweiterung auf bis zu 27 Mitglieder auf die geldpolitische Glaubwürdigkeit der EZB und die Preisstabilität des Euro.[1] Machtindexanalysen sind ein weit verbreitetes Instrument der Analyse des Einflusses einzelner Akteure auf Entscheidungsprozesse innerhalb von EU-Institutionen. In entsprechenden Studien wird beispielsweise der Einfluss der Mitgliedsstaaten im Rat der Europäischen Union (z.B. Bilbao et al. 2002; Leech 2002) bzw. im Europäischen Parlament (z.B. Lane/ Maelund 1995;

---

[1] Die Untersuchung stellt auf eine EWU-27 ab, d.h. wir beziehen die Mitglieder, für die eine Ausnahme gilt (Dänemark, Schweden, Vereinigtes Königreich), sowie die mittel- und osteuropäischen Länder in unserer Betrachtung mit ein.

Aleskerov et al. 2002; Nurmi/Meskanen 1999) untersucht. Entsprechende Analysen für die EZB sind allerdings vergleichsweise selten (Belke/Styczynska 2004; Stĕclebout 2004; Ullrich 2004; Haradau 2003; Lagogiannis 2004). Mit den Arbeiten von Mangano (1999) und Brueckner (2000) liegen jedoch auch sehr frühe Studien zum Einfluss einzelner Mitglieder innerhalb der EZB vor.

Die Reform der Entscheidungsprozesse innerhalb der EZB ist Gegenstand unserer Machtindexanalyse. Da der Prozess der Erweiterung der Eurozone sukzessive erfolgen wird, nehmen wir eine dynamische Analyse vor. In diesem Sinne betrachten wir die Auswirkungen der Aufnahme eines jeden weiteren Mitglieds auf den Einfluss aller Mitglieder innerhalb der EZB. Dieses Vorgehen ermöglicht die Identifikation eventueller ‚Sprünge' in dem durch den Privatsektor wahrgenommenen Ausmaß geldpolitischer Glaubwürdigkeit und entsprechender Auswirkungen auf die Preisstabilität in Europa.

Der Beitrag gliedert sich in nachfolgende Abschnitte: Nachdem wir einige notwendige theoretische Vorüberlegungen abgehandelt haben, werden wir im dritten Abschnitt die relevante Machtindexliteratur vorstellen. Der vierte Abschnitt umfasst unsere Machtindexanalyse zu den Auswirkungen der Erweiterung der Eurozone auf den Einfluss der EWU-Mitglieder und die damit verbundenen Veränderungen auf die Preisstabilität in Europa. Das Ergebnis unserer Machtindexanalyse zeigt, dass die institutionellen Veränderungen der Entscheidungsprozesse innerhalb der EZB in Folge der EWU-Erweiterung nur in geringem Maße die geldpolitische Glaubwürdigkeit der EZB und ergo die Preisstabilität in Europa beeinträchtigen.

2   Theoretische und institutionelle Vorüberlegungen

In diesem Abschnitt behandeln wir die relevanten institutionellen Rahmenbedingungen der EZB, d.h. die definierten Regeln für geldpolitische Entscheidungen. Zudem legen wir den kausalen Zusammenhang zwischen den Änderungen der Grundlagen geldpolitischer Entscheidungen und den Inflationserwartungen des Privatsektors dar.

2.1   Spielregeln geldpolitischer Entscheidungen der EZB

Im Sinne von Artikel 107(3) des Vertrags zur Gründung der Europäischen Gemeinschaft (2002) überträgt jedes EWU-Mitgliedsland seine Geldpolitik an die für die Geldpolitik verantwortlichen Gremien der EZB, d.h. dem Direktorium und dem EZB-Rat. Das Direktorium besteht aus dem EZB-Präsidenten, seinem Vizepräsidenten sowie vier weiteren Mitgliedern. Der EZB-Rat umfasst alle

Direktoriumsmitglieder sowie die Repräsentanten der nationalen Zentralbanken (NZBen) der EWU-Mitglieder. Die Direktoriumsmitglieder werden von den Regierungen der Mitgliedstaaten auf der Ebene der Staats- und Regierungschefs auf Empfehlung des Rates, der hierzu das Europäische Parlament und den EZB-Rat anhört, aus dem Kreis der in Währungs- oder Bankfragen anerkannten und erfahrenen Persönlichkeiten einvernehmlich ausgewählt und ernannt' (Artikel 112(1)). Die Direktoriumsmitglieder werden für acht Jahre berufen und können nicht erneut nominiert werden.

Die Aufgaben dieser beiden Entscheidungsgremien werden in Artikel 12 des ,Protokolls über die Satzung des Europäischen Systems der Zentralbanken und der Europäischen Zentralbank' (Protokoll 1992) definiert. Die zentrale Funktion des EZB-Rates ist es, die Leitlinien und Entscheidungen, die notwendig sind, um die Erfüllung der dem EZB-Rat nach diesem Vertrag und dieser Satzung übertragenen Aufgaben zu gewährleisten (Protokoll, Art. 12(1)). Die Aufgaben des Direktoriums sind eher operativer Art, d.h. es ,führt die Geldpolitik gemäß den Leitlinien und Entscheidungen des EZB-Rates aus' (Protokoll, Art. 12(1)). Der EZB-Rat ist dementsprechend das wichtigste Entscheidungsgremium für die Geldpolitik der EZB. Seit dem Beitritt Sloweniens zur Eurozone Anfang 2007 sind in diesem Gremium 13 Repräsentanten der NZBen sowie die sechs Direktoriumsmitglieder stimmberechtigt.

Im Hinblick auf die Entscheidungsregeln ist festgesetzt, dass der EZB-Rat die europäische Geldpolitik gestaltet (ECB 1999: 64). Gemäß Artikel 10(2) des Protokolls sind geldpolitische Entscheidungen durch einfache Mehrheiten möglich, wobei jedes Mitglied eine Stimme besitzt. Gesetzt den Fall, dass sich in einer Abstimmung ein Patt ergibt, hat der EZB-Präsident die ausschlaggebende Stimme. Lindner/Olechowski-Hrdlicka (2002) weisen darauf hin, dass bisherige geldpolitische Entscheidungen der EZB einstimmig gefällt worden sind. Berger/de Haan (2002) erwarten allerdings, dass Einstimmigkeit im Zuge der Erweiterung der Eurozone weniger wahrscheinlich wird. Unsere Machtindexanalyse basiert auf der Annahme, dass Entscheidungen im EZB-Rat mit einfacher Mehrheit getroffen werden können, so wie es gemäß Artikel 10(2) des Protokolls (1992) vorgesehen ist.

2.2 Die Änderungen der Inflationserwartungen des Privatsektors

Die Änderungen der Inflationserwartungen des Privatsektors hängen sehr eng mit den Regeln für die Transparenz geldpolitischer Entscheidungen zusammen. Wir definieren Transparenz im weitesten Sinne als die Voraussetzungen dafür, dass der Privatsektor die geldpolitischen Entscheidungen der EZB nachvollziehen kann (Winkler 2000: 7). Damit ist gemeint, dass die EZB ausreichend Informationen über ihre Analysen, internen Beratungen und Entscheidungsprozesse verlauten lässt, so dass der Privatsektor die Logik hinter den jeweiligen geldpolitischen Entscheidungen verstehen kann (Blinder et al. 2001). Zur Kommunikationspolitik der EZB mit der Öffentlichkeit gehört allerdings auch, dass Protokolle zu den Sitzungen und Abstimmungen in den Gremien nicht veröffentlicht werden. Das Pro und Contra dieser Form von (In-)Transparenz ist aber nicht von weiterem Interesse für unsere Diskussion (siehe dazu z.B. Hahn (2002) mit einer Übersicht über die entsprechende Literatur). Nichtsdestotrotz hat diese Art von Kommunikationspolitik eine Bedeutung für die Erwartungsbildung des Privatsektors. Die EZB macht ihre jeweiligen Präferenzen bezüglich der Erreichung makroökonomischer Zielgrößen wie z.B. der geldpolitischen Unterstützung von Produktion bzw. Beschäftigung oder dem Preisstabilitätsziel nicht öffentlich bekannt. In dieser Hinsicht besteht folglich eine Informationsasymmetrie gegenüber dem Privatsektor. Unser theoretisches Argument beruht dementsprechend auf den Zeitinkonsistenz-Modellen mit unvollständiger Information (Kydland/Prescott 1977; Barro/Gordon 1983). Die entsprechende Literatur geht von einem Privatsektor mit rationalen Erwartungen aus, d.h. die Marktteilnehmer agieren vorausschauend und versuchen, Entwicklungen zu antizipieren. Im Allgemeinen wird die Ansicht vertreten, dass die Übertragung der geldpolitischen Verantwortung auf Zentralbanken die Inflationserwartungen im Privatsektor dämpft (Rogoff 1985), sofern diese über eine konservativere Einstellung zur Preisstabilität bzw. Inflation verfügen als die entsprechende Regierung. In Übereinstimmung mit diesem Argument hängt die Höhe der erwarteten Inflation vom wahrgenommenen Ausmaß an ‚Konservatismus' der Zentralbank ab.

Folglich betonen wir in unserer Argumentation die Rolle des von der EZB nach außen vermittelten ‚Konservatismus'. Wir gehen davon aus, dass das vom Privatsektor wahrgenommene Ausmaß an ‚Konservatismus' mit dem Entscheidungsverfahren der EZB zusammenhängt. Zu Beginn der Gründung der Eurozone war das Zusammenspiel zwischen geldpolitischer Entscheidungen und Erwartungen des Privatsektors noch von vergleichsweise hoher Unsicherheit geprägt. Die erfolgreiche Preisstabilitätspolitik der letzten Jahre geht neben Gründen der weltwirtschaftlichen Entwicklung und makroökonomischer Faktoren auch darauf zurück, dass sich der Privatsektor auf die geldpolitischen Entscheidungen der EZB nach und nach besser einstellen konnte. Im Umkehrschluss bedeutet dies, dass die EZB ein gewisses Maß an Reputation aufbauen konnte. Deswegen führen die im Rahmen der EZB-Reform getroffenen Veränderungen der Abstimmungsregeln und die Erhöhung der Anzahl der Mitglieder in den Gremien der EZB zu einem möglichen Reputationsverlust. Bofinger (2003: 6) betont, dass die EZB-Reform den internen Entscheidungsprozess verkomplizieren wird, was mit einem Verlust an geldpolitischer Glaubwürdigkeit bzw. Reputation einhergehen könnte. In diesem Sinne führt die EZB-Reform aus Sicht des Privatsektors zu einer erhöhten Unsicherheit bezüglich des Ausgangs zukünftiger Abstimmungen im EZB-Rat. Dementsprechend ist zu erwarten, dass der Inflationsdruck höher ausfällt bzw. Leitzinserhöhungen erforderlich macht. Dies würde umso mehr gelten, je mehr der Privatsektor die EZB verdächtigt, das Preisstabilitätsziel zu Gunsten anderer makroökonomischer Ziele hinten anzustellen. Falls der Privatsektor eine zu expansive Geldpolitik der EZB vermutet, würde die Risikoprämie des Euro steigen. Dies könnte einen höheren Leitzins erfordern, um den entsprechenden Inflationsdruck zu kompensieren. Ein solcher Anstieg des Inflationsdrucks kann vermutet werden, weil Änderungen der Entscheidungsprozesse innerhalb der EZB nicht vollständig durch den Privatsektor antizipiert werden können. Der Grund hierfür liegt in der Kommunikationspolitik, die es in dieser Situation der EZB unmöglich macht, irgendwelche Formen eines glaubwürdigen Übereinkommens mit dem Privatsektor bezüglich der Preisstabilität zu erzielen.

Zusammenfassend lässt sich festhalten, dass aufgrund der bestehenden Regeln der Transparenz geldpolitischer Entscheidungen zukünftige Änderungen am Entscheidungsverfahren bzw. an der Anzahl der im EZB-Rat stimmberechtigten EWU-Mitglieder die geldpolitische Glaubwürdigkeit der EZB beeinflussen und damit das Preisstabilitätsziel in Europa konterkarieren könnten.

3 Kurzer Überblick über die Machtindex-Literatur

Dieser Abschnitt bildet die Grundlage für die folgende Machtindexanalyse. Zunächst wird kurz das Konzept von Machtindizes vorgestellt, wobei der Fokus auf dem Banzhaf Index liegt. Anschließend werden die zentralen Annahmen über die Präferenzen der beteiligten Wähler eingeführt.

3.1 Grundlagen von Machtindizes

Gemäß der Literatur über Machtindizes versteht man unter der Wahlmacht eines Mitglieds eines Entscheidungsgremiums den Einfluss eines Mitglieds, das Abstimmungsergebnis bei gegebener Abstimmungsregel beeinflussen zu können (Felsenthal/Machover (2001)). In der Literatur (siehe insbesondere Felsenthal/Machover (1999: 84)) werden die folgenden zwei Konzepte von Machtindizes unterschieden:

Das erste Konzept misst Wahlmacht als ,Einfluss' (,I-Power'). Dieses Konzept untersucht, inwiefern ein Wähler das Ergebnis einer Entscheidung beeinflussen kann. Die Idee von I-Power kann mathematisch am besten mit Hilfe von Wahrscheinlichkeiten interpretiert werden (Berg 1999; Napel/Widgrén 2001;

Nurmi/Meskanen 1999). Die Macht eines Wählers in einem Wahlspiel stellt die *a priori*-Wahrscheinlichkeit dar, dass der Wähler pivotal ist, d.h. dass er ausschlaggebend dafür ist, die Koalition in eine Gewinnerkoalition zu verändern. Als bekanntester Machtindex dieses Konzepts gilt der Banzhaf Index, der trotz seines Namens erstmals von Penrose entwickelt wurde (Penrose 1946; Banzhaf 1965).

Das zweite Konzept ('P-Power') misst Macht als erwartete mögliche Belohnung in einem Wettbewerb. Hiernach erhalten die Teilnehmer einer Gewinnerkoalition einen Preis, wohingegen die Teilnehmer einer Verliererkoalition leer ausgehen. Der bekannteste Machtindex aus dieser Gruppe ist der Shapley-Shubik Index (Shapley/Shubik 1954; Shapley 1953).

Brueckner (2000: 60) sowie Belke/Styczynska (2004) unterstellen, dass die Anwendung des Shapley-Shubik Index (SSI) im Falle der Entscheidungsfindung in der EZB geeignet sei. Dieses Vorgehen wird von der Annahme abgeleitet, dass die EWU-Mitglieder weitgehend integriert sind und ein intensiver Austausch zwischen den nationalen Zentralbankpräsidenten besteht, der zu einer Homogenität der Präferenzen der Mitglieder führt. Folglich wird angenommen, dass alle Wahlmitglieder einem Vorschlag mit derselben Wahrscheinlichkeit zustimmen würden.

Ob eine solche Annahme plausibel ist, darf jedoch bezweifelt werden. Wie bereits im zweiten Abschnitt verdeutlicht, wird die EWU-Erweiterung unserer Ansicht nach die Heterogenität zwischen den EZB-Mitgliedern aufgrund der divergierenden makroökonomischen Interessen der EWU-Mitglieder erhöhen. Vor allem aber beeinflusst das Abstimmungsergebnis im EZB-Rat gleichermaßen die Vertreter der Gewinner- und jene der Verliererkoalition. Somit können geldpolitische Entscheidungen als ‚öffentliche Güter' interpretiert werden, die für alle EWU-Mitglieder und nicht nur für die Mitglieder der Gewinnerkoalition bindend sind.

Auf diesen Überlegungen aufbauend erscheint die Verwendung des SSI bei der Untersuchung der Entscheidungsfindung im EZB-Rat unangemessen. Stattdessen verwenden wir in unserer Analyse die Banzhaf Indizes. Unsere Machtindexanalyse bestimmt jede minimale Gewinnerkoalition, in der zumindest ein Mitglied einer Gewinnerkoalition eine Veränderung der europäischen Geldpolitik herbeiführen kann.

Kurz zusammengefasst betrachten die Banzhaf Indizes die Reihe aller möglicher Gewinnerkoalitionen W, die sich im Zuge einer Zusammenstellung von $i = 1, ..., N$ Spielern bilden können. Ein gewichtetes Wahlspiel v besteht zusätzlich aus einer Mehrheitsquote q und aus einer Anzahl von Wählern mit gewichteten Stimmen w_i, wobei $i \in N$. Eine Koalition $S \subseteq N$ wird als Gewinnerkoalition bezeichnet, sofern gilt dass $\sum_{i \in S} w_i \geq q$. Daher kann ein gewichtetes Wahlspiel durch die Zusammenstellung aller möglichen Gewinnerkoalitionen beschrieben werden als $W = \{S \subseteq N \mid \sum_{i \in S} w_i \geq q\}$. Um die Wahlmacht eines Wählers berechnen zu können, berücksichtigt der Banzhaf Index die Anzahl der pivotalen Wähler in einem Wahlspiel. Der nicht-normalisierte (auch absolute) Banzhaf Index (aBI) gibt dabei den Anteil der pivotalen Wähler einer Abstimmung bezogen auf die Anzahl aller möglichen Koalitionen, in denen Wähler i nicht beteiligt ist (2^{n-i}), an.

Bei der Interpretation der absoluten Banzhaf Indizes gilt zu beachten, dass sich, trotz der Bezeichnung als Banzhaf *Index*, die Summe der einzelnen aBI nicht auf 1 addiert. Dies lässt sich dadurch erklären, dass der Einfluss, den ein Wähler ausüben kann, zwar eine Wahrscheinlichkeit darstellt, er stellt jedoch nicht notwendigerweise eine fixe Einheit dar, die unter den Wählern aufgeteilt werden kann (siehe auch Leech/Leech 2006: 295). Im Gegensatz dazu summieren sich die Shapley-Shubik Indizes über alle Wähler in einem Wahlspiel auf 1 (Felsenthal/Machover 2004).

Mittels Normalisierung ließe sich der *normalisierte* Banzhaf Index und somit der relative Anteil eines Wählers an allen pivotalen Positionen berechnen. Allerdings lässt sich der normalisierte Banzhaf Index nur bei konstanter Anzahl von Wähler vergleichen. Da im Falle der EWU-Erweiterung diese Bedingung nicht erfüllt ist, vergleichen wir im Folgenden ausschließlich die absoluten Banzhaf Indizes miteinander.

3.2 Präferenzen der Wähler

Eng verknüpft mit der Frage nach der Anwendung des geeigneten Machtindexkonzepts ist die Diskussion um die Berücksichtigung der Präferenzen der Wähler. Vereinfacht könnte man die Politikpositionen quasi auf einer Geraden abbilden, wobei die Pole den zentralen Zielkonflikt zwischen Inflation und Beschäftigung in der Geldpolitik widerspiegeln. Die Politikdimension wäre folglich eindimensional. Wir unterlassen jedoch eine explizite Berücksichtigung der Präferenzen der EWU-Mitglieder in unserer Analyse. Stattdessen führen wir eine „präferenzfreie" (Sutter 2000: 48) *a priori*-Machtindexanalyse durch, d.h. wir abstrahieren von bestehenden Politikpositionen einzelner Mitglieder. Der Grund dafür ist, dass unsere Analyse die langfristigen Auswirkungen der EZB-Reform untersuchen soll, d.h. welche langfristigen Auswirkungen die Veränderungen der Abstimmungsregeln in der EZB auf die Glaubwürdigkeit der Geldpolitik haben. Nationale Politikpositionen hängen von der aktuellen wirtschaftlichen Lage im Heimatland ab. Die wirtschaftliche Lage ist jedoch z.B. aufgrund exogener Schocks großen Schwankungen im Zeitverlauf unterworfen und *ex ante* auf lange Sicht nicht oder nur unzureichend prognostizierbar. Folglich berücksichtigen wir weder exakte Politikpositionen noch treffen wir strikte Annahmen über die Verteilung von Präferenzen und verwenden stattdessen das Konzept der präferenzfreien Machtindexanalyse.

Jenseits der Präferenzen ist es im Hinblick auf die Erwartungsbildung des Privatsektors entscheidend, ob ein ‚parteiisches' (partisan) oder ein ‚nichtparteiisches' (non-partisan) Wahlverhalten der Mitglieder im EZB-Rat unterstellt wird. Wenngleich Artikel 105 und 108 des Vertrags (2002) die Mitglieder im EZB-Rat dazu zwingen, in ihrer Entscheidungsfindung lediglich die makroökonomische Lage in der gesamten Eurozone zu berücksichtigen, bestehen zahlreiche plausible Gründe anzunehmen, dass zumindest die NZBen bei ihrer Entscheidungsfindung durchaus die ökonomische Lage in ihren Heimatländern berücksichtigen könnten.

Diese Annahme wurde in der Literatur bereits intensiv diskutiert: Alesina und Grilli (1991) unterstellen beispielsweise, dass die NZBen in ihrem Abstimmungsverhalten in der EZB die nationalen Interessen vertreten, da jedes EWU-Mitgliedsland mittels der Auswahl des Vertreters im EZB-Rat letztendlich über die Präferenzen des Vertreters implizit entscheiden könne. Das geldpolitische Modell der Autoren von Hagen/Süppel (1994) basiert ebenfalls auf der Annahme, dass die nationalen Ländervertreter die Inflation und die Outputziele in ihren Heimatländern berücksichtigen.[2] In der Literatur wird darüber hinaus die Annahme getroffen, dass nationale Zentralbanken an einer (gemeinsamen) Geldpolitik interessiert sind, welche die makroökonomischen Schocks in ihrem eigenen Land ausgleicht (Grüner 2001).

Die Annahme der Verzerrung um nationale Einflüsse ist vermutlich weniger realistisch im Falle der Direktoriumsmitglieder, insbesondere in Bezug auf den EZB-Präsidenten (Chapell et al. 1995). Dennoch wird in wissenschaftlichen Beiträgen vereinzelt angenommen, dass auch die Direktoriumsmitglieder in der Entscheidungsfindung lediglich die ökonomischen Faktoren in ihren Heimatländern berücksichtigen (u.a. Vaubel 1999). Dornbusch et al. (1998) und Ullrich (2004) nehmen an, dass letztendlich alle Mitglieder des EZB-Rats, d.h. alle gegenwärtigen nationalen Zentralbankpräsidenten und die sechs Direktoriumsmitglieder, gemäß ihrer nationalen Interessen entscheiden würden. Allerdings haben diese Autoren Schwierigkeiten, eine möglicherweise im Zeitverlauf variierende Anzahl an (parteiischen) Mitgliedern im EZB-Direktorium zu berücksichtigen. Darüber hinaus müsste man streng genommen ebenso die einzelnen Erwartungswerte für die Wahrscheinlichkeit eines jeden Landes, einen Repräsentanten

---

[2] Diese Annahme wird auch bezüglich der US Federal Reserve Bank getroffen. Krause (1996) und Gildea (1992) unterstellen, dass die Entscheidungen innerhalb der Fed durch regionale Herkunft beeinflusst werden und dass Entscheidungen unter Berücksichtigung der Industrie- und Geschäftsinteressen der wichtigsten Wahlkreise getroffen werden.

im EZB-Rat nach 2006 zu stellen, mitberücksichtigen (Haradau 2003: 62). Beide Voraussetzungen würden jedoch unsere Machtindexanalyse überfordern. Vor diesem Hintergrund beschränken wir uns einerseits auf den Fall von nicht-parteiischen Direktoriumsmitgliedern und andererseits auf parteiische Repräsentanten nationaler Zentralbanken.

4 Machtindexanalyse

Dieser Abschnitt präsentiert die Ergebnisse der Machtindexanalyse, die sich aus der Umsetzung der Reform der Abstimmungsregeln in der EZB ergeben. Zunächst wird die Reform der Abstimmungsregeln in der EZB vorgestellt. Darauf aufbauend werden die Machtindizes gemäß des Konzepts des Banzhaf Index berechnet. Abschließend werden die Ergebnisse im Zusammenhang mit der Frage nach den Auswirkungen auf Preisniveaustabilität interpretiert.

Wie bereits eingangs erwähnt, ist unser zentrales Anliegen, eine erweiterte EWU mit 27 Mitgliedern zu untersuchen. Da sich die Erweiterung jedoch nicht in einem Schritt vollziehen wird, ist ebenfalls von Interesse, wie sich die Wahlmacht der Akteure im Zuge des graduellen Erweiterungsprozesses verändern wird. Daher berechnen wir ebenfalls die Machtindizes für die Akteure bei einer graduellen Erweiterung der EWU von 13 auf 27 Mitglieder. Als Referenzfall dient die EWU-12, d.h. die EWU vor der Erweiterung um die mittel- und osteuropäischen Länder und somit ohne die Mitgliedschaft Sloweniens. Auf dieser Basis werden mögliche Auswirkungen des Erweiterungsprozesses auf das Ausmaß an ‚Konservatismus' der EZB evaluiert. Wie bereits in Abschnitt 3 begründet, wird hierbei unterstellt, dass alle Direktoriumsmitglieder den EZB-Statuten gemäß in ihrer Entscheidungsfindung ausschließlich das Interesse der gesamten Eurozone nach Preisniveaustabilität berücksichtigen. Die Repräsentanten der nationalen Zentralbanken hingegen orientieren sich in ihrem Abstimmungsverhalten ausschließlich an der makroökonomischen Lage in ihren Heimatländern.

Gemäß der beschlossenen EZB-Reform wird das Prinzip der Rotation schrittweise eingeführt (ECB 2003, siehe Tabelle 1). Sofern die Anzahl der beteiligten Mitglieder der Eurozone kleiner als 15 ist, besteht der EZB-Rat (abgesehen von den sechs Mitgliedern des Direktoriums) aus *einem* Entscheidungsgremium. Liegt die Anzahl der EWU-Mitglieder zwischen 16 und 21, wird der EZB-Rat in *zwei* Gruppen operieren. Sobald das 22. Mitglied der Eurozone beigetreten ist, werden die Mitglieder in insgesamt *drei* Gruppen aufgeteilt.

Die Einteilung der Gruppen wird gemäß eines Indikators vorgenommen, der sich aus zwei Komponenten zusammensetzt: 5/6 des Gewichts werden dem Anteil am aggregierten BIP zu Marktpreisen, 1/6 dem Anteil an der gesamten aggregierten Bilanz der monetären Finanzinstitute beigemessen (siehe ECB 2003: 77-78). Die sich ergebenden Gewichte werden im 5-Jahresrhythmus angepasst. Jedoch werden sogenannte nicht reguläre Anpassungen im Falle einer Erweiterung der EWU vorgenommen (Protokoll, Artikel 29(3)).

Tabelle 1: Stimmenanzahl und Wahlhäufigkeiten gemäß EZB-Reform

	EWU-12		EWU-13		EWU-14		EWU-15	
	Mitglieder	Wahlhäufigk	Mitglieder	Wahlhäufigk	Mitglieder	Wahlhäufigk	Mitglieder	Wahlhäufigk
Direktorium	6	1,00	6	1,00	6	1,00	6	1,00
1. Gruppe	12	1,00	13	1,00	14	1,00	15	1,00
2. Gruppe								
3. Gruppe								
TOTAL	18		19		20		21	

	EWU-16		EWU-17		EWU-18		EWU-19	
	Mitglieder	Wahlhäufigk	Mitglieder	Wahlhäufigk	Mitglieder	Wahlhäufigk	Mitglieder	Wahlhäufigk
Direktorium	6	1,00	6	1,00	6	1,00	6	1.00
1. Gruppe	5	1,00	5	1,00	5	1,00	5	0,80
2. Gruppe	11	0,91	12	0,83	13	0,77	14	0,79
3. Gruppe								
TOTAL	22		23		24		25	

	EWU-20		EWU-21		EWU-22		EWU-23	
	Mitglieder	Wahlhäufigk	Mitglieder	Wahlhäufigk	Mitglieder	Wahlhäufigk	Mitglieder	Wahlhäufigk
Direktorium	6	1,00	6	1,00	6	1,00	6	1,00
1. Gruppe	5	0,80	5	0,80	5	0,80	5	0,80
2. Gruppe	15	0,73	16	0,69	11	0,73	12	0,67
3. Gruppe					6	0,50	6	0,50
TOTAL	26		27		28		29	

	EWU-24		EWU-25		EWU-26		EWU-27	
	Mitglieder	Wahlhäufigk	Mitglieder	Wahlhäufigk	Mitglieder	Wahlhäufigk	Mitglieder	Wahlhäufigk
Direktorium	6	1,00	6	1,00	6	1,00	6	1,00
1. Gruppe	5	0,80	5	0,80	5	0,80	5	0,80
2. Gruppe	12	0,67	13	0,62	13	0,62	14	0,57
3. Gruppe	7	0,43	7	0,43	8	0,38	8	0,38
TOTAL	30		31		32		33	

Unabhängig von der Anzahl der EWU-Mitglieder besteht das EZB-Direktorium stets aus sechs Mitgliedern. Wie Tabelle 1 verdeutlicht, variiert die Gesamtanzahl der Stimmen im EZB-Rat zwischen 18 (EWU-12) und 33 (EWU-27). Jedoch verfügt nicht jeder nationale Zentralbankpräsident über ein permanentes Stimmrecht. Sobald das 16. Land der Eurozone beigetreten ist, haben die elf nationalen Zentralbankpräsidenten der zweiten Gruppe nur in 91% der Fälle ein Wahlrecht (siehe Tabelle 1). Im Falle einer EWU-27 hängt die Häufigkeit der Ausübung des Wahlrechts von der Zuordnung in die jeweilige Gruppe ab (Mitglieder der Gruppe 1 (80%), Gruppe 2 (57%), Gruppe 3 (38%) (siehe Tabelle 1)). Dies bedeutet, dass die ökonomisch stärkeren Länder relativ wenig Wahlmacht haben, sie jedoch ihr Wahlrecht relativ häufig ausüben können. Im Gegensatz dazu haben die ‚kleineren' EWU-Mitglieder als Gruppe relativ viel Wahlmacht, sie verfügen jedoch über eine eingeschränktere Wahlhäufigkeit.

Unter Berücksichtigung dieser Gesichtspunkte wurden die folgenden Schritte unternommen, um die Machtindizes der Mitglieder zu berechnen. Zunächst wurden die prozentualen Anteile des zusammengesetzten Direktoriums und der einzelnen nationalen Zentralbankpräsidenten berechnet. Jedes Mitglied verfügt über eine Stimme. Demnach verfügt im Falle der EWU-12 das Direktorium über 33,33% der Stimmen; die einzelnen NZBen haben ein Anteil von 5,56% der Stimmen (siehe Tabelle 2).[3] Diese Anteile geben die gewichteten Stimmenverhältnisse an. Anschließend werden die vorläufigen absoluten Banzhaf Indizes für die gewichteten Wahlspiele auf Basis einer einfachen Mehrheitswahl berechnet.[4] Sodann werden die vorläufigen absoluten Banzhaf Indizes mit der jeweiligen Wahlhäufigkeit gewichtet. Diese Berechnungen ergeben dann die endgültigen absoluten Banzhaf Indizes.

Diese Vorgehensweise unterscheidet sich von jener von Ullrich (2004) und Belke/Baumgärtner (2004), welche die Wahlhäufigkeit bei der Berechnung der Stimmen miteinbeziehen. Jedoch erscheint dieses Vorgehen nicht angebracht. Um dies zu illustrieren sei unterstellt, dass ein weiterer Wähler an einem zufälligen Wahlspiel teilnehme. Dieser Wähler sei ein Dummy bezüglich der Häufigkeitsgewichtung. Folglich würde die Wahlmacht der anderen Spieler durch die Teilnahme nicht verändert werden. Allerdings ist dieser Wähler, wenngleich mit einer sehr geringen, aber positiven Wahrscheinlichkeit, in einigen Wahlspielen der pivotale Wähler. Daher muss dieser Wähler, wenngleich zu einem sehr geringen Ausmaß, die Wahlmacht der anderen Spieler verändern können. Folglich

---

[3] Das abgebildete Ranking der Repräsentanten der nationalen Zentralbanken in Tabelle 2 orientiert sich an dem EZB Indikator wie von Gros (2003) berechnet.

[4] Wir haben Powerslave (eine Software zur Berechnung von Voting Power von Pajala et al. (2002)) sowie IOP 2.0 (eine Software von Bräuninger/König (2002)) verwendet.

ist der Ansatz, erst die Häufigkeitsgewichtung der Stimmen und dann die Berechnung der Machtindizes vorzunehmen, irreführend.

Die Ergebnisse für die EWU-12 und EWU-27 sind in Tabelle 2 abgebildet. Zusätzlich gibt Tabelle 3 einen Überblick über die endgültigen absoluten Banzhaf Indizes im Verlauf des Erweiterungsprozesses an.

Tabelle 2:   Vergleich der Machtindizes im Falle EWU-12 und EWU-2

	EWU-12					EWU-27				
	Stimmen	Anteile	vorläufig aBI	Wahlhäufigk.	endgült. aBI	Stimmen	Anteile	vorläufig aBI	Wahlhäufigk.	endgült. aBI
Dir.	6	33,33%	0,8540	1,00	**0,8540**	6	18,18%	0,7522	1,00	**0,7522**
DE	1	5,56%	0,0806	1,00	**0,0806**	1	3,03%	0,0792	0,80	**0,0634**
UK						1	3,03%	0,0792	0,80	**0,0634**
FR	1	5,56%	0,0806	1,00	**0,0806**	1	3,03%	0,0792	0,80	**0,0634**
IT	1	5,56%	0,0806	1,00	**0,0806**	1	3,03%	0,0792	0,80	**0,0634**
ES	1	5,56%	0,0806	1,00	**0,0806**	1	3,03%	0,0792	0,80	**0,0634**
NL	1	5,56%	0,0806	1,00	**0,0806**	1	3,03%	0,0792	0,57	**0,0451**
BE	1	5,56%	0,0806	1,00	**0,0806**	1	3,03%	0,0792	0,57	**0,0451**
SE						1	3,03%	0,0792	0,57	**0,0451**
AT	1	5,56%	0,0806	1,00	**0,0806**	1	3,03%	0,0792	0,57	**0,0451**
DK						1	3,03%	0,0792	0,57	**0,0451**
IE						1	3,03%	0,0792	0,57	**0,0451**
PL	1	5,56%	0,0806	1,00	**0,0806**	1	3,03%	0,0792	0,57	**0,0451**
PT	1	5,56%	0,0806	1,00	**0,0806**	1	3,03%	0,0792	0,57	**0,0451**
EL	1	5,56%	0,0806	1,00	**0,0806**	1	3,03%	0,0792	0,57	**0,0451**
LU	1	5,56%	0,0806	1,00	**0,0806**	1	3,03%	0,0792	0,57	**0,0451**
FI	1	5,56%	0,0806	1,00	**0,0806**	1	3,03%	0,0792	0,57	**0,0451**
CZ						1	3,03%	0,0792	0,57	**0,0451**
HU						1	3,03%	0,0792	0,57	**0,0451**
RO						1	3,03%	0,0792	0,57	**0,0451**
SK						1	3,03%	0,0792	0,38	**0,0301**
SL						1	3,03%	0,0792	0,38	**0,0301**
BG						1	3,03%	0,0792	0,38	**0,0301**
LT						1	3,03%	0,0792	0,38	**0,0301**
CY						1	3,03%	0,0792	0,38	**0,0301**
LV						1	3,03%	0,0792	0,38	**0,0301**
EE						1	3,03%	0,0792	0,38	**0,0301**
MT						1	3,03%	0,0792	0,38	**0,0301**
SUM	18	100%	1,8212		**1,8212**	33	100%	2,8906		**1,9418**

Wie Tabelle 3 zeigt, verfügen die Mitglieder der ersten Gruppe stets über eine größere Wahlmacht als die Mitglieder der zweiten bzw. dritten Gruppe. Mitglieder der zweiten Gruppe verfügen stets über eine größere Wahlmacht als Mitglieder in der dritten Gruppe. Folglich wird durch die Rangordnung der Wahlmacht mehr oder weniger die wirtschaftliche Lage widergespiegelt. Dieses Ergebnis wird durch die Einführung der Wahlhäufigkeiten erzeugt.

Tabelle 3: Machtindizes im Zuge der EWU-Erweiterung

	EWU-12	EWU-13	EWU-14	EWU-15	EWU-16	EWU-17
Direktorium	0,8540	0,9077	0,8815	0,8815	0,9232	0,8565
1. Gruppe	0,0806	0,0537	0,0611	0,0611	0,0417	0,0667
2. Gruppe					0,0379	0,0554
3. Gruppe						
	EWU-18	**EWU-19**	**EWU-20**	**EWU-21**	**EWU-22**	**EWU-23**
Direktorium	0,7621	0,8329	0,8847	0,8108	0,8662	0,7900
1. Gruppe	0,0944	0,0566	0,0414	0,0591	0,0443	0,0610
2. Gruppe	0,0727	0,0559	0,0378	0,0510	0,0404	0,0511
3. Gruppe					0,0277	0,0381
	EWU-24	**EWU-25**	**EWU-26**	**EWU-27**		
Direktorium	0,8484	0,7705	0,6731	0,7522		
1. Gruppe	0,0468	0,0623	0,0779	0,0634		
2. Gruppe	0,0392	0,0483	0,0604	0,0451		
3. Gruppe	0,0252	0,0335	0,0370	0,0301		

Die theoretischen Vorüberlegungen aus Abschnitt 2 bezüglich der Aussichten für zukünftige Preisniveaustabilität in einer erweiterten EWU haben gezeigt, weshalb in unserer Analyse Veränderungen der (relativen) Wahlmacht des Direktoriums von besonderem Interesse sind. Ein nicht-parteiisch ausgerichtetes Direktorium wird quasi als Garant für Preisniveaustabilität in einem von den Interessen der nationalen Zentralbankpräsidenten dominiertem EZB-Rat gesehen. Daher könnte eine deutliche Reduzierung des Einflusses des Direktoriums im Verlauf der EWU-Erweiterung sehr wahrscheinlich auch Veränderungen bezüglich der erwarteten Inflationsentwicklung hervorrufen. Dies bedeutet, dass je größer der Einfluss des Direktoriums, desto leichter ist es, Preisniveaustabilität in einer erweiterten Union zu gewährleisten. Dies lässt sich auch dadurch erklären, dass im Falle einer konstant starken Stellung des Direktoriums, die Inflationserwartungen des Privatsektors unter Kontrolle gehalten werden können.

Derzeit ist das EZB-Direktorium relativ mächtig und weist einen absoluten Banzhaf Index von 0,8540 auf. Jedoch wird sein Einfluss im Zuge der Osterweiterung der Eurozone verringert. Im Falle der EWU-27 wird die Macht des Direktoriums auf 0,7522 gesenkt (siehe Tabellen 2 und 3). Ein Blick auf die schrittweise Veränderung des absoluten Banzhaf Index im Zuge der Erweiterung macht deutlich, dass der Erweiterungsprozess eine deutliche Volatilität der Wahlmacht erzeugt.

Da die Machtindizes bei gegebener Anzahl an EWU-Mitgliedern auf Basis einer unterschiedlichen Anzahl von Wählern berechnet werden, ist es am sinnvollsten, die absoluten Banzhaf Indizes beim Vergleich der Reformszenarien heranzuziehen (siehe oben). Interessanterweise hat das Direktorium mit der Erweiterung auf das 13. Mitglied – d.h. mit der Aufnahme Sloweniens – an Einfluss gewonnen, während jedes Mitglied aus der ersten Gruppe an Macht verloren hat. Das Direktorium verliert etwas an Einfluss im Falle einer Erweiterung auf 15 Mitglieder der Eurozone. Mit Einführung des Rotationsprinzips (ab dem 16. Mitglied) gewinnt das Direktorium wiederum an Macht. Zusätzlich steigt die Wahlmacht der Mitglieder der zweiten Gruppe auf Kosten der Mitglieder der ersten Gruppe. Die schrittweise Erweiterung bis zum 18. Mitgliedsland führt dazu, dass sowohl die Mitglieder aus der ersten Gruppe als auch die Mitglieder aus der zweiten Gruppe an Einfluss gewinnen, während die Macht des Direktoriums zurückgeht. Hierbei gewinnt ein Mitglied aus der ersten Gruppe, d.h. ein Kernland der jetzigen EWU, relativ mehr an Macht als ein Mitglied der zweiten Gruppe. Jedoch reduziert sich im Falle einer EWU-19 der Einfluss der Mitglieder der ersten Gruppe deutlich (-50%), wohingegen sich die Macht der Mitglieder der zweiten Gruppe ebenso wie die Macht des Direktoriums erhöht. Dies trifft ebenso für den Fall einer EWU-20 zu, wobei sich in einer EWU-21 die Macht des Direktoriums erneut reduziert. Die Macht des Direktoriums ist im Falle einer EWU-26 am geringsten.

Folglich lässt sich schlussfolgern, dass Machtverluste des Direktoriums durch Machtgewinne der Mitglieder der ersten Gruppe kompensiert werden und umgekehrt. Diese Aussage bezüglich relativer Machtveränderungen scheint auch im Falle einer graduellen Erweiterung auf bis zu 27 Mitgliedsländer zuzutreffen. Dabei ist der Einfluss der dritten Gruppe, die ab einer Größe von 22 Mitgliedern gebildet wird, stets äußerst gering (ca. 0.03).

Berechnet man die relativen Machtveränderungen der einzelnen Gruppen, lassen sich klare Aussagen bezüglich der Auswirkungen auf die Preisniveaustabilität treffen. Um die Unterschiede in den Szenarien zu vergleichen, sind die Quotienten von Machtindizes EWU-27 im Verhältnis zu EWU-12 in Tabelle 4 abgebildet.[5] Werte größer als 1 bedeuten, dass die Wahlmacht eines Wählers im Falle der EWU-27 größer ist als die Wahlmacht im Falle einer EWU-12. Im Gegensatz dazu geben Werte kleiner als 1 an, dass ein gegebener Wähler bei einer Erweiterung auf 27 Mitglieder an Einfluss verlieren wird. Es ist offensichtlich, dass alle gegenwärtigen Mitglieder der EWU in Folge der Erwei-

---

[5] Die Aufteilung der Länder folgt erneut Gros (2003).

terung an Stimmenmacht verlieren werden. Jene EWU-12 Mitglieder, die der ersten Gruppe zugeordnet sind, verlieren ungefähr 21%, wohingegen zukünftige Mitglieder der zweiten Gruppe die größten Machteinbußen zu verkraften haben (-44%). Gleichzeitig wird das Direktorium nur relativ wenig Macht einbüßen (-12%) (siehe Tabelle 4).

Tabelle 4:   Vergleich der Machtindizes EWU-27 und EWU-12

	EWU-27 / EWU-12
Dir.	0,8808
DE	0,7866
FR	0,7866
IT	0,7866
ES	0,7866
NL	0,5596
BE	0,5596
AT	0,5596
FI	0,5596
EL	0,5596
PT	0,5596
IE	0,5596
LU	0,5596

Diese Ergebnisse lassen sich dahingehend interpretieren, dass die Machtveränderungen zwar möglicherweise die Erwartungen des Privatsektors bezüglich Preisniveaustabilität in der Eurozone verändern werden. Allerdings erwarten wir aufgrund der relativ geringen Machteinbußen des EZB-Direktoriums sowie der nationalen Zentralbankpräsidenten der ersten Gruppe nur einen geringen institutionell bedingten Anstieg des Inflationsdrucks.

5   Schlussfolgerungen

Die Machtindexanalyse über den sich verändernden Einfluss nationaler Zentralbankpräsidenten innerhalb der EZB bringt einige interessante Einsichten hervor. Dies gilt insbesondere in Bezug auf die Aussichten auf Preisstabilität in einer sich erweiternden Eurozone.

Wir haben einen kausalen Zusammenhang zwischen der Aufnahme neuer EWU-Mitglieder und sich dementsprechend verändernder Erwartungen des Privatsektors formuliert. Kernargumente sind der vorhandene Grad an (In-)Transparenz der Entscheidungsprozesse innerhalb der EZB und das bereits etablierte Niveau an geldpolitischer Reputation. Die Erweiterung der Eurozone stellt eine Erschütterung dieser geldpolitischen Glaubwürdigkeit dar. In diesem Zusammenhang können Zweifel an dem Ausmaß an ‚Konservatismus' im EZB-Rat den Privatsektor nachhaltig beunruhigen und Inflationserwartungen in die Höhe treiben. In diesem Beitrag haben wir vor dem Hintergrund eines einfachen linearen Zusammenhangs zwischen den Änderungen des Einflusses der bisherigen EWU-12 im EZB-Rat und den Inflationserwartungen des Privatsektors die EZB-Reform im Hinblick auf die Einführung eines Rotationsmodells untersucht. Eine Bewertung der EZB-Reform erfolgt im Hinblick auf die vermuteten Auswirkungen der sich verändernden Entscheidungsprozesse innerhalb der EZB auf die Preisstabilität in der Eurozone. Zu diesem Zweck haben wir die Effekte einer sukzessiven Erweiterung der EWU auf bis zu 27 Mitglieder analysiert.

Die Berechnungen des absoluten Banzhaf Index zeigen, dass Befürchtungen bezüglich eines immensen Machtverlusts des Direktoriums und der Kernländer der Eurozone auf die gemeinsame Geldpolitik eher unbegründet erscheinen. In der Analyse fällt auf, dass die relativen Änderungen im Einfluss des Direktoriums bzw. der Mitglieder der ersten Gruppe sehr ausgewogen sind. Das Direktorium gewinnt sogar durch den jüngsten Beitritt Sloweniens sowohl in relativen als auch in absoluten Werten an Einfluss. Nichtsdestotrotz verliert die frühere EWU-12 langfristig an Einfluss. Selbstverständlich hängt dies nicht unmittelbar mit der EZB-Reform zusammen, sondern ist schlicht dem Umstand geschuldet, dass die Aufnahme neuer stimmberechtigter Mitglieder zu einem Bedeutungsverlust der bisherigen Mitglieder führen muss.

Zusammenfassend lässt sich feststellen, dass die EZB-Reform keinen übermäßigen Einflussverlust des Direktoriums und der Kernländer in der Eurozone bedeutet. Folglich kommt es höchstwahrscheinlich nicht zu einem merklichen Verlust der geldpolitischen Glaubwürdigkeit und Reputation der EZB, so dass von keinem stärkeren Inflationsdruck im Zuge der Einführung des Rotationsmodells auszugehen ist. Dieser Beitrag zeigt auf, dass Machtindexanalysen ein geeignetes Instrument sind, um beispielsweise aufzeigen zu können, dass von einer Gefährdung der Preisstabilität des Euro im Zuge der Erweiterung der Eurozone nicht die Rede sein kann.

Literatur

Alesina, Alberto F./Grilli, Vittorio (1991): The European Central Bank: Reshaping Monetary Politics in Europe? *NBER Working Paper. No. 3860*

Aleskerov, Fuad/Avci, Gamze/Iakouba, Viatcheslav/Türem, Z. Umut (2002): European Union Enlargement: Power Distribution Implications of the New Institutional Arrangements. In: *European Journal of Political Research* 41 2002. 379–394

Bacaria, Jordi/Chortareas, Georgios E./Kyriacou, Andreas P. (2002): Enlargement and the European Central Bank. In: Bernard Steunenberg (Hrsg.) *Widening the European Union. The Politics of Institutional Change and Reform.* Routledge. 163–179

Baldwin, Richard E./Berglöf, Erik/Giavazzi, Francesco/Widgrén, Mika T. (2000): EU Reforms for Tomorrow's Europe. *CEPR Discussion Paper No. 2623*

Banzhaf, John F. (1965): Weighted Voting Doesn't Work: A Mathematical Analysis. In: *Rutgers Law Review* 19 1965. 317–345

Barro, Robert J./Gordon, David B. (1983): Rules, Discretion and Reputation in a Model of Monetary Policy. In: *Journal of Common Market Studies* 12 1983. 101–122

Belke, Ansgar/Baumgärtner, Frank (2004): Die EZB und die Erweiterung – eine ökonomische und rechtliche Kurzanalyse des neuen Rotationsmodells. In: *Integration* 1–2 2004. 75–84

Belke, Ansgar/Styczynska, Barbara (2004): The Allocation of Power in the Enlarged ECB Governing Council: An Assessment of the ECB Rotation Model. *University Hohenheim Discussion Paper No. 242*

Berger, Helge (2002): The ECB and Euro-Area Enlargement. *IMF Working Paper No. 175*

Berger, Helge/de Haan, Jakob (2002): Are Small Countries too Powerful within the ECB? In: *Atlantic Economic Journal* 30 2002. 263–282

Bilbao, Jesús /Fernández, Julio/Jiménez, Nieves/López, Jorge (2002): Voting Power in the European Union Enlargement In: *European Journal of Operational Research* 143 2002. 181–196

Blinder, Alan/Goodhart, Charles/Hildebrand, Philipp/Lipton, David/Wyplosz, Charles (2001): How Do Central Banks Talk? In: *Geneva Reports on the World Economy No. 3*

Bofinger, Peter (2003): Consequences of the Modification of the Governing Council Rules. In: Briefing paper for the Committee for Monetary and Economic Affairs of the European Parliament. mimeo

Bräuninger, Thomas/König, Thomas. (2002): Indices of Voting Power (IOP). Version 2.0

Brueckner, Matthias (2000): Voting Power in the European Central Bank. In: *Homo Oeconomicus* 17 2000. 57–66

Chapell, Henry/Havrilesky, Thomas M. /McGregor, Rob R. (1995): Policymakers, Institutions and Central Bank Decisions. In: *Journal of Economics and Business* 47 1995. 113–136

De Grauwe, Paul (2002): Challenges for Monetary Policy in Euroland. In: *Journal of Common Market Studies* 40 2002. 693–718

Dornbusch, Rudi/Favero, Carlo/Giavazzi, Francesco (1998): Immediate Challenges for the European Central Bank. In: *Economic Policy* 26 1998. 17–64

ECB (1999): The Institutional Framework of the European System of Central Banks. In: *Monthly Bulletin July.* 55–63

ECB (2003): The Adjustment of Voting Modalities in the Governing Council. In: *Monthly Bulletin May.* 73–83

Felsenthal, Dan S./Machover, Moshé (1998): The Measurement of Voting Power: Theory of Practice. In: *Problems and Paradoxes.* Edward Elgar

Felsenthal, Dan S./Machover, Moshé (2001): Myths and Meanings of Voting Power. In: *Journal of Theoretical Politics* 13 2001. 81–97

Felsenthal, Dan S./Machover, Moshé (2004): A Priori Voting Power: What is it all About? In: *Political Studies Review* 2 2004. 1–23

Gildea, John A. (1992): The Regional Representation of Federal Reserve Bank Presidents. In: *Journal of Money, Credit and Banking* 24 1992. 215–225

Gros, Daniel/Castelli, Massimiliano/Jimeno, Juan/Mayer, Thomas/ Thygesen, Niels (2002): The Euro at 25. Special Report of the CEPS Macroeconomic Policy Group. Centre for European Policy Studies. Brussels

Gros, Daniel (2003): Reforming the Composition of the ECB Governing Council in view of enlargement: An opportunity missed! In: *CEPS Policy Brief 32. April*

Grüner, Hans P. (1999): On the Role of Conflicting National Interests in the ECB Council. In: *Centre of Economic Policy Research (CEPR) No. 2192*

Grüner, Hans P. (2001): Collective Decisions with Interdependent Valuations, IZA and CEPR. *mimeo*

Hahn, Volker (2002): Transparency in Monetary Policy: A Survey. In: *Ifo-Studien* 48 2002. 429–450

Haradau, Ruxandra (2003): Voting Power and Coalition Formation in the European Central Bank. Master thesis at the University of Konstanz

Hefeker, Carsten (2002): Monetary Policy in a Union of 27: Enlargement and Reform Options. In: *Intereconomics* 6 2002. 315–320

Hendrikx, Maarten/Maier, Philipp (2002): Implications of EMU Enlargement for European Monetary Policy: A Political Economy View. Netherlands Bank, Monetary and Economic Policy Department – *MEB Series No. 4*

Krause, George A. (1996): Agent Heterogeneity and Consensual Decision-Making on the Federal Open Market Committee. In: *Public Choice* 88 1996. 83–101

Kydland, Finn E./Prescott, Edward C. (1977): Rules Rather than Discretion: The Inconsistency of Optimal Plans. In: *Journal of Political Economy* 58 1977. 473–491

Lagogiannis, P. (2004): European Central Bank Decision-Making and the Proposed Rotation Scheme: A Voting Power and Bloc Analysis. Master thesis. University of Liverpool Management School

Lane, Jan-Erik/Maeland, Reinert (1995): Voting Power under the EU Constitution. In: *Journal of Theoretical Politics* 7 1995. 223–230

Leech, Dennis (2002): Designing the Voting System for the Council of the European Union. In: *Public Choice* 113 2002. 437–464

Leech, Dennis/Leech, Robert (2006): Voting Power and Voting Blocs. In: *Public Choice* 127 2006. 293–311

Lindner, Isabella/Olechowski-Hrdlicka, Karin (2002): Institutionelle Auswirkungen der EU-Erweiterung im Bereich der Wirtschafts- und Währungspolitik, Österreichische Nationalbank. In: *Berichte und Studien* 2 2002. 177–193

Mangano, Gabriel (1999): Monetary Policy in EMU: A Voting-Power Analysis of Coalition Formation in the European Central Bank. In: Département d'Econométrie et d'Economie politique (DEEP) *Working Paper Series No. 9908*

Napel, Stefan/Widgrén, Mika (2001): Inferior Players in Simple Games. In: *International Journal of Game Theory* 30 2001. 209–220

Nurmi, Hannu/Meskanen, Tommi (1999): A Priori Power Measures and the Institutions of the European Union. In: *European Journal of Political Research* 35 1999. 161–179

Pajala, Antti/Meskanen, Tommi/Krause, T. (2002): Powerslave Power Index Calculator: A Voting Body Analyser in the Voting Power and Power Index Website. Version 1.0

Penrose, Lionel S. (1946): The elementary statistics of majority voting. In: *Journal of the Royal Statistical Society* 109 1946. 53–57

Rogoff, Kenneth (1985): The Optimal Degree of Commitment to an Intermediate Monetary Target. In: *Quarterly Journal of Economics* 100 1985. 1169–1190

Shapley, Lloyd (1953): A Value of n-Person Games. In: Harold W. Kuhn/ Tucker, William (Hrsg.) *Contributions to the Theory of Games*. Princeton University Press. 307–317

Shapley, Lloyd/ Shubik, Martin (1954): A Method for Evaluating the Distribution of Power in a Committee System. In: *American Political Science Review* 48 1954. 787–792

Sinn, Hans-Werner/Reutter, Michael (2001): The Minimum Inflation Rate for Euroland. *NBER Working Paper No. 8085*

Stëclebout, Eloïse (2004): Monetary Policy-Making in an Enlarged European Union. Paper presented at the 21st Symposium on Banking and Monetary Economics, CNRS Research Group on Monetary and Financial Economics. Nice. mimeo

Sutter, Matthias (2000): Flexible Integration, EMU and Relative Voting Power in the EU. In: *Public Choice* 104 2000. 41–62

Ullrich, Kathrin (2004): Decision-Making of the ECB: Reform and Voting Power. In: *ZEW Discussion Paper No. 70*

Vaubel, Roland (1999): *The Future of the Euro: A Public Choice Perspective.* mimeo

Von Hagen, Jürgen/Süppel, Ralph (1994): Central Bank Constitutions for Federal Monetary Unions. In: *European Economic Review* 38 1994. 774–782

Winkler, Bernhard (2000): Which Kind of Transparency? On the Need for Clarity in Monetary Policy Making. *ECB Working Paper No. 26*

Eine Analyse des europäischen politischen Entscheidungsraumes[1]

Torsten J. Selck/Constanze Kathan

1   Einleitung

Wenn im Rahmen des Gesetzgebungsprozesses der Europäischen Union (EU) neue Maßnahmen beschlossen werden, sind diese in der Regel aus einer Vielzahl verschiedener substantieller oder prozeduraler Regelungen zusammengesetzt, die einen bestimmten Bereich betreffen, der von den EU-Verträgen behandelt wird (Craig/De Búrca 1998: 110-23). Im Rahmen der Verhandlung bestimmter Bestandteile von EU-Gesetzgebungsmaßnahmen müssen von den politischen Entscheidungsträgern in der Europäischen Kommission, dem Rat und dem Europäischen Parlament eine Reihe strittiger Punkte geklärt werden. Versucht man die Ergebnisse des europäischen Gesetzgebungsprozesses zu erklären, stellt sich Frage, ob die Verhandlungen zwischen den verschiedenen Beteiligten Schritt für Schritt vonstatten gehen, oder ob die Resultate der Gesetzgebung besser erklärt werden können, wenn bei Verhandlungen mehrere unterschiedliche *Issues*, oder politische Streitpunkte, gleichzeitig behandelt werden. Darüber hinaus stellt sich die Frage, ob es bestimmte wiederkehrende Koalitions-Muster zwischen Akteuren gibt, die es möglich machen könnten, das Ergebnis solcher Entscheidungsfindung vorherzusagen.

Lehrbücher über räumliche Präferenzmodelle beginnen für gewöhnlich damit, einfache Situationen einzelner Entscheidungen zu beschreiben (*Soll ein Akteur gegen die anderen spielen und „defektieren" oder mitspielen und „kooperieren"?*). Sie gehen dann auf eindimensionale stetige Räume ein (*Wie soll „der Kuchen" oder „der Dollar" verteilt werden?*); von dort aus gehen sie weiter zu Entscheidungen, die zwei oder mehr Konfliktdimensionen umfassen (*Wie viele „Gewehre" sollen produziert werden und wie viel „Butter"?*).[2] Wenn man

---

[1] Dieser Artikel ist eine überarbeitete und erweiterte Fassung von Selck (2004). Die Autoren danken der *Niederländischen Organisation für Wissenschaftliche Forschung* (NWO) für ihre finanzielle Unterstützung.
[2] Hinrich/Munger (1997) und Shepsle/Bonchek (1997) wenden diese Vorgehensweise an.

versucht diese Art von Modellen auf konkrete Entscheidungssituationen anzuwenden, muss man zwei wichtige Fragen beantworten: Die erste Frage ist,
welche Art eines räumlichen Modells für die Erklärung einer bestimmten Kategorie von Entscheidungen angewandt werden soll. Die zweite Frage ist, welche
Datenanalysetechnik für den Test der Entscheidungsmodelle angewandt werden
soll. Beide Fragen implizieren, dass es für die Anwendung räumlicher Modelle
notwendig ist, den zugrundeliegenden Politikraum so darzustellen, dass er sowohl der zugrundeliegenden Theorie als auch den Daten entspricht. Für theorie-
geleitete empirische Forschung ist es wichtig zu wissen, ob die Annahme ein-
oder mehrdimensionaler Räume eine bessere Erklärung bestimmter Phänomene
zu liefern vermag.

In diesem Artikel werden wir unterschiedliche Methoden zur Evaluation
von Entscheidungen in der Europäischen Union anwenden. Die Analyse bezieht
sich auf unterschiedliche Interpretationsansätze des Entscheidungsraumes, in
dem sich Politikverantwortliche bewegen müssen, um das jeweils von ihnen
verfolgte politische Ergebnis zu erzielen. Im folgenden Kapitel werden räumliche Modelle erklärt, die sich zur Analyse von EU-Beschlussfassung auf jeweils
unterschiedliche Dimensionalitätsannahmen stützen. Im dritten Kapitel bedienen
wir uns eines Datensatzes zum EU-Gesetzgebungsprozess; wir entwerfen
Lösungsansätze zur Reduzierung der Komplexität dieses Datensatzes und damit
zur Handhabung einer begrenzteren Anzahl konfliktiver zugrundeliegender Dimensionen. Im vierten Kapitel wird ein Abstimmungsmodell vorgestellt, mit
Hilfe dessen zwei verschiedene Annahmen über die Dimensionalität von EU-
Gesetzgebung getestet werden können. Im fünften Kapitel besprechen wir das
Untersuchungsdesign und die Testergebnisse. Das letzte Kapitel fasst den Artikel
nochmals abschließend zusammen.

2 Spieltheoretische Modelle gesetzgeberischer Entscheidungen in der Europäischen Union

Räumliche Modelle, die den Versuch unternehmen, die Logik von EU-
Gesetzgebung abzubilden, basieren auf unterschiedlichen Annahmen hinsichtlich
der zugrundeliegenden Struktur von Dimensionalität. Je nachdem ob davon ausgegangen wird, der Gesetzgebungsprozess werde primär von informellen Aus-
tauschprozessen oder eher von formalen Mechanismen, beispielsweise Abstimmung, beherrscht, bestehen Unterschiede über die Annahme, wie sich zwei oder
mehr politische Issues gegenseitig beeinflussen können. Abbildung 1 klassifiziert
verschiedene räumliche Modelle von EU-Gesetzgebungsprozessen hinsichtlich

ihrer Annahmen über den Mechanismus von Beschlussfassung und über die Dimensionalität des Entscheidungsraumes.

Abbildung 1:   Räumliche Modelle der EU-Gesetzgebung

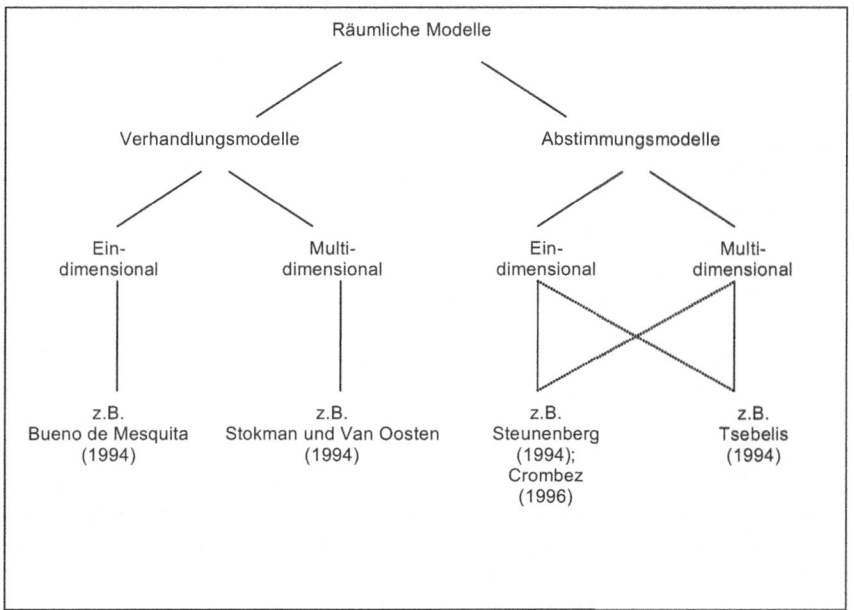

Die Abbildung zeigt vier verschiedene Gruppen auf und gibt Beispiele für Anwendungen in der EU- Fachliteratur.[3] Bueno de Mesquita (1994) wendet ein eindimensionales Verhandlungsmodell an, um den EU-Gesetzgebungsprozess zu erklären. Als Bestandteile fungieren in seinem Modell die politischen Positionen der einzelnen Akteure, das Niveau der politischen Wichtigkeit, das die Akteure einem Sachverhalt zuschreiben sowie die jeweilige Entscheidungsmacht der Akteure (Bueno de Mesquita 1994: 75-8). Das prognostizierte Ergebnis des Modells ist eine Funktion dessen, was die einzelnen Spieler wollen, wie wichtig dieses Ergebnis für sie ist und über wie viel Entscheidungsgewicht sie verfügen.

---

[3] Wir werden uns ausschließlich auf die vier nachfolgend beschriebenen Modelle beziehen. Es soll jedoch angemerkt werden, dass es weitere Modelle zur EU-Gesetzgebung gibt, von denen einige, wie beispielsweise die Modelle über Koalitionsbildung , ebenso gut für ein Testverfahren anhand unterschiedlicher Annahmen über Dimensionalitäten geeignet wären. Für solche Modelle vgl. z. B. Van Deemen/Hosli/Widgrén (2002).

Die Berechnungen für jeden einzelnen Sachverhalt werden iterativ durchgeführt, wobei jeder Schritt als eine Verhandlungsrunde einer Entscheidungssituation angesehen werden kann. In Bueno de Mesquitas Modell wird davon ausgegangen, dass die mächtigen Akteure die weniger mächtigen bedrohen; auf diese Weise können sie es bewerkstelligen, das Ergebnis von Politik-Prozessen näher an ihre eigene Ideal-Position heran zu lenken.

Stokman/Van Oosten (1994) setzen ebenfalls auf Verhandlung als primäre Form von EU-Gesetzgebung. Im Gegensatz zu Bueno de Mesquitas Model setzen sie jedoch kooperativeres Verhalten im Verhandlungsprozess neuer EU-Gesetze voraus. Ihr Modell wird ebenfalls durch die Idealpositionen der politischen Akteure, die Bedeutsamkeit des Sachverhalts sowie durch die jeweilige Entscheidungsmacht der Akteure bestimmt. Statt jedoch jeweils nur einen Sachverhalt nacheinander zu berücksichtigen, gehen sie davon aus, dass die Akteure alle Issues einer Entscheidungssituation gleichzeitig in ihre Überlegungen einbeziehen. Durch dieses Umstand erhalten die Akteure Möglichkeit, ihre eigene Position bei Issues, die für sie von geringer Bedeutung sind, einzutauschen, und im Gegenzug bei Issues, die für sie von größerer Bedeutung sind, die Positionen anderer Akteure zu erhalten. Es wird angenommen, dass dieser Umstand bei gleichzeitiger Verhandlung aller Issues eines von der Kommission beantragten Gesetzesentwurfs in der EU auftritt.

Steunenberg (1994) und Crombez (1996) entwerfen Abstimmungsmodelle mit Spezifikationen für die unterschiedlichen Gesetzgebungsverfahren. Die Modelle bedienen sich eines eindimensionalen Raumes; zum Vorhersagen politischer Ergebnisse gebrauchen sie die Präferenzen der Akteure und den formalen institutionellen Kontext bestimmter Entscheidungssituationen, z.B. die Macht als *Agenda-Setter*[4] vs. Vetomacht oder die verschiedenen Stimmengewichte der Akteure in Komitees. Die Modelle basieren auf nicht-kooperativer Spieltheorie und sequenziellen Zügen der Spieler. Es wird vollständige und perfekte Information angenommen, d.h. die Modelle können durch Rückwärtsinduktion gelöst werden.

Tsebelis (1994) legt ebenfalls ein Abstimmungsmodell der EU-Politik vor. Anders als Steunenberg und Crombez entwirft er den EU-Beschlussfassungsprozess folgendermaßen: Einerseits untersucht das Modell lediglich die letzte gesetzgebende Lesung.[5] Andererseits gebraucht es zwei anstelle von einer Konfliktdimension. Obwohl dieses Modell mehr-dimensionale Räume voraussetzt, wird davon ausgegangen, dass es aufgrund der stabilitäts-induzierenden

---

[4] Ein Agenda-Setter ist ein Akteur, der einem Komitee einen Vorschlag zur Erörterung bzw. Abstimmung unterbreiten kann.

[5] Das Modell legt den Schwerpunkt auf das Kooperationsverfahren, das nach Inkrafttreten des Vertrags von Amsterdam nur noch sehr selten Anwendung findet.

Eigenschaften des institutionellen Arrangements, z.B. der Möglichkeit eines *take-it-or-leave-it*-Vorschlags, der strategisch von einem der Agenda-Setter eingebracht werden kann, keine Abstimmungs-Zyklen gibt.[6]

Während sich Bueno de Mesquitas Modell auf eindimensionale Räume stützt, kommt das Modell von Stokman/Van Oosten nicht ohne mindestens zwei Dimensionen aus, da im Falle von nur einem Sachverhalt keine Möglichkeit besteht, gegenseitig Stimmen auszutauschen. Im Rahmen der Abstimmungsmodelle kann die Anzahl der Dimensionen, die Entscheidungssituationen annehmen können, verschieden sein. Obwohl Crombez lediglich eindimensionale Räume verwendet, wäre es durchaus möglich, Steunenbergs, Crombez' und Tsebelis' Interpretation der Beschaffenheit des Sachverhalt-Raumes zu nehmen und ein Abstimmungsmodell mit beiden Dimensionalitäts-Szenarien zu starten.[7]

Der Datensatz dieser Analyse basiert auf dem Projekt *Decision-Making in the European Union* (DEU), das von Robert Thomson von RAND Europe und von Frans Stokman an der Rijksuniversiteit Groningen koordiniert wurde (Thomson et al. 2006). Die Daten beziehen sich auf 70 Gesetzesentwürfe, die von der EU verhandelt wurden. Vorschläge der Kommission wurden einbezogen, sofern sie vom Rat der Europäischen Union im Zeitraum von Januar 1999 bis Dezember 2000 behandelt wurden. Um für den Test der Modelle ausschließlich politisch bedeutsame Fälle einzubeziehen, wurden Entwürfe der Kommission nur dann berücksichtigt, wenn ihnen mindestens fünf Textzeilen in der Tageszeitung *Agence Europe* gewidmet wurden. Auf diese Weise wurden Anträge ausgeschlossen, die ohne von substanziellem Bezug auf den Entwurf zu sein, lediglich als Tagesordnungspunkt einer Ratssitzung aufgeführt wurden.

3   Ein statistischer Entwurf des Europäischen Entscheidungsraumes

Wenn man versucht, Positionen von Akteuren zu evaluieren und räumliche Präferenzmodelle zu testen, bieten sich dafür unterschiedliche Vorgehensweisen an. Mit der Absicht zwei verschiedenen bestehenden Untersuchungslinien zu folgen, werden wir den Datensatz zur Gesetzgebung in der Europäischen Union (*Decision-Making in the European Union* - DEU) anwenden.

---

[6] Das ursprüngliche Argument wird von Shepsle (1979) vorgebracht. Bzgl. einer theoretischen Evaluation der unterschiedlichen Parameter des Modells, siehe auch Selck (2006).

[7] Es bleibt anzumerken, dass in höherdimensionalen Abstimmungsmodellen von senkrechten Dimensionen ausgegangen wird, wohingegen die Dimensionen in den Verhandlungsmodellen unabhängig sind. Weiterhin werden die Modelle von Bueno de Mesquita (1994) und Stokman/Van Oosten (1994) durch computergestützte Simulationstechniken gelöst, die Modelle von Steunenberg (1994), Crombez (1996) und Tsebelis (1994) dagegen durch das *subgame perfect Nash equilibrium* (Gibbons 1992: 59).

Eine Möglichkeit, diese räumlichen Daten zu benutzen, besteht darin, den gesetzgeberischen Entscheidungsraum der EU hinsichtlich der zugrundeliegenden Konfliktdimensionen zu entwerfen. Dies kann durch eine Reduzierung der Anzahl der im Datensatz bestehenden Issues bewerkstelligt werden, beispielsweise mit Hilfe von Techniken wie der Faktoranalyse, Hauptkomponentenanalyse oder multidimensionaler Skalierung. Solche Vorgehensweisen wurden im Zusammenhang mit der EU bereits früher angewandt, z.b. von König/Bräuninger (2000), König/Pöter (2001), Mattila/Lane (2001), Pennings (2002), Kreppel/Tsebelis (2002), Gabel/Hix (2002) und Hooghe *et al.* (2002).[8] Einige dieser Studien stützen sich auf Daten des Europäischen Parlaments oder auf die Inhaltsanalysen von Parteiprogrammen.[9] Die Anwendung solcher Verfahren führt zur grafischen Darstellungen von Koalitionsmustern, die sich wahrscheinlich in bestimmten politischen Bereichen herausbilden. Die Bildung einer begrenzten Anzahl von Dimensionen aus einer größeren Anzahl von Variablen dient dazu, Konfliktlandkarten („maps of conflict") auf induktive Art und Weise zu erstellen. Wissenschaftler gebrauchen diese Verfahren unterschiedlich; es werden verschiedene Vorgehensweisen für die Faktorzerlegung und für die grafische Darstellung der Ergebnisse angewandt, um deutlich zu machen, wie statistisch stabil und theoretisch aussagekräftig die erzielten Ergebnisse sind. Alle dimensionalitätsbezogenen Studien stellen eine begrenzte Anzahl zugrundeliegender Faktoren fest – in aller Regel einen oder zwei – ,die Politikräume begründen, welche aus einer *Nord-versus-Süd*, einer *pro-Integration-versus-anti-Integration* oder einer *links-versus-rechts*-Achse zusammengesetzt sind.

Die meisten EU-bezogenen Studien, die diese dimensionenreduzierenden Methoden im Zusammenhang mit räumlicher Theorie anwenden, beschränken sich selbst darauf, ihre Ergebnisse informell an spieltheoretischen Modellen zum EU-Gesetzgebungsprozess festzumachen. Ein Artikel von König/Pöter (2001) geht von dieser Methode aus, indem beide Elemente kombiniert werden. Die Autoren berechnen zuerst Punktwerte, die durch multidimensionale Skalierung von vier EU-Gesetzgebungsfällen abgeleitet wurden. Sie benutzen diese Werte dann als Input-Daten um formale, gesetzgeberische Abstimmungsmodelle zu testen. Während sie ihre Test-Strategie für Gesetzgebungsmodelle auf quantitative Daten der Akteur-Präferenzen stützen, sind ihre Ergebnisse dagegen von der Tatsache beeinflusst, dass ihre Dimensionalitätsannahmen aus der von ihnen

---

[8] Kreppel/Tsebelis (1999) und Kreppel (2002) wenden die Korrespondenzanalyse an. Hix (2001) benutzt *Nominate*, eine nominale Skalierungsmethode.

[9] Mattila/Lane (2001) verwenden Daten über das Abstimmungsverhalten der Mitgliedstaaten im Rat.

angewandten statistischen Methode resultieren.[10] In unserem vorliegenden Kapitel schlagen wir vor, eine andere Herangehensweise anzuwenden. Weiterhin versuchen wir, die Vorhersagekraft räumlicher Präferenzmodelle zu testen. Die Dimensionalität des EU-politischen Raumes von der wir ausgehen, resultiert dabei jedoch nicht aus der zugrundeliegenden Struktur der Daten, weder für die gesamte Stichprobe noch für Teilmengen, sondern entstammt vielmehr den Grundannahmen, die den formalen Modellen zugrunde liegen.[11]

Bevor wir nun zum Testen formaler Modelle übergehen, werden wir ein Schema konstruieren, das versucht, die zugrundeliegende Konflikt-dimensionalität des gesamten Datensatzes, mit dem wir in dieser Studie arbeiten, einzufangen. Die grafische Darstellung der Positionen von Akteuren als einem Aggregat kann dazu angewandt werden, mögliche Koalitionsmuster der Akteure abzubilden. Der nächste Schritt besteht dann darin, die Daten so zu ordnen, wie dies durch eher deduktive Schlussfolgerung darüber, wie formale Modelle zur EU-Gesetzespolitik getestet werden, abgeleitet werden kann. Für den hier gebrauchten Datensatz wenden wir die Hauptkomponentenanalyse (*Principal Component Analysis*, PCA) als Verfahren zur Reduzierung der Dimensionen an.[12] Die PCA besteht aus einer linearen Transformation von Variablen in eine kleine Anzahl nicht-korrelierender Variablen, den sogenannten Hauptkomponenten (principal components). Eine komplette PCA liefert ebenso viele Komponenten, wie Variablen in der Input-Matrix bestehen. Allerdings korrelieren diese Komponenten nicht mehr miteinander. Sie bilden die senkrechten Achsen in einem multidimensionalen Raum. Die erste Hauptkomponente bildet das Maximum der gemeinsamen Varianz aller Variablen ab, die zweite das Maximum der verbleibenden Varianz, etc. Abbildung 2 zeigt eine Darstellung der resultierenden ersten zwei Dimensionen für den DEU-Datensatz.

---

[10] Genauer gesagt verwenden sie zweidimensionale Räume für jeden ihrer Fälle, mit der Begründung, dass zwei Dimensionen einen guten Modell-Fit für jeden Fall darstellen. Es gilt zu beachten, dass sich dieses Argument auf Muster in den Daten stützt und keiner theoriegeleiteten Argumentation folgt.

[11] Achen (2002) definiert Grundannahmen als formale Modelle darüber, wie sich politische Akteure verhalten. Dies mag die Annahme beinhalten, dass Akteure sich auf der Basis von *issue-by-issue*-Verhandlungen oder aber auf der Basis von *package deals* verhalten. Es gilt zu beachten, dass dimensionenreduzierende statistische Methoden sowohl aus erklärender als auch aus eher bestätigender Blickrichtung angewandt werden können. Während sich letztere eher auf das ‚Testen' von Hypothesen hinsichtlich ihrer zugrundeliegenden Dimensionen stützen, sind sie trotzdem eher ein *ad hoc* Ansatz denn auf Testen ausgerichtete formale Präferenzmodelle.

[12] Fehlende Präferenz-Daten wurden durch Regression der Variablen der anderen Akteurs-Positionen kalkuliert.

Abbildung 2:   Zweidimensionale PCA Lösung für den EU-Gesetzgebungsraum
                 (Kumulierte Varianz = 37%)

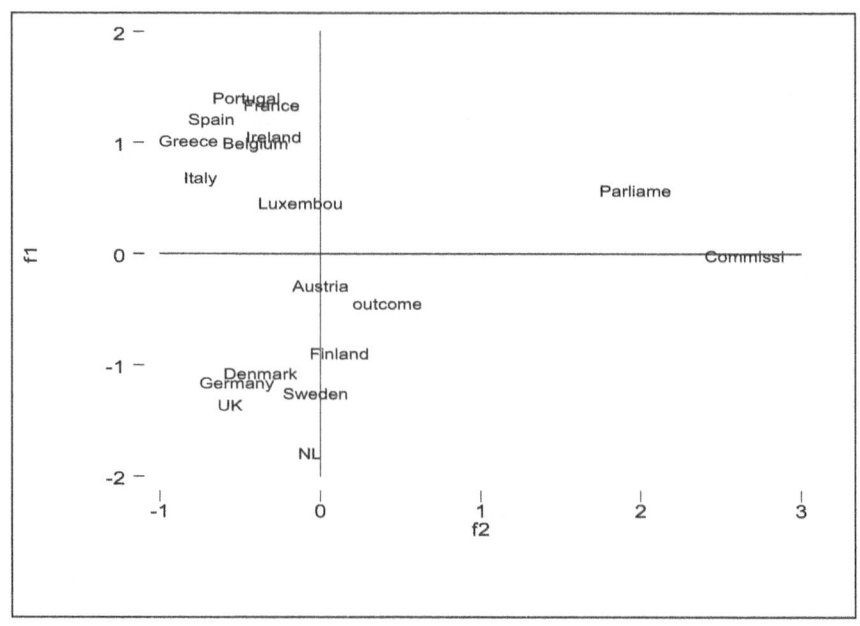

Die Anwendung der Analyse und die grafische Darstellung der ersten beiden
Komponenten ergeben ein Schema, das scheinbar ein klares Koalitionsmuster für
den DEU-Datensatz abbildet. Auf der Links-Rechts-Achse sieht es so aus, als
bestünde nahezu Dichotomie zwischen allen Ratsmitgliedern auf der linken und
dem Parlament und der Kommission auf der rechten Seite des Graphen. Auf der
vertikalen Achse scheint es eine Abgrenzung zu geben, die ungefähr den bud-
getmäßigen Rollen der verschiedenen EU-Mitgliedsländer entspricht. Während
sich die Empfänger wie Portugal, Frankreich, Spanien, Irland, Griechenland,
Belgien und Italien im oberen linken Quadranten befinden, sind Länder die zum
EU-Budget beitragen, wie die Niederlande, England, Schweden, Deutschland,
Schweden, Finnland und Österreich, im unteren linken Quadranten platziert.
Neben den Akteur-Variablen im Datensatz gibt es auch noch eine Maßzahl, die
das Endergebnis der Gesetzgebung abbildet. Diese Variable befindet sich zentral
im Graph; dies könnte vorläufig dem Argument Nachdruck verleihen, dass die

EU-Gesetzgebung ein Prozess ist, der in der Tat stark von den von EU-Beschlussfassungsmodellen herausgegriffenen Akteuren beeinflusst wird.

Der Graph stützt allem Anschein nach die These des Bestehens von Koalitionsmustern bei EU-Gesetzgebung, die bereits früher in der Literatur zum Ausdruck gebracht wurde.[13] Die Analyse zeigt, dass eine Konfliktdimension offenbar durch eine zwischenstaatliche/supranationale Achse begründet wird; die zweite markiert den Konflikt innerhalb des Rates zwischen den Netto-Empfängern und den Netto-Zahlern zum EU-Budget. Es stellt sich jedoch die Frage, wie aussagekräftig die grafische Darstellung von lediglich zwei Konfliktdimensionen für den Datensatz ist. Die kumulierte aufgeklärte Varianz der ersten beiden Komponenten summiert sich auf lediglich 37%. Wir haben die Analyse weitergeführt und einen Graphen konstruiert, indem wir die Eigenwerte der Anzahl von Komponenten graphisch gegenüber gestellt haben – einen sogenannten *Scree-Graph*. Die resultierende Darstellung erhärtet die Meinung, dass die Reduzierung auf eine sehr begrenzte Anzahl von Dimensionen nicht möglich ist, ohne ein hohes Maß von Varianz in den Daten zu verlieren.[14]

4   Ein spieltheoretisches Modell mit unterschiedlichen Dimensionalitätsannahmen

Indem wir PCA gebrauchten, stellten wir fest, dass eine Reduzierung der Dimensionalitäten auf lediglich zwei Komponenten für den DEU-Datensatz nicht erstrebenswert ist. Aber bedeutet dies, dass beim Testen räumlicher Modelle der EU-Gesetzgebung tatsächlich jeder Sachverhalt als ein einzelner Entscheidungsraum betrachtet werden sollte? Abgesehen davon, dass wir mit der PCA für den vorliegenden Datensatz keine guten Ergebnisse erzielen konnten, gibt es noch einen weiteren, eher theoriebasierten Grund dafür, weshalb Analysen, wie die eben beschriebene, lediglich einen Bestandteil der Analyse räumlicher Gesetzgebungsmodelle ausmachen sollten. Dies liegt daran, dass dimensionenreduzierende Verfahren eine induktive Art der Gliederung und Gruppierung von

---

[13] Zweidimensionale Ausführungen, obgleich mit unterschiedlichen Annahmen hinsichtlich des ‚Inhalts' der Dimensionen, wurden beispielsweise von Hix (1994, 1999), Tsebelis (1994), Hix und Lord (1997), Kreppel/Tsebelis (1999) und Tsebelis/Garrett (1999) hervorgebracht. Gabel/Hix (2002) und Hooghe *et al.* (2002) erkennen eine Konfliktdimension.

[14] Die Darstellung zeigte, dass mindestens drei der 17 Komponenten wichtig sind und nicht unberücksichtigt bleiben sollten. Die ersten beiden Komponenten liefern 22% und 15%. Alle Eigenwerte sind größer als 1; gemäß Kaisers Kriterium bedeutet dies, dass sie in die Lösung einbezogen werden sollten. Thomson *et al.* (2004) bestätigen dieses empirische Ergebnis; sie gebrauchten multidimensionale Skalierungsmethoden und wandten sie auf denselben Datensatz an. Für weitere Studien, siehe auch Dobbins *et al.* (2004) und Zimmer *et al.* (2005).

Daten darstellen. Eine andere räumliche Analysemethode der empirischen Daten wäre es, von der Theorie statt von den Daten auszugehen. Aussagen über Dimensionalitätsannahmen könnten dann von den micro-foundations der Theorie, gegen die wir die Daten testen wollen, abgeleitet werden. Diesen Test könnten wir dann möglicherweise um Faktor- oder Hauptkomponentenanalyse erweitern.

Wenn man versucht, die Beschaffenheit des EU-Entscheidungsraumes zum Testen von Modellen zu evaluieren, dann ist es notwendig, eine Theorie auszuwählen, die unter unterschiedlichen Dimensionalitätsannahmen angewandt werden kann.[15] Wir werden daher ein Modell anwenden, das lediglich hinsichtlich der Annahmen über Interaktion bei verschiedenen politischen Issues unterscheidet. Die für die Analyse verwendeten Variablen sowie der angenommene Spielbaum bleiben für beide Ausprägungen desselben Modells gleich. Das Modell kann dann ebenso für einen ein- wie einen mehrdimensionalen Setup angewandt werden. Wir werden hierfür die Klassifizierung verschiedener Abstimmungsmodelle von Steunenberg (1994), Tsebelis (1994) und Crombez (1996) anwenden. Die Modelle basieren auf nicht-kooperativer Spieltheorie. Es gilt die Annahme, Präferenzen hätten lediglich einen einzelnen Peak und seien symmetrisch; die Information ist vollständig und perfekt. Die Spiele können daher mit Teilspiel-Perfektheit (*subgame perfection*) gelöst werden. Die teilnehmenden Spieler sind die 15 Mitgliedsstaaten der Europäischen Union, sowie das Europäische Parlament und die Kommission.

Eine wichtige theoretische Überlegung, die die Modelle speist, betrifft den gesetzgeberischen *Status Quo*.[16] Jedes politische Verfahren, das einem Komitee von einem Agenda-Setter vorgeschlagen wird, muss, um die notwendige Mehrheit in diesem Komitee erringen zu können, die Mehrheit der Stimmberechtigten im Komitee zum gleichen oder zu einem höheren Nutzenniveau führen als der *Status Quo*. Die Anwendung dieser Idee ist notwendig, um die Menge der *Umkehrpunkte* (*reversion points*) eines Wählers zu berechnen, die dessen sogenannte *Akzeptanz-Menge* (acceptability set*) ausmacht. Akzeptanzmengen ergeben im Aggregat das *Winset* eines Komitees, d.h. sie bilden eine Zusammenstellung von Punkten innerhalb des Entscheidungsraumes, die den legislativen *Status Quo* übertreffen kann.[17]

Bevor wir erklären, wie die verschiedenen hier betrachteten gesetzgeberischen Verfahren modelliert werden, zeigen wir zunächst, wie räumliche Abstim-

---

[15] Dies impliziert, dass beispielsweise die Modelle von Bueno de Mesquita (1994) und Stokman/Van Oosten (1994) von dieser Anwendung ausgeschlossen werden müssen.

[16] Wir verwenden die Begriffe *Status Quo* und *Richtwert* synonym.

[17] Die Idee des Umkehrpunktes basiert auf der Annahme, dass die Entscheidungsträger den erwarteten Nutzen eines Entwurfes mit dem durch den Status Quo erwarteten Nutzen vergleichen. Vgl. Shepsle (1979: 36).

mungsmodelle unter unterschiedlichen Dimensionalitätsannahmen funktionieren. Wir gehen von einem Fall mit zwei Konfliktdimensionen und drei Spielern aus. Zwei der Spieler, A und B, sind Wähler in einem Komitee und ein Spieler ist ein Agenda-Setter. Gegeben sind die folgende Position des *Status Quo* und der idealen Positionen der Spieler auf den Dimensionen x und y:

Status Quo:	*{x = 0, y = 0}*
Wähler A:	*{x = 50, y = 0}*
Wähler B:	*{x = 0, y = 50}*
Agenda-Setter:	*{x = 100, y = 100}*

Das Spiel gestaltet sich in zwei Phasen: In der ersten Phase unterbreitet der Agenda-Setter den beiden Wählern einen Vorschlag. Diese beiden Spieler beschließen einstimmig darüber, ob sie den Vorschlag annehmen oder ob sie ein Veto einlegen sollen. Wenn wir zwei eindimensionale Räume annähmen, würde stets einer der beiden Veto-Spieler mit seiner Idealposition zu einem der beiden Issues genau der Position des *Status Quo*-Punktes entsprechen. Dies bedeutet, dass die Einstimmigkeits-Winsets des Komitees leer wären und dass weiterhin die Ergebnisse hinsichtlich der beiden Issues {x = 0, y = 0} wären, d.h. der *Status Quo* bliebe zu jedem Sachverhalt erhalten.

Wenn wir jedoch anstelle zwei eindimensionaler Räume einen zweidimensionalen Raum annähmen, würde dies zu einer ganz anderen Menge möglicher Entscheidungen führen, die von den Veto-Spielern akzeptiert werden könnten. Die Funktionen der Indifferenzkurven der Wähler zum *Status Quo* würden im zweidimensionalen Raum wie folgt definiert:

Indifferenzkurve Wähler A: $x^2 + y^2 - 100x = 0$
Indifferenzkurve Wähler B: $x^2 + y^2 - 100y = 0$

Nun können wir den Punkt lokalisieren, der zum Winset des Komitees gehört und der die Distanz zwischen der Menge und der Idealposition des Agenda-Setters minimiert. Dieser Punkt würde den strategischen Vorschlag des Agenda-Setters darstellen. Der Punkt kann gefunden werden, indem die Linie ausgemacht wird, die die ideale Position des Agenda-Setters und den Punkt in der gemeinsamen Menge der beiden Wähler einschließt, sowie die die Distanz zwischen dieser Menge und der Idealposition des Agenda-Setters minimiert. Bevor wir dieses Ergebnis rechnerisch darstellen, zeigen wir die graphische Lösung in Abbildung 3.

Abbildung 3:   Winset im Zweidimensionalen Raum

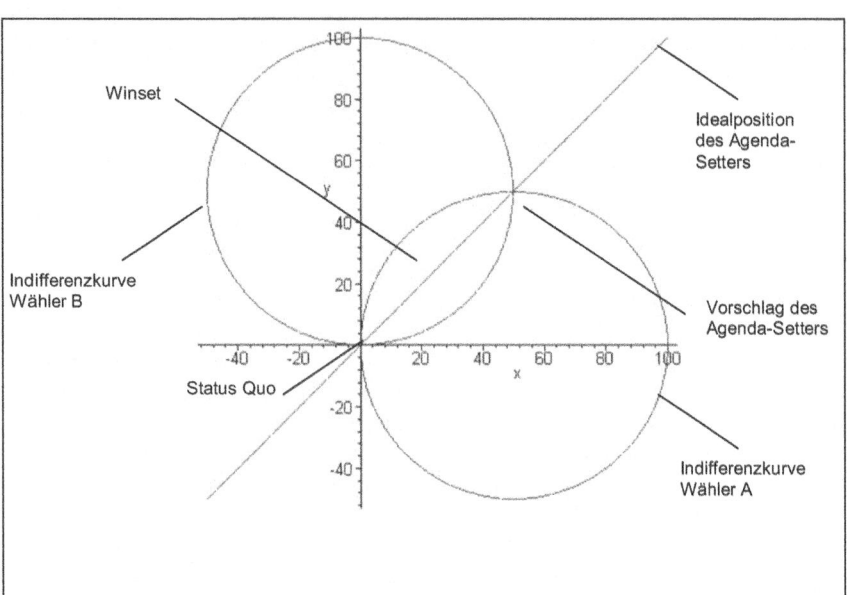

Der Graph zeigt die Indifferenzkurven der beiden Wähler sowie die Linie, welche die Distanz zwischen der Idealposition des Agenda-Setters und dem Winset minimiert.[18] Als Lösung bekommen wir demnach für den Punkt, an dem sich die Menge und die Linie schneiden, und der die Distanz zwischen der Idealposition des Agenda-Setters und der Menge minimiert {x = 50, y = 50}, als Gleichgewichtsergebnis dieses Spiels. Dieses Beispiel macht deutlich, dass eine andere Annahme der Dimensionalität des Issue-Raumes zu einem völlig anderen Ergebnis führen kann. Durch das Hinzufügen weiterer Dimensionen können den Agenda-Settern neue Möglichkeiten "eröffnet werden", strategische Vorschläge einzubringen, die den Status Quo übertreffen können.[19]

Im obigen Beispiel ging es lediglich um drei Spieler. Modelle zum Gesetzgebungsprozess der Europäischen Union sind dagegen komplexer, da sie 17

---

[18] Der Einfachheit halber wählten wir ein Setup, bei dem die Linie auch den *Status Quo* schneidet. Es ist jedoch anzumerken, dass dies nicht notwendig ist.
[19] Riker (1982, 1986) zeigte, dass die Einführung neuer Issues zu einer Veränderung des politischen Entscheidungsraumes führen kann, indem die Wahrscheinlichkeit zum Verhandeln neuer Maßnahmen erhöht wird.

Spieler mit unterschiedlichen Stimmengewichten sowie verschiedene Agenda-Setter-Befugnisse und Veto-Macht vereinen. Der DEU-Datensatz beinhaltet Fälle, die im Anhörungs- und im Mitentscheidungsverfahren verhandelt wurden; außerdem galt für manche Abstimmungen die qualifizierte Mehrheitsregel, für andere war Einstimmigkeit gefordert. Wir müssen daher unterschiedliche Spielbäume konstruieren, die diesen institutionellen Unterschieden Rechnung tragen.

Das Modell für das Anhörungsverfahren mit qualifizierter Mehrheit als Entscheidungsregel im Rat funktioniert so, dass in der ersten Phase die Kommission einen Gesetzesentwurf vorschlägt. Der Rat, vertreten durch sein konservativstes Mitglied, kann den Vorschlag daraufhin ändern (Crombez 1996).[20] Einen geänderten Vorschlag kann der Rat ausschließlich einstimmig annehmen. Beim Anhörungsverfahren mit vorgeschriebener Einstimmigkeit kann ein Vorschlag nur dann angenommen werden, wenn alle Mitgliedsstaaten zustimmen. Im Rahmen des Mitentscheidungsverfahrens kann das Parlament als Agenda-Setter angesehen werden (Crombez 2000; Steunenberg 2000). Je nach der Mehrheits-Regelung bei der Abstimmung im Rat, kann dieser den Vorschlag entweder annehmen oder ablehnen. Bei Mitentscheidung wird kein Einbezug der Kommission angenommen. Die angenommene Dimensionalität des Issue-Raumes entspricht sowohl dem eindimensionalen Setup von Crombez (1996, 2000) als auch dem mehrdimensionalen Modell von Tsebelis (1994, 2002). Wir können dieses Abstimmungsmodell daher gleichermaßen auf der einfacheren Issue-Ebene wie auch auf der komplexeren Vorschlags-Ebene testen.

5   Design und Ergebnisse für das angewandte Modell

Um die Erklärungsgenauigkeit des Modells unter verschiedenen Dimensionalitätsannahmen zu testen, werden wir die vorhergesagten Ergebnisse mit dem tatsächlichen Resultat des Entscheidungsprozesses vergleichen und den mittleren Fehler auf dem Issue-Level berechnen. Im DEU-Datensatz, auf dem diese Berechnungen beruhen, gibt es 162 Issues, die ein Beschlussergebnis aufweisen. Hiervon konnte jedoch nur für 134 Issues, oder 82,72%, ein Richtwert ermittelt werden. Einige Issues im Datensatz spezifizieren legislative Änderungen anderer Issues innerhalb desselben Gesetzesantrags. Für diese Issues kann kein eigner deutlicher *Status Quo* lokalisiert werden, da sie substantiell mit dem Inkrafttreten von Bestimmungen anderer Issues verbunden sind. Dimitrova und Steunenberg (2000) weisen auf eine andere Möglichkeit hin: Gemäß dieser Autoren ist es

---

[20] Das konservativste Rats-Mitglied ist dasjenige, wessen Idealposition dem Status Quo-Punkt in einem *n*-dimensionalen Raum am nächsten liegt (Crombez 1996: 204).

denkbar, dass es auf europäischer Ebene gar keinen einzelnen *Status Quo* gibt. Aufgrund der unterschiedlichen legislativen Gestaltung innerhalb der Mitgliedsstaaten könnte es vielmehr multiple Richtwerte geben. Ein Forscher muss sich entscheiden, wie er mit diesen fehlenden *Status Quo*-Punkten umgehen soll. Eine Möglichkeit bestünde darin, einen Wert zu unterstellen; eine andere Möglichkeit wäre es, den betroffenen Issue von der Analyse auszunehmen. Einen Wert zu unterstellen und einzubeziehen ist problematisch, da des Ergebnis die Logik des formalen Modells ernstlich untergraben könnte.[21] Wenn der Status Quo für einen Issue im Datensatz fehlt, betrachten wir ihn daher als fehlend und schließen ihn von der Analyse aus.

Eine weitere Entscheidung in der Handhabung der Daten muss hinsichtlich des Umgangs mit Indifferenz der Akteure getroffen werden. Spieltheoretische Modelle gehen davon aus, dass Akteure eine Nutzenfunktion zum Ergebnis von Beschlussfassung besitzen. Nehmen wir einmal zwei mögliche Ergebnisse {a} und {b} eines Entscheidungsprozesses an. Hinsichtlich dieser Ergebnisse gehen wir davon aus, dass ein Akteur entweder {a} gegenüber {b} vorzieht, dass er {b} gegenüber {a} vorzieht oder dass er zwischen {a} und {b} indifferent ist. Um das Ergebnis solcher Fälle vorhersagen zu können, müssen wir eine zusätzliche Annahme darüber machen, wie sich indifferente Akteure der EU während eines Gesetzgebungsprozesses verhalten mögen. Eine mögliche Handhabung dieses Problems bestünde darin, den Akteur einfach nicht mit in die Analyse aufzunehmen und den Abstimmung-Schwellenwert für die verbleibenden Akteure in einem Komitee, z.B. dem Rat, zu senken. Diese Vorgehensweise erscheint uns jedoch nicht angebracht, da bei vielen Fällen dieser Studie davon ausgegangen wird, dass sie aus mehrdimensionalen Politikräumen bestehen. Oft ist ein Akteur jedoch lediglich in einem der Issues indifferent, wohingegen er zu einem der anderen Issues durchaus eine bestimmte politische Entscheidung bevorzugt. Eine andere Vorgehensweise bestünde darin, einen bestimmten Wert für diesen Akteur anzunehmen, wobei die Entscheidung auf Theorien zum Abstimmungsverhalten unter Indifferenz basiert. Für den Modelltest gehen wir davon aus, dass

---

[21] Von den 134 Issues mit einem Status Quo liegt der Wert 111 Mal bei 0. Eine nahe liegende Möglichkeit bestünde daher darin, für die fehlenden Werte ebenfalls 0 anzunehmen, was König and Pöter (2001) in ihrer Studie taten. Es gilt jedoch anzumerken, dass es im DEU-Datensatz einige Fälle gibt, innerhalb derer es einen primären Issue (*issue x*) gibt. Dieser Issue spezifiziert, wie viel Geld die EU für einen bestimmten Politikbereich ausgeben sollte. Ein anderer Issue (*issue y*) spezifiziert dann, wie das Geld genau verwendet werden soll. Für diesen zweiten Wert fehlt oft der Status Quo. Gehen wir davon aus, dass es für Issue *y* zwei politische Optionen {a} = 0 und {b} = 100 gibt, wie das Geld verwendet werden sollte. Würde ein Wert von 0 angenommen werden, würde dies zu der Annahme führen, dass es der Status Quo wäre, das Geld gemäß Strategie {a} auszugeben. Dies würde jedoch das Ergebnis der Analyse stark verzerren.

indifferente Akteure das konservativste Mitglied des Rats unterstützen.[22] Issues bei denen mehr als vier Akteure indifferent waren, wurden jedoch von der Analyse ausgenommen. Das Unterstellen von Werten für mehr als vier Akteure stellt keine gute Basis für die Analyse prozeduraler Abstimmungsmodelle dar, bei denen die Position und das Stimmengewicht im Entscheidungsraum von entscheidender Bedeutung für die Bestimmung der Größe und der Position des Winsets und der Prognose einer politischen Entscheidung sind.

Für Multidimensionalität geht das Modell von der Annahme aus, die n verschiedenen Issues innerhalb eines Gesetzesentwurfs stünden senkrecht in einem n-dimensionalen Raum. Es wird angenommen, alle Issues seien für die Akteure von gleichgroßer Bedeutung. Dies bedeutet, dass die Indifferenzkurven in einem zweidimensionalen Raum Kreise darstellen.[23] Wir testen Ausprägungen in bis zu dreidimensionalen Räumen. Höher-dimensionale Politikräume werden aus rechnerischen Gründen verkleinert. Bei Fällen mit mehr als drei Dimensionen in einem Gesetzgebungsentwurf haben wir die durchschnittliche Bedeutsamkeit jedes im Entwurf enthaltenen Issues für alle Akteure berechnet und anschließend lediglich diejenigen drei Issues mit der höchsten durchschnittlichen Bedeutsamkeit in die Analyse aufgenommen.[24] In einem nächsten Schritt berechneten wir Ergebnisse für zwei verschiedene Modell-Ausprägungen: eine eindimensionale Ausprägung, d.h. einen Test auf der Issue-Ebene, und eine multidimensionale Ausprägung, d.h. einen Test auf der Entwurf-Ebene. Für den Vergleich der Modelle unterschieden wir weiterhin zwischen einem Test, der alle Issues beinhaltet und einem Test, der diejenigen Issues ausschließt, die eher binärer als stetig zu sein scheinen.[25] Tabelle 1 zeigt die Ergebnisse.

---

[22] Es gilt anzumerken, dass es sich bei Akteuren, die gegenüber mehreren Issues im Datensatz indifferent sind, in der Regel um Mitglieder des Rates handelt. Das Europäische Parlament hat lediglich gegenüber 137 der 170 Issues eine Position. Zu Indifferenz kommt es dabei hauptsächlich beim Anhörungsverfahren, wobei bei diesem jedoch ohnehin angenommen wird, dass das Europäische Parlament keinen Einfluss hat. Die Methode, beim formalen Testen fehlende Werte anzunehmen, unterscheidet sich von der bei der statistischen Aufstellung angewandten Strategie, weil unterschiedliche Verhaltens-Annahmen getroffen werden. Anders als bei der Anwendung der PCA gehen wir beim formalen Modell von einem Prozess aus, bei dem die Mitgliedsstaaten mit der Absicht wählen, innerhalb des Rates Kohäsion zu erhalten.

[23] In einem dreidimensionalen Raum stellen die Indifferenzkurven Sphären dar.

[24] Diese Entscheidung bedeutet, dass wir Tests für 119 statt 126 Issues in mehrdimensionalen Räumen durchführen können. Die Anzahl der Issues für Eindimensionalität wird hiervon natürlich nicht beeinflusst.

[25] Die Interviews wurden auf der Annahme basierend durchgeführt, dass alle Issues stetig seien. Im Datensatz gibt es jedoch 36 Issues, bei denen die Akteure ausschließlich die beiden Extrempositionen bezogen, d.h. entweder 0 oder 100. Die Berechnung der Testergebnisse und die Kontrolle des Skalierungslevels führen zu besseren Ergebnissen für stetige und ordinale als für binäre Issues. Aus diesem Grunde wurde diese Unterscheidung beim Modellvergleich hinzugefügt.

Tabelle 1:   Fehler für die Modelanwendungen

MODELLE	DURCHSCHNITTS-FEHLER – ALLE ISSUES*	DURCHSCHNITTS-FEHLER – OHNE BINÄRE ISSUES†
Eindimensional	35.31 (N = 115)	33.27 (N = 95)
Multidimensional	31.07 (N = 110)	27.39 (N = 90)

* *Wilcoxons Signed-Rank-Test ergibt p > z = 0.1683.*
† *Wilcoxons Signed-Rank Test ergibt p > z = 0.0932.*

Die Ergebnisse machen deutlich, dass die multidimensionale Test-Strategie besser arbeitet als die eindimensionale Aufstellung: die durchschnittliche Differenz liegt bei 4,25 für das Modell, das alle Issues beinhaltet; bei dem Modell, das die binären Issues ausschließt, beträgt sie bei 5,89. Indem wir *Wilcoxons Signed-Rank-Test* anwenden, können wir für das Modell ohne die binären Issues einen statistisch signifikanten Unterschied zwischen der ein- und der multidimensionalen Ausprägung begründen. [26]

Diese Resultate implizieren, dass sich Gesetzgebung in der Europäischen Union eher als ein Prozess charakterisieren lässt, bei dem die verschiedenen konfliktiven Issues eines Gesetzesentwurfes eher simultan für mehrerer Streitpunkte ausgehandelt werden, als auf Basis einer Verhandlung Issue-nach-Issue. Es sollte betont werden, dass das Untersuchungsdesign nicht vorsieht, die Multidimensionalität des Entscheidungsprozesses eindeutig festzulegen; dies gilt sowohl innerhalb des inter- als auch innerhalb des intra-institutionalen Bereiches der EU. Es könnte der Fall sein, dass die Arbeitsgruppen im Rat jeden Issue nacheinander verhandeln, und dass dann alle Issues eines Entwurfs gleichzeitig von den Vertretern des Rates und des Parlaments im Vermittlungsausschuss des Mitbestimmungsverfahrens behandelt werden. Für zukünftige Forschung könnte es empfehlenswert sein, sich auf die Verhandlung des gemeinsamen Standpunktes zu fokussieren, wenn man an der Dimensionalität der Beschlussfassung innerhalb des Rates interessiert ist. Weiterhin könnten möglicherweise neue Erkenntnisse gewonnen werden, indem lediglich für diese Phase von EU-Gesetzgebung dimensionenreduzierende Techniken angewandt werden. In diesem Artikel haben wir dargelegt, dass sich die beiden räumlichen Ausprägun-

---

[26] Wilcoxons Signed-Rank-Test ist ein nichtparametrischer Signifikanztest zur Bestimmung von Unterschieden zwischen Populationen (Wilcoxon 1945). Wir haben diesen Test einem *t*-Test vorgezogen, da die Daten nicht normal-verteilt sind und eine deutlich negative Wölbung aufzeigen. Außerdem ist die Stichprobe eher gering. Ein *t*-Test führt zu keinen signifikanten Ergebnissen für diese Daten.

gen hinsichtlich ihrer prognostizierten Ergebnisse unterscheiden. Die Resultate sind signifikant für ordinale und stetige Daten; das multidimensionale Modell arbeitet besser als das eindimensionale.

6   Zusammenfassung und Fazit

Werden Entscheidungssituationen mit Hilfe räumlicher Modelle analysiert, so ist es von zentraler Bedeutung, die Dimensionalität des politischen Entscheidungsraumes zu berücksichtigen. Nachdem wir räumliche Modelle vorgestellt haben, die darauf abzielen, den Gesetzgebungsprozess in der Europäischen Union zu erklären, haben wir zunächst eine Hauptkomponentenanalyse durchgeführt, um somit eine graphische Darstellung über die möglichen zugrundeliegenden Konfliktdimensionen des für diese Studie angewandten Datensatzes zu konstruieren. Nachdem wir feststellten, dass die Varianz der Daten nicht in geeigneter Weise auf eine geringere Anzahl von Dimensionen reduziert werden kann, wandten wir ein formales Modell an, das in der Lage ist, unterschiedliche Dimensionalitätsannahmen zu berücksichtigen, ohne dabei andere Parameter des Modells zu verändern. Dieser Aufbau gestattete es uns, die Güte des Modells auf genau dieses eine abweichende Element zurückzuführen.

Die Ergebnisse machten deutlich, dass die Anwendung der Hauptkomponentenanalyse eher weniger dazu geeignet erscheint, einen politischen Entscheidungsraum für die EU abzubilden; geht man jedoch von einem formalen Entscheidungsmodell aus, so ist es möglich, zwischen verschiedenen Dimensionalitäts-Szenarios zu unterscheiden. Wir fanden heraus, dass Gesetzgebung in der Europäischen Union ein Prozess zu sein scheint, der eher in multi-, denn in eindimensionalen Räumen stattfindet; dies bedeutet, dass der EU-Gesetzgebungsprozess, zumindest wenn er mit Hilfe von Abstimmungsmodellen analysiert wird, eher auf der Vorschlags- als auf der Issue-Ebene entworfen werden sollte.

Dieser Artikel zielte drauf ab, verschiedene Möglichkeiten für das Konstruieren eines Europäischen politischen „Raumes" für Gesetzgebung aufzuzeigen. Wir versuchten darzustellen, dass unterschiedliche Techniken geeignete Instrumente darstellen, je nachdem ob das Forschungsziel darin besteht, zugrundeliegende Konfliktdimensionen induktiv festzustellen, oder ob es eher die Intention ist, Präferenzmodelle mit Hilfe unterschiedlicher Dimensionalitätsannahmen deduktiv zu testen. Die Integration dimensionen-reduzierender Techniken und formaler Modelle politischer Entscheidung könnte eine vielversprechende Methode darstellen, die Analyse von EU Politik weiterzuentwickeln. Ansätze, die Lücke zwischen statistischen Modellen und angewandten formalen

Modellen zu schließen, könnten im Rahmen zukünftiger Forschung unsere Fähigkeit verbessern, den politischen Entscheidungsraum der EU darzustellen und einen klaren Kurs zwischen konkurrierenden Theorien über das Funktionieren der Gesetzgebung der Europäischen Union einzuschlagen.

Literatur

Achen, Christopher (2002): Toward a New Political Methodology: Microfoundations and ART. In: *The Annual Review of Political Science* 5 2002. 423-50

Agence Europe (1996-2001): Bulletin Quotidien Europe. Luxembourg: Agence Internationale d'Information pour la Presse. Diverse Ausgaben

Bueno de Mesquita, Bruce (1994): Political Forecasting: An Expected Utility Method. In: Bueno de Mesquita, Bruce/Stokman, Frans (Hrsg.) (1994): *European Community Decision Making: Models, Applications, and Comparisons*. New Haven und London: Yale University Press

Bueno de Mesquita, Bruce (2002): *Predicting Politics*. Ohio: Ohio University Press

Craig, Paul/De Búrca, Gráinne (1998): *EU Law. Texts, Cases and Materials*. Oxford: Oxford University Press

Crombez, Christophe (1996): Legislative Procedures in the European Community. In: *British Journal of Political Science* 26 1996. 199-228

Crombez, Christophe (2000): Institutional Reform and Codecision in the European Union. In: *Constitutional Political Economy* 11 2000. 41-57

Dimitrova, Antoaneta/Steunenberg, Bernard (2000): The Search for Convergence of National Policies in the European Union: An Impossible Quest?. In: *European Union Politics* 1 2000. 201-26

Dobbins, Michael/Drüner, Dietrich/Schneider, Gerald (2004): Kopenhagener Konsequenzen: Gesetzgebung in der EU vor und nach der Erweiterung. In: *Zeitschrift für Parlamentsfragen* 35 2004. 51-68

Gabel, Matthew/Hix, Simon (2002): Defining the EU Political Space: An Empirical Study of the European Elections Manifestos, 1979-1999. In: *Comparative Political Studies* 35 2002. 934-64

Gibbons, Robert (1992): *Game Theory for Applied Economists*. Princeton: Princeton University Press

Hinich, Melvin/Munger, Michael (1997): *Analytical Politics*. Cambridge: Cambridge University Press

Hix, Simon (1994): The Study of the European Community: The Challenge to Comparative Politics. In: *West European Politics* 17 1994. 1-30

Hix, Simon (1999): *The Political System of the European Union*. London: Macmillan

Hix, Simon (2001): Legislative Behaviour and Party Competition in the European Parliament: An Application of Nominate to the EU. In: *Journal of Common Market Studies* 39 2001. 663-88

Hix, Simon/Lord, Christopher (1997): *Political Parties in the European Union*. London: Macmillan

Hooghe, Liesbet/Marks, Gary/Wilson, Carole (2002): Does Left/Right Structure Party Positions on European Integration. In: *Comparative Political Studies* 35 2002: 965-89

Jolliffe, Ian (1986): *Principal Component Analysis*. New York: Springer

König, Thomas/Bräuninger, Thomas (2000): Governing the Enlarged European Union: Accession Scenarios and Institutional Reform. In: *Central European Political Science Review* 1 2000. 42-62

König, Thomas/Pöter, Mirja (2001): Examining the EU Legislative Process: The Relative Importance of Agenda and Veto Power. In: *European Union Politics* 2 2001. 329-51

Kreppel, Amie (2002): *The European Parliament and Supranational Party System*. Cambridge: Cambridge University Press

Kreppel, Amie/Tsebelis, George (1999): Coalition Formation in the European Parliament. In: *Comparative Political Studies* 32 1999. 933-66

Kumar, Nirmalya/Stern, Louis W./Anderson, James C. (1993): Conducting Inter-Organizational Research Using Key Informants. In: *Academy of Management Journal* 36 1993. 1633-51

Mattila, Mikko/Lane, Jan-Erik (2001): Voting in the EU Council of Ministers: Will Enlargement Change the Unanimity Pattern? In: *European Union Politics* 2 2001: 31-52

Pennings, Paul (2002): The Dimensionality of the EU Policy Space. In: *European Union Politics* 3 2002. 59-80

Riker, William (1982): *Liberalism against Populism: A Confrontation between the Theory of Democracy and the Theory of Social Choice*. San Francisco: Freeman

Riker, William (1986): *The Art of Political Manipulation*. New Haven: Yale University Press

Seidler, John (1974): On Using Informants: A Technique for Collecting Quantitative Data and Controlling Measurement Error in Organization Analysis. In: *American Sociological Review* 39 1974. 816-31

Selck, Torsten J. (2004): On the Dimensionality of European Union Legislative Decision-Making. In: *Journal of Theoretical Politics* 16 2004. 203-22

Selck, Torsten J. (2005):Veto Players, Decision Rules, and Issue Complexity: The Effects of Institutional Change on Organizational Decision-Making. In: *Homo Oeconomicus* 23(1) 2005. 43-55

Shepsle, Kenneth (1979): Institutional Arrangements and Equilibrium in Multidimensional Voting Models. In: *American Journal of Political Science* 23 1979. 27-59

Shepsle, Kenneth/Bonchek, Mark (1997) *Analyzing Politics*. New York: Norton

Steunenberg, Bernard (1994): Decision-Making under Different Institutional Arrangements: Legislation by the European Community. In: *Journal of Institutional and Theoretical Economics* 150 1994. 642-69

Steunenberg, Bernard (2000): Constitutional Change in the European Union: Parliament's Impact on the Reform of the Codecision Procedure. In: Hendrik Wagenaar (Hrsg.): *Government Institutions: Effects, Changes and Normative Foundations*. Dordrecht: Kluwer

Stokman, Frans/Van Assen, Marcel/ Van der Knoop , Jelle/Van Oosten, Reinier (2000): Strategic Decision-Making. In: *Advances in Group Processes* 17 2000. 131-53

Stokman, Frans/Van Oosten, Reinier (1994): The Exchange of Voting Positions: An Object-Oriented Model of Policy Networks. In: Bruce Bueno de Mesquita/Stokman, Frans (Hrsg.) (1994): *European Community Decision Making: Models, Applications, and Comparisons*. New Haven und London: Yale University Press

Thomson, Robert/Boerefijn, Jovanka/Stokman, Frans N. (2004): Actor Alignments in European Union Decision Making. In: *European Journal of Political Research* 43 2004. 237-61

Thomson, Robert/Stokman, Frans N./Achen, Christopher H./König, Thomas (Hrsg.) (2006): *The European Union Decides*. Cambridge: Cambridge University Press

Tsebelis, George (1994): The Power of the European Parliament as a Conditional Agenda Setter. In: *American Political Science Review* 88 1994 128-42

Tsebelis, George (2002): *Veto Players: How Political Institutions Work*. Princeton: Princeton University Press

Tsebelis, George/ Garrett, Geoffrey (2000): Legislative Politics in the European Union. In: *European Union Politics* 1(1) 2000. 5-32

Van Deemen, Adrian/ Hosli, Madeleine/ Widgrén, Mika (Hrsg.) (2002): *Institutional Challenges in the European Union*, London: Routledge

Van den Bos, Jan (1994): The Policy Issues Analyzed. In: Bruce Bueno de Mesquita/Stokman, Frans (Hrsg.) (1994): *European Community Decision Making: Models, Applications, and Comparisons*. New Haven und London: Yale University Press

Wilcoxon, Frank (1945): Individual Comparisons by Ranking Methods. In: *Biometrics* 1 1945. 80-3

Zimmer, Christina/Schneider, Gerald/Dobbins, Michael (2005): The Contested Council: The Conflict Dimensions of an Intergovernmental Institution. In: *Political Studies* 53 2005. 403-22

Die Europäische Kommission in EU-Entscheidungsprozessen

Arndt Wonka

1 Einleitung

Die Europäische Kommission wird häufig als Hüterin der Verträge und als Motor der Europäischen Integration bezeichnet. Dies erklärt sich teilweise aus dem Text des Vertrages zur Gründung der Europäischen Gemeinschaft (EGV). Dieser schreibt der Kommission unter anderen die Aufgaben zu, die Einhaltung der Verträge durch die Organe der EU und die Regierungen der Mitgliedstaaten zu überwachen und durch eigene Empfehlungen, Stellungnahmen und Gesetzesvorlagen das Handeln in der EU mitzugestalten (Art. 211 EGV). Darüber hinaus legt der EGV fest, dass die Europäischen Kommissare „ihre Tätigkeit in voller Unabhängigkeit zum allgemeinen Wohl der Gemeinschaften" ausüben (Art. 213 II EGV). In EU-Entscheidungsprozessen kommt der Europäischen Kommission aufgrund ihres Monopolrechtes zur Eröffnung von EG-Gesetzgebungsprozessen eine zentrale Rolle zu. Im Folgenden wird diskutiert, wie die Europäische Kommission diese Rolle ausübt und wie sie folglich zur Dynamik von EU-Entscheidungsprozessen beiträgt Diese Diskussion erfolgt entlang zweier zentraler analytischer Kategorien: Zum einen werden die Akteure identifiziert, die das Handeln der Europäischen Kommission bestimmen. Zum anderen werden mögliche Handlungsmotive diskutiert, die diese Akteure mit der Europäischen Kommission in EU-Entscheidungsprozessen verfolgen könnten. Die Plausibilität unterschiedlicher theoretischer Konzeptionalisierung wird dann anhand empirischer Ergebnisse diskutiert, die bislang von der politikwissenschaftlichen Europaforschung hervorgebracht wurden.

2 Die Europäische Kommission in EU-Entscheidungsprozessen

Die Europäische Kommission verfügt vor allem in der frühen Phase legislativer Entscheidungsprozesse in der Europäischen Union über eine privilegierte Position. Diese erklärt sich aus dem Monopolrecht der Europäischen Kommission, legislative Entscheidungsprozesse mit dem Einbringen ihres Vorschlags zu eröffnen: Alle von den legislativen Akteuren der EU zu verabschiedenden Gesetze werden in der Kommission formuliert und den Regierungen im Rat und gegebenenfalls den Abgeordneten des Europäischen Parlaments vorgelegt. Allerdings können der Rat und das Europäische Parlament die Europäische Kommission auffordern, dahingehend tätig zu werden. Letztere verfügt somit nicht über die Macht, die Behandlung einzelner Entscheidungen auf europäischer Ebene dauerhaft zu verhindern. Vielmehr besteht die Macht der Europäischen Kommission in EU-Entscheidungsprozessen darin, sowohl den Zeitpunkt, zu dem ein bestimmter Gegenstand auf EU-Ebene verhandelt wird, festzulegen als auch den Inhalt zu bestimmen, der im Folgenden von den Vertretern im Rat (siehe Warntjen und Häge in diesem Band) und den Abgeordneten des Europäischen Parlaments (siehe Kaeding, dieser Band) verhandelt und schließlich abgestimmt wird.

Die Positionierung am Beginn von EU-Entscheidungsprozessen verleiht der Europäischen Kommission zwei Formen von Agenda-Setzungsmacht: Informelle und formelle Agenda-Setzungsmacht. *Informelle Agenda-Setzungsmacht* beschreibt die sich aus der institutionellen Situation der Kommission am Beginn von EU-Entscheidungsprozessen ergebende Möglichkeit, den Zeitpunkt der Einbringung festzulegen (Pollack 2003). Die Europäische Kommission kann hierbei einen Zeitpunkt abwarten, zu dem ihr das politische und eventuell öffentliche Klima für die Einbringung eines Vorschlages günstig erscheint, um ihren eigenen Vorschlag möglichst vollständig von den darüber abstimmenden Institutionen akzeptiert zu bekommen. Als Faktoren, die sich positiv für die Europäische Kommission auswirken könnten, kommen „exogene" Ereignisse in Frage, deren wirksame politische Behandlung den mitgliedstaatlichen Regierungen ein gemeinsames europäisches Handeln notwendig erscheinen lässt. Das Aufkommen der BSE-Krise in Großbritannien kann als Beispiel hierfür angeführt werden.

Die *formelle Agenda-Setzungsmacht* der Kommission beschreibt eine institutionelle Situation, in der die Europäische Kommission den anderen legislativen Institutionen einen Vorschlag unterbreiten kann, dessen Annahme in der von der Kommission vorgeschlagenen Form für diese leichter ist als die Annahme des Vorschlags mit abgeändertem Inhalt. Dies ist im sogenannten Konsultationsverfahren der Fall. Auch nach der Einführung des Mitentscheidungsverfahrens, in dem die Zustimmung des Europäischen Parlaments für die Annahme eines Gesetzes erforderlich ist, werden aktuell noch circa 50 Prozent aller EG-Gesetze im Rahmen des Konsultationsverfahrens verabschiedet (Hix 2005: 77). In diesem Verfahren unterbreitet die Europäische Kommission den mitgliedstaatlichen Regierungen im Rat einen Vorschlag. Dieser kann von den Regierungen mit qualifizierter Mehrheit unverändert angenommen werden. Möchten die Regierungen den Vorschlag verändern, müssen sie den veränderten Vorschlag einstimmig annehmen. Es scheint nicht unplausibel, davon auszugehen, dass zumindest eine Regierung durch einen veränderten Vorschlag schlechter gestellt wird als durch den ursprünglich von der Kommission vorgeschlagenen. Sie würde einer veränderten Version folglich ihre Zustimmung verweigern, was dazu führt, dass diese nicht angenommen werden kann. Für die Regierungen ist es damit einfacher, eine qualifizierte Mehrheit für einen Vorschlag zu organisieren und den unveränderten Vorschlag der Kommission anzunehmen. Ihr Recht im Konsultationsverfahren als Agenda-Setzer zu agieren, verleiht der Europäischen Kommission in diesem Verfahren somit einen erheblichen Einfluss auf den Inhalt der in diesem Gesetzgebungsverfahren verabschiedeten Gesetze.

Um eine Einschätzung darüber vorzunehmen, wie die Europäische Kommission ihren Einfluss in EU-Entscheidungsprozessen nutzt, ist es notwendig einen Blick in die Kommission und auf die darin für die Formulierung von Gesetzesvorlagen maßgeblichen Akteure sowie deren mögliche Handlungsmotive zu werfen. Je nachdem, welche Akteure als maßgeblich betrachtet werden und welche Präferenzen für diese angenommen werden, ergeben sich unterschiedliche Erwartungen über das Handeln der Europäischen Kommission in EU-Entscheidungsprozessen. Zwei Akteurstypen müssen innerhalb der Europäischen Kommission unterschieden werden: Zum einen die für das Handeln in Entscheidungsprozessen politisch verantwortlichen Europäischen Kommissare und zum anderen die europäischen Beamten und Beamtinnen der Generaldirektionen und Dienste der Europäischen Kommission, die die Vorlagen auf bürokratischer Ebene vorbereiten. Im folgenden Abschnitt werden beide Akteurstypen vorgestellt und der Entscheidungsprozess in der Europäischen Kommission beschrieben. In einem weiteren Schritt werden dann unterschiedliche theoretische Optionen zur Konzeptionalisierung ihrer jeweiligen Präferenzen diskutiert.

3 Akteure und Handlungsmotive in der Europäischen Kommission

Die Europäische Kommission besteht aktuell aus 23 Generaldirektionen, fünf allgemeinen Diensten und zehn internen Diensten.[1] Die Generaldirektionen sind sektoral nach Politikbereichen gegliedert. So gibt es beispielsweise Generaldirektionen für „Binnenmarkt und Dienstleistungen", „Umwelt", „Verkehr und Energie" und „Landwirtschaft und ländliche Entwicklung", die sich jeweils mit den Inhalten dieser Bereiche auseinander setzen und deren Fachbeamte Ent-

---

[1] Vgl.dazu http://ec.europa.eu/dgs_de.htm

scheidungen in diesen Gebieten vorbereiten. Mitarbeiter der Dienste, wie beispielsweise der „Juristische Dienst", „Haushalt" und „Personal und Verwaltung", erfüllen horizontale Aufgaben, die nicht politikfeldspezifisch sind. Insgesamt beschäftigt die Europäische Kommission in ihren Generaldirektionen und Diensten knapp 22.000 europäische Beamte. Davon sind ungefähr 7.000 Beamte sogenannte A-Beamte, die in den jeweiligen Generaldirektionen und Diensten für die inhaltliche Vorbereitung der Gesetzesvorschläge zuständig sind. Hinzu kommen noch einmal knapp 9.000 Mitarbeiter, die der Kommission als externe Mitarbeiter zuarbeiten (Nugent 2001: 164-165). Der Mitarbeiterumfang variiert zwischen den Generaldirektionen. Während „Personal und Verwaltung" mit knapp 3.000 Mitarbeitern über die meisten Mitarbeiter aller Generaldirektionen und Dienste verfügt, bildet die Generaldirektion „Unternehmen " mit etwa 212 Mitarbeitern die kleinste administrative Einheit der Europäischen Kommission.

Die Generaldirektionen und Dienste gliedern sich in mehrere Abteilungen, die wiederum in mehrere Referate unterteilt sind. Die administrative Verantwortung für die Arbeiten in den Generaldirektionen und Diensten tragen die ihnen jeweils vorstehenden Generaldirektoren. Die Erarbeitung eines Gesetzes beginnt in der Regel beim zuständigen Fachbeamten eines bestimmten Referats. Je nach Themengebiet koordiniert der zuständige Mitarbeiter seine Arbeiten zunächst mit Beamten anderer Referate innerhalb seiner Generaldirektion. Betrifft die zu erarbeitende Vorlage verschiedene Generaldirektionen, kann sich diese Koordination über mehrere Generaldirektionen hinweg erstrecken. Bevor ein Vorschlag in den formalen Entscheidungsprozess der Europäischen Kommission geht, bedarf es der Zustimmung der jeweils zuständigen Referats- und Abteilungsleiter und schließlich des Generaldirektors der jeweiligen Generaldirektion. Im Zuge der Vorbereitung eines Gesetzesvorschlages kommt es durchaus vor, dass Beamte die Mitarbeiter des persönlichen Kabinetts des zuständigen Kommissars konsultieren, um von diesen eine politische Einschätzung des Inhalts einer Vorlage und deren Akzeptanz für den Kommissar zu erhalten. Nachdem die Koordination innerhalb einer Generaldirektion abgeschlossen ist, beginnt das formale Entscheidungsverfahren zwischen den Kommissaren.

Die politische Verantwortung innerhalb der Europäischen Kommission tragen die Europäischen Kommissare. Jeder Kommissar leitet jeweils eine oder mehrere Generaldirektionen oder Dienste und trägt die politische Verantwortung für die Arbeiten in seinem jeweiligen Zuständigkeitsbereich. Die Kommissare werden von den mitgliedstaatlichen Regierungen nominiert und gemeinsam mit dem Europäischen Parlament ernannt. Der Einfluss des Europäischen Parlaments auf die Auswahl der Kommissare und damit die personelle Zusammensetzung der Europäischen Kommission ist allerdings als gering einzuschätzen, was primär dadurch zu erklären ist, dass das Europäische Parlament zwar dem ernannten

Kommissionspräsidenten und anschließend dem gesamten Kollegium der Kommissare zustimmen muss, selbst jedoch nicht das Recht besitzt, eigene Kandidaten zu nominieren (Wonka 2007). Bis einschließlich der Ernennung der Prodi-Kommission im Jahr 1999 hatten die großen Mitgliedstaaten – Deutschland, Frankreich, Großbritannien, Italien, Spanien – das Recht, zwei Kommissare zu ernennen, während die kleinen Mitgliedstaaten einen Kommissar ernannten. Seit der Ernennung der Barroso-Kommission 2004 hat jeder Mitgliedstaat lediglich das Recht einen Kommissar zu ernennen.

Nachdem die Vorbereitung einer Gesetzesvorlage in der Generaldirektion abgeschlossen ist, wird das interne Entscheidungsverfahren zwischen den Kommissaren eröffnet. Jede Entscheidung in der Kommission wird in einem von vier Verfahren verabschiedet: Im mündlichen und schriftlichen Verfahren sowie im Ermächtigungsverfahren und im Verfahren der Delegation (Art. 4 Geschäftsordnung der Kommission (GO Kommission)). Im mündlichen Verfahren treffen die Kommissare ihre Entscheidungen mit absoluter Mehrheit im Kollegium der Kommissare (Art. 219 EGV, Art. 8 GO Kommission). Die Anwendung des mündlichen Verfahrens ist vorgesehen, 'if it has not been possible to resolve differences of opinion on the part of consulted departments despite the lead department's efforts at mediation and coordination, possibly assisted by the SG [Generalsekretariat]' (Commission Manual of Operating Procedures 2004: 14). Im schriftlichen Verfahren bekommen die Kommissare einen Vorschlag zugestellt. Wenn kein Kommissar gegen den Vorschlag Einspruch erhebt, dann gilt der Vorschlag als angenommen. In der Regel beträgt diese Frist zwei Wochen. Außerdem kann jeder Kommissar Änderungsvorschläge unterbreiten, die vom federführenden Kommissar jedoch nicht berücksichtigt werden müssen. Schließlich hat jeder Kommissar die Möglichkeit, zu beantragen, dass ein zunächst im schriftlichen Verfahren behandelter Punkt Gegenstand einer Sitzung des Kollegiums der Kommissare und damit im mündlichen Verfahren verabschiedet wird. Im Ermächtigungsverfahren übertragen die Kommissare die Formulierung eines Vorschlags einem einzelnen Kommissar (Art. 13 GO Kommission). Nach der Übertragung trifft allein der jeweilige Kommissar die Entscheidung über den Inhalt des Vorschlags. Ähnliches gilt für das Delegationsverfahren (Art. 14 GO Kommission). Allerdings ermächtigen die Kommissare in diesem Verfahren nicht einen Kommissar, sondern den Generaldirektor einer Generaldirektion oder den Leiter eines Dienstes, einen Vorschlag auszuarbeiten, dessen Inhalt anschließend keiner weiteren Zustimmung des jeweils politisch verantwortlichen Kommissars oder des Kollegiums der Kommissare bedarf.

Über die Dynamik und die Verteilung des Einflusses in internen Entscheidungsprozessen der Europäischen Kommission gibt es bislang kaum Erkenntnisse. Ein Grund hierfür ist, dass die Kommission häufig entweder als einheitlicher

Akteur konzeptualisiert wird oder die federführende Generaldirektion zumindest implizit als allein maßgeblich für die Formulierung eines Vorschlages der Kommission angesehen wird. Diese analytischen Vorentscheidungen haben zur Folge, dass interne Entscheidungsprozesse in der Kommission unberücksichtigt bleiben müssen. Gleichzeitig ist es, anders als für das Europäische Parlament und den Rat, sehr schwer, empirische Informationen zu internen Entscheidungen in der Kommission zu erhalten, da die Kommissare nur selten Abstimmungen vornehmen und über diese Abstimmungen keine öffentlich zugänglichen Protokolle vorliegen. In einem eigenen Forschungsprojekt habe ich prozedurale Informationen zur Verabschiedung von Gesetzesvorlagen in der Prodi-Kommission, die von September 1999 bis November 2004 im Amt war, gesammelt. Insgesamt wurden von den Kommissaren der Prodi-Kommission 1.324 Gesetzesvorlagen verabschiedet. Gewertet wurden hier lediglich Richtlinien und Verordnungen, da nur diese allgemeine Geltung beanspruchen und nicht individuelle Sachverhalte regeln. Von diesen 1.324 Gesetzesvorschlägen wurden 231 Vorlagen im Rahmen des mündlichen Verfahrens behandelt. Weniger als ein Fünftel aller Gesetzesvorlagen gelangten somit ins Kollegium der Kommissare.

Diejenigen Vorlagen, die von den Kommissaren im Kollegium der Kommissare verabschiedet wurden, sind vor allem durch ein relativ hohes Maß potenzieller Anpassungskosten für die mitgliedstaatlichen Regierungen und eine Rechtsgrundlage gekennzeichnet, die dem jeweils federführenden Kommissar eine relativ hohe Gestaltungsfreiheit lässt. Hingegen bieten die Ergebnisse der multivariaten quantitativen Analyse keine Anhaltspunkte dafür, dass Auseinandersetzungen in der Europäischen Kommission primär sektoraler Natur sind (Wonka 2006). Gleichzeitig zeigt die Tatsache, dass die Kommissare regelmäßig bestimmte Gesetzesvorlagen kollektiv im Kollegium der Kommissare verabschieden, dass der Gestaltungsspielraum des federführenden Kommissars bei der Formulierung seiner Vorlage, zumindest in Fällen in denen die Kommissare divergierende Präferenzen haben, eingeschränkt ist. Die Porträtierung Europäischer Kommissare als Portfolio-Diktatoren, die in der Kommission uneingeschränkt die Interessen ihrer jeweiligen Generaldirektion verfolgen können, ist deshalb irreführend (Egeberg 2006).

Die theoretische Konzeptionalisierung von Entscheidungsprozessen in der Europäischen Kommission und die daraus abzuleitenden Erwartungen über die Dynamik interner Entscheidungsprozesse und, in einem weiteren Schritt, die Positionen, die die Europäische Kommission in den inter-institutionellen Entscheidungsprozessen einnimmt, hängen wesentlich davon ab, wie die Präferenzen der unterschiedlichen Akteure konzeptualisiert werden. Analytisch lassen sich vier in der Literatur diskutierte Konzeptualisierungen der Präferenzen unterscheiden, die das Handeln der Akteure in der Kommission in EU-

Entscheidungsprozessen bestimmen: Supranationale Präferenzen, denen entsprechend die Kommissionsakteure mittels EG-Gesetzen eine Ausweitung der Kompetenzen der EU anstreben. Sektorale Präferenzen, denen gemäß die Akteure einer Generaldirektion versuchen, die Kompetenzen ihrer Generaldirektion auszuweiten. Parteipräferenzen, denen gemäß Kommissare einer Parteifamilie in den internen Auseinandersetzungen der Europäischen Kommission bei der Formulierung von EG-Gesetzen die ideologischen Ziele ihrer jeweiligen Parteien verfolgen. Schließlich nationale Präferenzen, denen entsprechend die Kommissare versuchen, die Interessen der sie jeweils nominierenden Regierung zu realisieren.

Die Annahme, dass dem Handeln der Europäischen Kommission supranationale Präferenzen zugrunde liegen, stellt die Standardannahme in der EU-Forschung dar:

> "*Whatever the source of their preferences*, it has been widely assumed among otherwise competing theories that the Commission, Court, and European Parliament have all pursued *a broadly integrationist agenda* throughout the history of the European Union; and it is this assumption of the EU *supranational* agents as *unitary, rational, competence-maximizers* that serves as the starting point for the analysis in this book" (Pollack 2003: 36, *eigene Betonung*)

Ihren Ursprung hat diese Annahme in der neo-funktionalistischen Integrationstheorie (Haas, 1968). Allerdings wird die Annahme supranationaler Präferenzen inzwischen auch von der Mehrzahl der Forscher geteilt, die sich mit der politischen Dynamik alltäglicher Entscheidungsprozesse in der EU auseinandersetzen (Steunenberg 1994; Majone 1996; Stone Sweet/Sandholtz, 1997; Tsebelis/Garrett, 2000; Schmidt 2001; Bouwen 2004; Hörl/Warntjen/Wonka 2005; Thomson/Stokman/Achen/König 2006). Der supranationalen Präferenzkonzeptionalisierung liegt die Annahme zugrunde, dass die Akteure in der Europäischen Kommission versuchen mittels ihrer Gesetzesvorschläge eine erhöhte europaweite Harmonisierung im jeweiligen Politikbereich zu bewirken, um ihre eigenen Kompetenzen zu erweitern und damit ihre eigenen Einflussmöglichkeiten zu erhöhen (Majone 1996).[2]

---

[2] Die Mitgliedstaaten sind für die Implementierung von EU-Regulierungen zuständig. Damit tragen sie die eventuell aus der Umsetzung dieser Gesetze resultierenden Kosten. Somit greift die klassische Budgetmaximierungsannahme aus der ökonomischen Bürokratietheorie im Falle der Europäischen Kommission nicht. Gemäß der ökonomischen Bürokratietheorie streben bürokratische Akteure zwar ebenfalls danach, das Regulierungsniveau in ihrem Zuständigkeitsbereich zu erhöhen. Allerdings müssen sie zu einem späteren Zeitpunkt diese Regulierungen selbst umsetzen. Um dies wirkungsvoll tun zu können, fordern sie dann in einem weiteren Schritt eine Erhöhung ihres eigenen Budgets. Vgl. Niskanen, W. A.(1971). Bureaucracy and Representative Government. Chicago, Aldine Atherton Inc.

Die Annahme, dass Beamte der Generaldirektionen und Europäische Kommissare in EU-Entscheidungsprozessen sektorale Interessen verfolgen, liegt vielen Arbeiten der EU-Policy- und Interessengruppenforschung zugrunde. In diesen wird regelmäßig davon ausgegangen, dass einzelne Generaldirektionen und die sie politisch leitenden Kommissare enge Verbindungen zu privaten Akteuren aufbauen, die sie dann gemeinsam und erfolgreich zur Förderung ihrer jeweils politikfeldspezifischen Interessen nutzen (Cram 1997: 162-167). Das Handeln der Kommission in EU-Entscheidungsprozessen und der Inhalt ihrer Gesetzesvorschläge würden somit die sektoralen Interessen der jeweils federführenden Generaldirektion widerspiegeln. Auseinandersetzungen in internen Entscheidungsprozessen der Kommission glichen dieser Präferenzkonzeptionalisierung zufolge ebenfalls sektoralen Auseinandersetzungen: Konflikten zwischen Kommissaren lägen Zuständigkeitsstreitigkeiten zugrunde, die aus dem Motiv der Kommissare und ihrer Mitarbeiter resultieren, die Kompetenzen der Europäischen Kommission in ihrem Politikfeld möglichst stark auszudehnen.

Dass Kommissare die ideologischen Präferenzen ihrer jeweiligen Partei verfolgen und Kommissare einer Parteifamilie, aufgrund der relativen programmatischen Homogenität nationaler Parteien einer Familie (Hooghe/Marks/Wilson 2002), bei den Auseinandersetzungen in der Kommission gemeinsame Koalitionen bilden, liegt derzeit praktisch keiner Arbeit der EU-Forschung als Annahme zugrunde. Eine solche Annahme könnte durch empirische Ergebnisse zum Abstimmungsverhalten im Europäischen Parlament motiviert sein, die zeigen, dass das Abstimmungsverhalten von Europaabgeordneten relativ kohäsiv entlang der jeweiligen Fraktionszugehörigkeit verläuft (Kreppel 2002; Hix/Noury/Roland 2005). Jüngere Arbeiten zum Abstimmungsverhalten im Rat deuten ebenfalls daraufhin, dass Regierungen eine höhere Wahrscheinlichkeit haben, mit Regierungen zu stimmen, die sich aus Parteien derselben Parteifamilie zusammensetzen, als mit Regierungen aus einem konkurrierenden ideologischen Lager (Mattila 2004).

Schließlich kommt als Annahme noch in Frage, dass das Handeln der Europäischen Kommission in EU-Entscheidungsprozessen primär die Interessen der sie politisch leitenden Europäischen Kommissare widerspiegelt. Maßgeblich hierfür könnte das Recht der Mitgliedstaaten sein, Kommissare auszuwählen und zu nominieren (Crombez 1997; Hug 2003; Wonka 2004). Empirisch zeigt sich hierbei, dass die mitgliedstaatlichen Regierungen vor allem Kommissare nominieren, die über ähnliche Politikpräferenzen verfügen. Darüber hinaus nominieren die Regierungen Kommissare, die bereits zuvor in wichtigen politischen Ämtern dienten und deren Zuverlässigkeit sie folglich einschätzen können (Wonka 2007). Die nationalen Regierungen könnten mit ihrer Auswahl entsprechender Kommissare das defensive Ziel verfolgen, solche Entscheidungen der

Kommission zu verhindern, die ihnen politische und materielle Kosten in Form eventueller Anpassungserfordernisse ihrer nationalen Regulierungsregime auferlegen. Daneben könnten sie mit der Nominierung ihrer Kommissare das offensive Ziel verfolgen, die Regulierungen ihres jeweiligen Landes über EG-Gesetze auch für die anderen EU-Mitgliedstaaten verbindlich zu machen, um auf diese Weise Unternehmen ihres Landes Wettbewerbsvorteile zu sichern und selbst administrative Anpassungskosten zu sparen (Wonka 2007). Entsprechend ist zu erwarten, dass Auseinandersetzungen in der Kommission entlang nationaler Konfliktlinien verlaufen. Der Inhalt der Vorschläge, die die Kommission in EU-Entscheidungsprozesse einbringt, hängt dann vom relativen Einfluss einzelner Kommissare in den internen Entscheidungsprozessen ab.

4 Empirische Erkenntnisse zur Europäischen Kommission

Welche empirischen Erkenntnisse liegen bislang vor, die helfen können, die oben skizzierten Perspektiven auf die Europäische Kommission empirisch zu informieren? Im Folgenden werden zwei Arten von empirischen Ergebnissen diskutiert. Zum einen Studien, die die Eigenschaften der in der Europäischen Kommission aktiven Akteure beleuchten. Und zum anderen empirische Studien, die das Handeln der Europäischen Kommission in EG-Gesetzgebungsverfahren untersuchen.

Die bislang umfangreichste empirische Studie zu den grundlegenden Handlungsorientierungen europäischer (A-) Beamten in der Europäischen Kommission legte Liesbet Hooghe vor (Hooghe 1999; Hooghe 1999; Hooghe 2005). Hooghe befragte für ihre Studie über 100 A-Beamte der Kommission unter anderem nach ihrer Präferenz für ein „supranationales" beziehungsweise ein „intergouvernementales" Modell der Europäischen Union und ihren ordnungspolitischen Vorstellungen zur Regulierung kapitalistischer Marktwirtschaften. Ziel der Studie ist es, herauszufinden, wie homogen die Einstellungen unter den Kommissionsbeamten sind und ob es eine klare Präferenz bei den Kommissionsbeamten für eine Vertiefung der Europäischen Integration und für eine bestimmte ordnungspolitische Ausrichtung gibt. Schließlich überprüfte Hooghe, ob Sozialisierungseffekte einen Einfluss auf die grundlegenden Einstellungen der Kommissionsbeamten haben, das heißt ob Kommissionsbeamte im Laufe ihrer Tätigkeit eine „supranationale" Sozialisierung erfahren, die pro-integrationistischere Einstellungen hervorbringt.

Die Ergebnisse von Hooghe zeigen, dass zwischen den Beamten in der Europäischen Kommission eine große Varianz bezüglich ihrer Haltung gegenüber weiteren Integrationsschritten zur Vertiefung der Europäischen Integration vorzufinden ist. Es ist keinesfalls so, dass alle von Hooghe befragten A-Beamten der Kommission die Herausbildung eines europäischen Föderalstaates unter der Führung der Europäischen Kommission befürworten. Zwar wiesen die von Hooghe Befragten eine solche von Hooghe als „supranational" bezeichnete Tendenz auf, gleichzeitig jedoch sprachen sich ein Viertel der Befragten für ein intergouvernementalistisches Modell der EU aus, in dem die Macht primär von den mitgliedstaatlichen Regierungen ausgeübt wird (Hooghe 1999: 364). Auf Ebene der leitenden und für die Formulierung von Gesetzesvorlagen zuständigen Kommissionsbeamten ist es somit keinesfalls so, dass die Europäische Kommission sinnvollerweise als einheitlicher Akteur dargestellt werden kann, der in EU-Entscheidungsprozessen ein einheitliches Interesse verfolgt. Vielmehr ist zu erwarten, dass es bei der Formulierung von Gesetzesvorlagen in der Kommission bereits auf der bürokratischen Ebene zu Auseinandersetzungen kommt, die unter Umständen einschränkend auf die strategische Handlungsfähigkeit der Kommission in den inter-institutionellen Auseinandersetzungen wirkt. Mit Blick auf die ordnungspolitischen Vorstellungen der Kommissionsbeamten kommt Hooghe zu dem Ergebnis, dass diese in großer Mehrzahl politische Eingriffe zur Steuerung von Marktprozessen gegenüber einem weitgehend unregulierten ökonomischen Wettbewerb bevorzugen (Hooghe 1999: 365).

Als primäre Erklärungsfaktoren für die Einstellungen der Beamten identifiziert Hooghe deren vorherige Beschäftigung auf nationaler Ebene sowie die Größe und föderale beziehungsweise zentralistische Struktur des Landes, dessen Staatsangehöriger der jeweilige Beamte ist. Kommissionsbeamte, die vor ihrem Eintritt in die Kommission in der staatlichen Bürokratie ihres Herkunftslandes arbeiteten, weisen eine hohe Prädisposition gegenüber dem intergouvernementalen Modell der EU auf (Hooghe 1999: 459). Dasselbe gilt für Kommissionsbeamte aus zentralistischen Staaten. Hingegen favorisieren Kommissionsbeamte aus kleinen föderalen Mitgliedstaaten ein supranationales Modell der EU. Schließlich lassen sich aus Hooghes Ergebnissen keinerlei Schlussfolgerungen dahingehend ableiten, dass Kommissionsbeamte im Laufe ihrer bürokratischen Karriere eine „supranationale" Sozialisierung erfahren:

> "The European Commission is surely among the most favorable sites for socialization of international norms. Yet the evidence suggests that Commission and international socialization is considerably weaker than socialization outside the Commission. […] Hence, even in an international organization as powerful as the Commission, one finds that national norms, originating in prior experiences in national ministries, loyalty to national political parties, or diffuse national political socialization, decisively shape top officials' views on European norms" (Hooghe 2005: 887-888).

Mit Blick auf die Einstellungen und Präferenzen der für die Vorbereitung von Gesetzesvorlagen in der Kommission zentralen A-Beamten, lässt sich somit festhalten, dass das häufig postulierte und weiter oben vorgestellte supranationale Präferenzszenario keine empirische Bestätigung findet. Die Einstellungen der europäischen Beamten sind nicht hinreichend homogen, um die Beamten der Europäischen Kommission als monolithischen Akteur zu konzeptualisieren, der in EU-Entscheidungsprozessen ein einheitliches Interesse nach Politiken verfolgt, die mittels europäischer Gesetze eine weitere Vertiefung – das heißt Harmonisierung – auf EU-Ebene anstrebt.

Den europäischen Beamten kommt eine zentrale Bedeutung bei der Vorbereitung von Gesetzesvorschlägen in der Europäischen Kommission zu. In den Generaldirektionen spezialisieren sie sich in unterschiedlichen Politikbereichen. Ihre Expertise ist unerlässlich für die inhaltliche Formulierung eines Gesetzesvorschlages in der Kommission. Gleichzeitig tragen die Europäischen Kommissare die politische Verantwortung für das Handeln in den von ihnen jeweils geleiteten Generaldirektionen. Treten Konflikte bei der internen Formulierung eines Gesetzesvorschlages auf, müssen die Kommissare einen Gesetzesvorschlag darüber hinaus gegenüber ihren Kommissarskolleginnen und –kollegen verteidigen. Ohne die Unterstützung des Kommissars hat der von den Beamten einer Generaldirektion formulierte Vorschlag somit keine Aussicht darauf, von den Kommissaren angenommen zu werden und die Kommission zur Eröffnung des Gesetzgebungsverfahrens in Richtung Rat und Europäisches Parlament zu verlassen. Für eine Einschätzung wie die Europäische Kommission in EU-Entscheidungsprozessen agiert, sind die Präferenzen der Kommissare deshalb von zentralem Interesse.

Bei der Auswahl der Europäischen Kommissare kommt den mitgliedstaatlichen Regierungen die zentrale Rolle zu (Crombez 1997). Allein die Regierungen haben das Recht, ihren Kandidaten auszuwählen und zu nominieren, über die die Europaabgeordneten und die Regierungen im Rat in einem weiteren Schritt abstimmen (Wonka 2007). Da sich die Kommissare nicht selbst ernennen, sondern von ihren jeweiligen Regierungen nominiert werden, ist die Argumentation von George Tsebelis und Geoffrey Garrett, mit der beide Autoren theoretisch zu argumentieren versuchen, dass die Europäischen Kommission in der EG-Gesetzgebung als supranationaler Präferenzaußenseiter agiert, irreführend:

"A series of filters and self-selection mechanisms enables the Commission to take pro-integrationist positions. National delegates of real political power will likely prefer to stay in their country of origin" (Tsebelis/Garrett, 2000: 16).

Vielmehr gilt es, die Motive der Mitgliedstaaten zu beleuchten, Kommissare mit bestimmten Eigenschaften zu ernennen. Zu erheblicher Prominenz in der Literatur gelangte dabei Giandomenico Majones technokratische Perspektive auf die

Europäische Kommission. Basierend auf der zentralen Annahme, dass eine (pro-integrationistische) Politik europaweiter Harmonisierung die ökonomisch und politisch effizienteste EU-Politik darstellt, gelangt Majone zu der Aussage, dass "it is rational for member states to appoint members of the European Commission who are more integrationist than the national governments" (Majone 2001: 105). Weiterhin argumentiert Majone, dass:

> "The most important factor in the appointment of Commissioners [is]: the desire of national governments to prove their commitment to European integration. Governments know that economic, and for some governments even political, integration is the optimal long-run policy, but they also know that they have short-run incentives to renege on this commitment, for example by violating EU rules on state aid" (Majone 2001: 112).

Dieser technokratischen Perspektive auf die Europäischen Kommissare kann eine politische Perspektive gegenübergestellt werden. Der entsprechend haben mitgliedstaatliche Regierungen zwei zentrale Motive bei der Selektion ihrer Kommissare (Wonka 2007): Gemäß des defensiven Selektionsmotivs versuchen die Regierungen über die Auswahl ihrer Kommissare dahingehend Einfluss auf die Entscheidungen der Kommission zu nehmen, dass deren Vorschläge den mitgliedstaatlichen Regierungen keine materiellen – beispielsweise in Form von Anpassungserfordernissen nationaler administrativer Abläufe – und politischen – beispielsweise in Form des Widerstandes von Interessengruppen oder relevanter Wählergruppen gegen bestimmte Regulierungen – Kosten verursacht. Neben dem defensiven Selektionsmotiv kann für die Regierungen ein offensives Selektionsmotiv angenommen werden, demnach sie über die strategische Auswahl ihrer Kommissare versuchen Entscheidungen der Kommission so zu beeinflussen, dass diese möglichst weitgehend im Einklang mit dem Regulierungsregime des jeweiligen Mitgliedstaates in Einklang stehen. Auf diese Weise vermeiden die Regierungen das Auftreten von Anpassungskosten. Darüber hinaus können sie durch ein solches Vorgehen versuchen, ihre nationalen Regulierungsregime EU-weit allgemeinverbindlich zu machen, um Unternehmen ihres Landes Wettbewerbsvorteile gegenüber ihren europäischen Konkurrenten zu sichern. Aus diesen Überlegungen zu den Motiven mitgliedstaatlicher Regierungen bei der Auswahl ihrer Kommissare ergibt sich die Erwartung, dass diese solche Personen auswählen, die über ähnliche Politikpräferenzen verfügen und von deren Zuverlässigkeit bei der Verfolgung dieser Präferenzen sie aufgrund vorangegangener Tätigkeiten der Kandidaten in der politischen Arena ausgehen können. Darüber hinaus ist davon auszugehen, dass diese strategischen Anreize mitgliedstaatlicher Regierungen über Zeit zunahmen, da die Kommission im Laufe der Zeit immer mehr Kompetenzen gewann, die den EU-Institutionen erlaubten, mit ihren Gesetzen in die politischen Angelegenheiten ihrer Mitgliedstaaten zu intervenieren. Empirisch zeigt sich für alle 215 seit 1958 ernannten Europäischen Kommissare, dass diese in zwei Drittel aller Fälle die Parteimitgliedschaft der sie nominierenden Regierungen teilen. Darüber hinaus weisen die Europäischen Kommissare eine starke „politische Sichtbarkeit" auf, die sie sich bei der Ausübung eines nationalen oder europäischen Abgeordnetenmandates, als Minister oder als Regierungschef, erwarben. Dies erlaubt den mitgliedstaatlichen Regierungen, die Zuverlässigkeit der jeweiligen Kandidaten bei der Ausübung politischer Ämter einzuschätzen (Wonka 2007). Außerdem zeigt sich, dass sich diese Merkmale Europäischer Kommissare über Zeit verstärkten. Mit der Verabschiedung der Einheitlichen Europäischen Akte 1986 und dem damit verbundenen Kompetenzzuwachs der EU sowie der Auflösung der durch den Luxemburger Kompromiss verursachten Entscheidungsblockade nahm der Anteil der Kommissare zu, die über ähnliche Präferenzen verfügen wie die der sie nominierenden Regierungen. Gleichzeitig nahm der Anteil der Kommissare ab, die sich zuvor in keinem politischen Amt exponierten und somit über keine politische Sichtbarkeit verfügen. Diese politisch „nicht-sichtbaren" Kommissare können als die von Majone propagierten Technokraten verstanden werden. Mit einem durchschnittlichen Anteil von fünf Prozent ist ihr Anteil seit der 1985 nominierten Delors I-Kommission jedoch äußerst gering (Wonka 2007).

Unterschiede im Nominierungsverhalten von Kommissaren zeigen sich zwischen den Regierungen großer und kleiner Mitgliedstaaten. Regierungen großer Mitgliedstaaten durften bis einschließlich der Ernennung der Prodi-Kommission 1999 zwei Kommissare nominieren, während kleine Mitgliedstaaten lediglich Anspruch auf einen Kommissar hatten. Dabei zeigte sich, dass große Mitgliedstaaten fast ebenso häufig Oppositionskandidaten oder parteilose Kandidaten nominierten. Eine Erklärung für dieses Nominierungsmuster ist, dass sich die Regierungen hierdurch innenpolitische Unterstützung für Europapolitik sichern wollten (Wonka 2006). Seit 2003 allerdings sind diese Unterschiede hinfällig, da alle Regierungen unabhängig von der Größe des Landes nur einen Kommissar nominieren dürfen – was bei der Ernennung der Barroso-Kommission 2004 dazu führte, dass fast alle Regierungen ihnen politisch nahe stehende Kommissare nominierten.

Auch auf der Ebene der politisch verantwortlichen Europäischen Kommissare gibt es somit keine Hinweise darauf, dass diese über homogene Präferenzen verfügen, die darüber darauf schließen lassen, dass die Europäische Kommission in EU-Entscheidungsprozessen Präferenzen verfolgt, die sich systematisch von denen der mitgliedstaatlichen Regierungen unterscheiden. Das Handeln der Kommission in Entscheidungsprozessen hängt vielmehr vom Ausgang interner

Auseinandersetzungen ab. In diesen verfügen die federführenden Kommissare zwar über eine privilegierte Rolle als Agenda-Setzer interner Entscheidungsprozesse; allerdings führt dies nicht dazu, dass Kommissare in den von ihnen verantworteten Politikbereichen als Portofoliodiktatoren auftreten können. Vielmehr sind sie darauf angewiesen, eine Mehrheit der Kommissare für ihren Vorschlag zu gewinnen, da die anderen Kommissare jederzeit eine Abstimmung über den Vorschlag im Kollegium der Kommissare beantragen können. Bislang gibt es keine Hinweise darauf, dass in diesen internen Entscheidungsprozessen der Kommission die Parteimitgliedschaft der Kommissare eine dahingehende Rolle spielt, dass sich Kommissare derselben Parteifamilie zu Koalitionen zusammenschließen (Egeberg 2006; Wonka 2006). Vielmehr lässt sich zeigen, dass die Kommissare in den internen Entscheidungsprozessen durchaus die Interessen ihrer Regierungen verfolgen (Wonka 2006). Dies geht auch aus der umfangreichen Studie von George Ross zur Delors-Kommission hervor:

> "The Commissioner in charge of Competition Law, Sir Leon Brittan, was a convinced neoliberal with a strong staff of ideologically motivated and talented assistants who were attempting to push Commission competition policy competence as far and fast as they could. Other Commissioners and their staffs, including the Delors team, had try to protect their "national interests" (represent the positions of the member states of their origin) against Brittan's efforts. Jobs and political positions were at stake in such matters" (Ross 1995: 57-58).

Die vorausgehenden Abschnitte haben gezeigt, dass die Konzeptionalisierung der Europäischen Kommission als einheitlicher Akteur mit supranationalen Politikpräferenzen unterschiedlichen empirischen Quellen nicht standhält. Die Arbeiten von Liesbet Hooghe zeigen dies mit Blick auf den bürokratischen Unterbau der Europäischen Kommission. Meine eigenen Arbeiten zeigen dies darüber hinaus mit Blick auf die Europäischen Kommissare. Anschließend an diesen exklusiven Fokus auf die Europäische Kommission stellt sich somit die Frage, welche theoretische Perspektive auf die Europäische Kommission empirische Erkenntnisse über inter-institutionelle Auseinandersetzungen in der EG-Gesetzgebung stützen.

Zur Beantwortung dieser Frage bieten sich zwei Arbeiten an, die die relative Positionierung mitgliedstaatlicher Regierungen, des Europäischen Parlaments und der Europäischen Kommission in 70 Gesetzgebungsverfahren untersuchten, die von der Europäischen Kommission im Zeitraum zwischen 1997 und 2000 eingebracht wurden (Thomson/Boerefijn/Stokman 2004; Kaeding/Selck 2005). Die empirischen Analysen beider Studien wurden mit demselben Datensatz durchgeführt. Trotz leicht variierender methodischer Vorgehensweisen kommen beide Studien zu dem Ergebnis, dass die empirisch in den Auseinandersetzungen identifizierten Konfliktdimensionen in EU-Entscheidungsprozessen nicht als

Auseinandersetzungen entlang der Frage „mehr oder weniger Integration" interpretiert werden können (Thomson/Boerefijn/Stokman 2004: 256; Kaeding/Selck 2005: 282). Michael Kaeding und Torsten Selck basieren ihre Aussage hauptsächlich auf ihrer empirischen Erkenntnis, dass die Positionierungen der Regierungen in den untersuchten Entscheidungsprozessen nicht entlang der Integrationsfreundlichkeit der jeweiligen Regierungen erfolgen. Dies wäre zu erwarten gewesen, wenn die Auseinandersetzungen die relativen Integrationspräferenzen der jeweiligen Akteure zum Ausdruck bringen würden. Robert Thomson und seine Ko-Autoren basieren ihre Einschätzung hingegen auf der empirischen Untersuchung der den untersuchten Entscheidungsprozessen jeweils zugrunde liegenden substanziellen Verhandlungsgegenständen. Zwar kommen Thomson und seine Kollegen ebenso wie Kaeding und Selck zu dem Ergebnis, dass sich die Positionen des Europäischen Parlaments und der Europäischen Kommission ähneln und beide sich wiederum von den mitgliedstaatlichen Regierungen distanzieren. Gleichzeitig zeigen sie aber auch, dass aufgrund des Inhalts der jeweils verhandelten Gegenstände, nur ein Teil der untersuchten Regulierungen sinnvollerweise als Fragen europäischer Harmonisierung und damit konzeptionell durch die Integrationsdimension erfasst werden kann:

"Of the remaining 130 issues, we find the Commission and the reference point at opposite ends of the issue scale on 60 (46 per cent) of the cases. Most importantly, these 60 issues are not concentrated in the group of 40 issues classified as harmonisation issues. Of the 60 issues on which we find the reference point and Commission at opposite extremes of the issue scales, only 16 (27 per cent) referred to such harmonisation issues. Moreover, on issues involving clear choices between more or less harmonisation, the reference point and Commission were not significantly more likely to be at opposite extremes than on other issues" (Thomson/Boerefijn/Stokman 2004: 253).

Folglich schließen die Autoren, dass:

"[a]lthough the ordering of actors on this dimension resembles that posited in the Integration-Independence dimension, we found that this ordering is neither confined to, nor even concentrated in, issues that contain choices between European harmonisation versus national solutions" (Thomson/Boerefijn/Stokman 2004: 256).

Auch aus dieser inter-institutionellen Perspektive findet die theoretische Konzeptionalisierung der Europäischen Kommission als pro-integrationistischer Präferenzaußenseiter keine empirische Unterstützung. Eine neuere Untersuchung Robert Thomsons anhand derselben 70 Gesetzesvorschläge, die bereits Gegenstand der in den letzten Absätzen diskutierten Arbeiten waren, unterstützt darüber hinaus das Argument, dass die mitgliedstaatlichen Regierungen über die strategische Auswahl ihrer Kommissare Einfluss auf den Inhalt der Gesetzesvorlagen der Kommission nehmen können. Eines der von Thomson diskutierten Ergebnisse ist, dass „country affiliations are an important guide to their behavior. This contrasts with the view of Commissioners as being insulated from national pressures. However, it is consistent with research which finds that Commissioners' 'country role' informs their actions, more so than their party or ideological affiliations" (Thomson im Erscheinen).

Selbstverständlich ist nicht auszuschließen, dass es immer wieder vorkommt, dass einzelne Kommissare im Laufe ihrer Amtszeit ihre Loyalität gegenüber den sie jeweils nominierenden Regierungen aufkündigen. Als Folge vertreten sie nicht mehr die Interessen "ihrer" Regierung. Dies wird beispielsweise regelmäßig vom britischen Kommissar Lord Cockfield, Mitglied der Tories, berichtet, der 1985 von Margaret Thatcher in die Kommission berufen wurde. Die Tatsache, dass Thatcher ihn 1989 durch Sir Leon Brittan ersetzte, macht gleichzeitig deutlich, dass den mitgliedstaatlichen Regierungen institutionelle Mittel zur Verfügung stehen, um Kommissare zu ersetzen, die in ihrem Handeln zu viel Unabhängigkeit gegenüber der eigenen Regierung zeigen. Gleichzeitig gibt es keine empirischen Hinweise darauf, dass die Aufkündigung der Loyalität gegenüber ihren Regierungen ein generelles Problem darstellt. Auch lassen die Ergebnisse der weiter oben vorgestellten Studien von Hooghe nicht erwarten, dass eine wie auch immer geartete supranationale Sozialisierung von Kommissaren ein grundlegendes Problem mitgliedstaatlicher Regierungen darstellt: Wenn selbst bei den auf Lebenszeit angestellten und sich tatsächlich für diesen Beruf selbst selektierenden Europäischen Beamten der Europäischen Kommission keine Sozialisierungseffekte zu beobachten sind, so können solche Effekte bei den von den mitgliedstaatlichen Regierungen sorgfältig ausgewählten und nach fünf Jahren durch diese abberufbaren Europäischen Kommissaren begründet als unwahrscheinlich angesehen werden. Im Einklang mit dieser Einschätzung steht nicht zuletzt der relativ hohe Anteil an Wiederernennungen von Kommissaren für weitere Amtszeiten (Wonka 2006).

Wie ist es jedoch zu erklären, dass die Europäische Kommission trotz der systematischen (Präferenz-) Beziehung zwischen Europäischen Mitgliedstaaten und den Europäischen Kommissaren durch ihre Gesetzesvorschläge regelmäßig den Widerstand mitgliedstaatlicher Regierungen hervorruft? Ein Grund wurde bereits weiter oben diskutiert: In den internen Auseinandersetzungen der Europäischen Kommission unterliegen regelmäßig einzelne Kommissare, so dass die Interessen ihrer Regierungen in den jeweiligen Gesetzesvorschlägen keine Berücksichtigung finden. Die derart unterlegenen Regierungen werden im Laufe des Gesetzgebungsprozesses versuchen, die Berücksichtigung ihrer Interessen durchzusetzen. Darüber hinaus dauern EG-Gesetzgebungsprozesse regelmäßig sehr lange. Im Laufe des Gesetzgebungsprozesses kann es zu Regierungswechseln kommen, die zur Folge haben, dass eine Regierung eine andere Position einnimmt als ihre Vorgängerregierung und damit eventuell auch Änderungen am ursprünglichen Kommissionsvorschlag verlangt. Einen systematischen Einfluss darauf, dass Regierungen in EU-Entscheidungsprozessen Positionen einnehmen, die von der durch die Europäische Kommission vorgelegten Gesetzesvorlage erheblich abweichen, hängt mit der Positionsformierung in den Mitgliedstaaten zusammen. Dies lässt sich an der politischen Dynamik illustrieren, die sich im Entscheidungsprozess um die sogenannte Dienstleistungsrichtlinie entwickelte (vgl. ausführlich, Wonka 2006). Den politischen Ausgangsimpuls für die Liberalisierung des Dienstleistungsmarktes gaben die mitgliedstaatlichen Regierungen auf dem Europäischen Rat in Lissabon im Jahr 1999. Der Aufforderung der Regierungen, in diesem Bereich tätig zu werden, folgten in den Jahren 2000 und 2003 zwei Mitteilungen und im Jahr 2002 ein Bericht der Europäischen Kommission, federführend formuliert durch den niederländischen Kommissar Frits Bolkestein, in denen zum einen der Status Quo des Binnenmarktes im Bereich Dienstleistungen skizziert wurde, die zentralen Hemmnisse in diesem Bereich identifiziert und zum anderen politische Lösungen zu deren Beseitigung aufgezeigt wurden. Die beiden Mitteilungen und der Bericht der Europäischen Kommission wurden von den Regierungen in diversen Stellungnahmen positiv kommentiert. Schließlich brachte die Europäische Kommission die Gesetzesvorlage zur Dienstleistungsrichtlinie, die wiederum federführend vom niederländischen Kommissar Frits Bolkestein formuliert wurde, im Januar 2004 in den EG-Gesetzgebungsprozessen. Bis zu diesem Zeitpunkt gibt es keine Hinweise auf politischen Widerstand seitens einzelner Regierungen oder seitens einzelner Gewerkschaften oder Industrieverbände. Politischer Widerstand beginnt sich erst nach der Vorlage des Gesetzesvorschlags vor allem in Deutschland und Frankreich zu formieren. Ab dem Frühjahr 2004 beginnen sich einzelne deutsche Industrieverbände, wie der Zentralverband der Deutschen Bauindustrie, gegen die geplante Richtlinie auszusprechen. Die sozialdemokratische Regierung unter dem damaligen Bundeskanzler Schröder greift diesen Protest auf und macht ihn im Sommer 2005 zu einem der Hauptgegenstände des deutschen Bundestagswahlkampfes des Jahres 2005. Eine vergleichbare innenpolitische Dynamik ist in Frankreich zu beobachten, wo die Dienstleistungsrichtlinie zu einem zentralen Gegenstand der politischen Auseinandersetzungen im Vorfeld des französischen Referendums zum „Vertrag über eine Verfassung für Europa" wurde. Diese politischen Entwicklungen gipfelten schließlich in einer Demonstration europäischer Gewerkschaften, an der am 14. Februar 2006 ungefähr 30.000 Menschen teilnahmen.

Das Beispiel der politischen Dynamik im Entscheidungsprozess um eine europäische Dienstleistungsrichtlinie zeigt, dass es durchaus vorkommt, dass mitgliedstaatliche Regierungen zu dem Zeitpunkt, zu dem die Europäischen Kommissare ihren Vorschlag formulieren, keine politische Ablehnung signalisieren, nach der Vorlage eines Vorschlages durch die Kommission sich jedoch Widerstand formiert und schließlich artikuliert. Solche politischen Widerstände lassen sich von den Kommissaren der jeweiligen Regierungen nicht antizipieren und können folglich in den Auseinandersetzungen zwischen den Kommissaren keine Berücksichtigung finden. Ein Grund für die späte Positionsformierung in den Mitgliedstaaten kann, neben elektoralen Opportunitäten einzelner Regierungen, auch die erhebliche Komplexität von EU-Entscheidungsprozessen sein, die sich inzwischen über 27 nationale politische Arenen und die europäische Arena erstreckt.

5 Schluss

Die Ausführungen dieses Kapitels zeigen, dass die bislang dominierende theoretische Konzeptionalisierung der Europäischen Kommission entlang zweier analytischer Dimensionen unbefriedigend ist: Obwohl in der Literatur seit einigen Jahren darauf hingewiesen wird, dass die Europäische Kommission nicht als einheitlicher Akteur behandelt werden sollte (Cram 1994), fließt der Hinweis bislang praktisch nicht in die analytische und theoretische Konzeptionalisierung der Europäischen Kommission ein. Als Folge müssen interne Auseinandersetzungen in der Europäischen Kommission unberücksichtigt bleiben. Eine maßgebliche Folge hiervon ist, dass die strategische Handlungsfähigkeit in EU-Entscheidungsprozessen fehlerhaft eingeschätzt wird. Darüber hinaus hält die Literatur in weiten Teilen an der fünf Jahrzehnte alten Konzeptionalisierung fest, dass die Europäische Kommission supranationale Interessen verfolgt. Trotz erheblicher theoretischer Weiterentwicklungen in der EU-Forschung und der zunehmend systematisch gewonnenen empirischen Erkenntnisse wird damit an der neo-funktionalistischen Perspektive festgehalten, die jedoch, wie die weiter oben diskutierten Beispiele zeigen, häufig nicht in der Lage ist, empirische Erkenntnisse sinnvoll zu interpretieren.

Weiterentwicklungen auf diesen beiden analytischen Dimensionen versprechen nicht nur die theoretische Lücke zu schließen, die in der Konzeptionalisierung zwischen der Europäischen Kommission einerseits und dem Rat und dem Europäischen Parlament andererseits vorherrschen (Hörl/Warntjen/Wonka 2005). Fortschritte in diesen beiden Bereichen sollten auch helfen, die empirisch beobachtete Dynamik, den Einfluss einzelner Akteure und die daraus resultierenden Ergebnisse von EU-Entscheidungsprozessen, besser erklären und verstehen zu können. Ein besseres Verständnis der politischen Dynamik von EU-Entscheidungsprozessen sollte schließlich dabei helfen, diejenigen grundlegenden Mechanismen theoretisch zutreffender zu erfassen, die den Prozess der Europäischen Integration nicht auf der Ebene der regelmäßig wiederkehrenden großen Vertragsverhandlungen, sondern auf der Ebene der zunehmenden Integration nationaler Regulierungsregime durch EU-Recht maßgeblich beeinflussen.

Trotz den vor allem durch die zunehmende Anwendung neo-institutionalistischer Theorien erzielten Forschritten in diesem Bereich (Schneider/Aspinwall 2001) wird dieses Gebiet vor allem bezüglich der für die Handlungsmotive einzelner Akteure getroffenen Annahmen immer noch von den beiden klassischen Integrationstheorien des Neo-Funktionalismus und des (liberalen) Intergouvernementalismus dominiert, die sich für die Analyse alltäglicher EU-Entscheidungsprozesse jedoch als von eingeschränktem Wert erwiesen haben. Freuen wir uns auf die noch vor uns liegenden Diskussionen!

130 Arndt Wonka

Literatur

Bouwen, Pieter (2004): Exchanging access goods for access: A comparative study of business lobbying in the European Union institutions. In: *European Journal of Political Research* 43 2004. 337-369

Cram, Laura (1994): The European Commission as a Multi-Organization: Social Policy and IT Policy in the EU. In: *Journal Of European Public Policy* 1(2) 1994. 195-217

Cram, Laura (1997): Policy-making in the EU. London: Routledge

Crombez, Christophe (1997): Policy Making and Commission Appointment in the European Union. In: *Außenwirtschaft* 52(I/II) 1997. 63-82

Egeberg, Morten (2006): Executive politics as usual: role behaviour and conflict dimensions in the College of European Commissioners. In: *Journal of European Public Policy* 13(1) 2006. 1-15

Haas, Peter (1968): *The Uniting of Europe*. Stanford: Stanford University Press

Hix, Simon (2005): *The Political System of the European Union*. Houndmills: MacMillan

Hix, Simon/Noury, Abdul//Roland, Gerard (2005): Power to the Parties: Cohesion and Competition in the European Parliament 1979-2001. In: *British Journal of Political Science* 35(2) 2005. 209-234

Hooghe, Liesbet (1999): Images of Europe: Orientations to European Integration among Senior Officials of the Commission. In: *British Journal of Political Science* 29 1999. 345-367

Hooghe, Liesbet (1999): Supranational Activists or Intergovernmental Agents? Explaining the Orientations of Senior Commission Officials Toward European Integration. In: *Comparative Political Studies* 32(4) 1999. 435-463

Hooghe, Liesbet (2005): Several Roads Lead to International Norms, but Few Via International Socialization: A Case Study of the European Commission. In: *International Organization* 59 2005. 861-898

Hooghe, Liesbet/Marks, Gary/Wilson, Carole J (2002): Does Left/Right Structure Party Positions on European Integration. In: *Comparative Political Studies* 35(8) 2002. 965-989

Hörl, Björn/Warntjen, Andreas/Wonka, Arndt (2005): Built on Quicksand? A Decade of Procedural Spatial Models on EU Legislative Decision-Making. In: *Journal of European Public Policy* 12(3) 2005. 592-606

Hug, Simon (2003): Endogenous Preferences and Delegation in the European Union. In: *Comparative Political Studies* 36(1/2) 2003. 41-74

Kaeding, Michael/Selck, Thorsten (2005): Mapping Out the Political Europe: Coalition Patterns in EU Decision-Making. In: *International Political Science Review* 26(3) 2005. 271-290

Kreppel, Amie (2002): *The European Parliament and Supranational Party System - A study in Institutional Development*. Cambridge: Cambridge University Press

Majone, Giandomenico (Ed.) (1996): *Regulating Europe*. London: Routledge

Majone, Giandomenico (2001): Two Logics of Delegation. Agency and Fiduciary Relations in EU Governance. In: *European Union Politics* 2(1) 2001. 103-122

Mattila, Mikko (2004): Contested decisions: Empirical analysis of voting in the European Union Council of Ministers. In: *European Journal of Political Research* 43 2004. 29-50

Niskanen, William A. (1971): *Bureaucracy and Representative Government*. Chicago: Aldine Atherton Inc

Nugent, Neill (2001): *The European Commission*. Houndmills: Palgrave

Pollack, Mark A. (2003): *The Engines of Integration. Delegation, Agency and Agenda Setting in the EU*. Oxford: Oxford University Press.

Ross, George (1995): *Jacques Delors and European Integration*. Oxford: Polity Press

Schmidt, Susanne K. (2001): A constrained Commission: informal practices of agenda-setting in the Council. In *Schneider et al.* (2001) 125-151

Schneider, Gerald/Aspinwall, Mark (Eds.) (2001): *The rules of integration. Institutionalist approaches to the study of Europe*. Manchester: Manchester University Press

Steunenberg, Bernard (1994): Decision Making under Different Institutional Arrangements: Legislation by the European Community. In: Journal of Institutional and Theoretical Economics 150(4). 1994 642-669

Stone Sweet, Alec/Sandholtz, Wayne (1997): European Integration and Supranational Governance. In: *Journal of European Public Policy* 4(3) 1997 297-317

Thomson, Robert: National Actors in International Organizations: the Case of the European Commission. In: Comparative Political Studies, im Erscheinen

Thomson, Robert/ Boerefijn, Jovanka/Stokman, Frans (2004): Actor alignments in European Union decision making. In: *European Journal of Political Research* 43 2004. 237-261

Thomson, Robert/Stokman, Frans/Achen, Christopher H./ König, Thomas (H.) (2006): *The European Union Decides*. Cambridge: Cambridge University Press

Tsebelis, George/Garrett, Geoffrey (2000): Legislative Politics in the European Union. In: *European Union Politics* 1(1) 2000. 9-36

Wonka, Arndt (2004): Delegation and Abdication? The Appointment of European Commissioners and Its Policy Implications. *Mannheim, Mannheimer Zentrum für Europäische Sozialforschung*. 2004. 1-23

Wonka, Arndt (2006): *Supranationale Marionette an nationalen Fäden? Eine Analyse der Ernennung Europäischer Kommissare und ihrem Einfluss in Entscheidungen der Europäischen Kommission*. Unveröffentlichtes Dissertationsmanuskript, Mannheim, Universität Mannheim.

Wonka, Arndt: Technocratic and independent? The Appointment of European Commissioners and its Policy Implications. In: *Journal of European Public Policy* 14(2) 2007. 171-191

Politischer Konflikt im Entscheidungsfindungsprozess des Ministerrats der Europäischen Union: Eine empirische Analyse institutioneller Einflussfaktoren

Frank M. Häge

1 Entscheidungsfindung im Ministerrat

Der Rat der Europäischen Union, im Folgenden kurz als Ministerrat oder schlicht als der Rat bezeichnet, wird generell als die einflussreichste Institution im rechtlichen Gefüge der Europäischen Union (EU) betrachtet (Hayes-Renshaw 2002: 52; Peterson/Shackleton 2002: 9; Sherrington 2000: 1-2; Westlake/Galloway 2004: 3). In vielen Politikfeldern ist der Ministerrat immer noch die einzige gesetzgebende Instanz und auf den restlichen Gebieten teilt er sich dieses Vorrecht lediglich mit dem Europäischen Parlament (EP). Trotz dieser herausragenden Stellung des Ministerrats im politischen Entscheidungsprozess der EU ist bisher wenig über seine interne Arbeitsweise bekannt. Dieses Kapitel gibt erste Aufschlüsse, auf welcher hierarchischen Ebene gesetzliche Entscheidungen im Ministerrat getroffen werden. Ob über europäische Gesetze de facto durch Bürokraten in Ausschüssen und Arbeitsgruppen oder durch die Minister selbst entschieden wird, hat offensichtliche Konsequenzen für die Beurteilung der Legitimität von Entscheidungen im Ministerrat und in der EU als Ganzes.

Unter der Annahme, dass die Stellung der Entscheidungsebene in der Ratshierarchie ein Ausdruck des politischen Konfliktgrades darstellt, wird außerdem überprüft, inwieweit die institutionellen Charakteristiken eines Entscheidungsprozesses auf den Konfliktgrad einwirken. In theoretischer Hinsicht wird dabei auf einfache räumliche Modelle, die an theoretische Argumente aus der vorhandenen Literatur angelehnt sind, zurückgegriffen. Diese Modelle thematisieren verschiedene institutionelle Einflüsse und stellen dabei unterschiedliche kausale Mechanismen dar. Empirisch basiert die Analyse auf Daten über 166 Gesetzgebungsprozesse, die im Jahr 2003 abgeschlossen wurden.

Im Gegensatz zu der Beschreibung in den europäischen Verträgen ist der Ministerrat in der Realität kein einheitlicher Akteur. In der Praxis besteht der Rat nicht nur aus mehreren Formationen für verschiedene Politikfelder, sondern auch aus unterschiedlichen hierarchischen Ebenen mit verschiedenen Arten von Gremien auf jeder Ebene. Die Sitzungen der Minister an der Spitze der Hierarchie werden durch Ausschüsse, bestehend aus hochrangigen Diplomaten und anderen Beamten aus den Mitgliedsstaaten, vorbereitet. Diese Ausschüsse übersehen wiederum die Arbeit der Bürokraten aus den nationalen Verwaltungen und den ständigen Vertretungen in den ungefähr 160 Arbeitsgruppen des Ministerrates.[1]

Formal können nur Minister Gesetze erlassen, aber in vielen Fällen wird die tatsächliche Entscheidung bereits auf einer niedrigeren Eben in der Hierarchie getroffen und durch die Minister ohne jegliche Diskussion abgenickt. Die vorliegende Studie erforscht, inwieweit gesetzgebende Entscheidungen ohne eine direkte Involvierung durch Minister getroffen werden, aber auch in welchem Ausmaß verschiedene institutionelle Eigenschaften des Entscheidungsprozesses darauf einwirken, dass sich Minister persönlich mit einem Gesetzesvorschlag beschäftigen.

Die bisherige Forschung zum Entscheidungsprozess innerhalb des Rates besteht größtenteils aus qualitativen Arbeiten, die entweder in erster Linie eine Beschreibung des Gegenstandbereichs darstellen (Hayes-Renshaw/Wallace 2006; Sherrington 2000; Westlake/Galloway 2004) oder sich auf wenige Fallstudien stützen (Fouilleux et al. 2005; Lewis 1998, 2000, 2003a, b, 2005). Quantitative Studien mit großen Fallzahlen haben sich bisher meistens auf das Abstimmungsverhalten der Mitgliedsstaaten beschränkt (Hayes-Renshaw et al. 2006; Heisenberg 2005; Mattila 2004; Mattila/Lane 2001). Eine Ausnahme bilden die Arbeiten basierend auf dem ,Decision-making in the European Union'- (DEU) Datensatz, der Informationen über ungefähr 70 Entscheidungsprozesse enthält (siehe z.B. die Beiträge in der Sonderausgabe von European Union Politics [Ausgabe 5, Nummer 1, 2004] und in dem Sammelband von (Thomson et al. 2006)). Der DEU-Datensatz ist allerdings auf konflikthafte Fälle beschränkt, während es gerade eines der Ziele dieser Studie ist, herauszufinden, welche Faktoren politischen Konflikt mehr oder weniger wahrscheinlich machen.

Die vorliegende Studie trägt sowohl zur besseren Beschreibung als auch zur besseren analytischen Durchdringung des Entscheidungsfindungsprozesses im Ministerrat bei. Zum einen geschieht dies durch die Identifizierung der Entscheidungsebene im Ministerrat für eine große Zahl von Fällen. Die transparente und generalisierbarere Beschreibung dieses Aspekts des Entscheidungsprozesses bietet ein solides empirisches Fundament für wissenschaftliche und normative Debatten.

---

[1] Liste des Ratssekretariats über die Arbeitsgruppen und Ausschüsse des Rates (Ratsdokument Nr. 8605/06 vom 24. April 2006).

Zum anderen unterwirft die Arbeit verschiedene Modelle der Entscheidungsfindung im Ministerrat einer empirischen Überprüfung. Alle Modelle basieren auf gemeinsamen Grundannahmen über die Eigenschaften der Akteure und des Politikraumes, gleichzeitig beschränkt sich jedoch jedes dieser Modelle auf die Illustration der Wirkung eines einzelnen bestimmten Kausalmechanismusses. So werden die grundlegendsten Auswirkungen der formalen Entscheidungsregel sowie der Involvierung des Parlaments begutachtet (z.b. Crombez 1996; Steunenberg 1994; Tsebelis 1994). Außerdem wird untersucht, ob die Existenz eines gesetzlichen Status Quo auf europäischer Ebene (Dimitrova/Steunenberg 2000) oder die Veto-Möglichkeiten innerstaatlicher Akteure (Pahre 1997) Auswirkungen auf den Entscheidungsfindungsprozess im Rat haben.

Unter der Annahme, dass die Entscheidungsebene einen Indikator für politischen Konflikt darstellt, werden die Vorhersagen der theoretischen Modelle an 166 Entscheidungsfindungsprozessen empirisch überprüft. Die Datenbasis umfasst dabei Beschlussvorschläge für gesetzgebende Akte, die im Jahr 2003 abgeschlossen wurden. Die Resultate der statistischen Analyse sind nicht einheitlich, stützen jedoch größtenteils die theoretischen Erwartungen. Das Mitentscheidungsrecht des Europäischen Parlaments, die Nichtexistenz eines gemeinsamen europäischen Referenzpunktes sowie die Erfordernis der Umsetzung europäischer Richtlinien in nationales Recht erschweren demnach die Entscheidungsfindung im Ministerrat. Lediglich die Entscheidungsregel scheint keinen Einfluss auf die Konflikthaftigkeit der Verhandlungen im Ministerrat auszuüben. Insgesamt erreicht die Studie eine relativ hohe Erklärungskraft mit einer geringen Anzahl von Variablen und einfachen theoretischen Modellen.

Bevor genauer auf diese Ergebnisse eingegangen werden kann, wird im Folgenden zunächst kurz der Gesetzgebungsprozess in der EU beschrieben. Dabei wird insbesondere auf die Rolle des Rates sowie dessen Organisation und internen Entscheidungsprozess eingegangen. Daraufhin werden die verschiedenen theoretischen Modelle erläutert und testbare Hypothesen abgeleitet. Dann wird der Datensatz, dessen Erfassung und die dabei verwendeten Quellen beschrieben. Die Resultate der statistischen Analyse werden im vorletzten Abschnitt besprochen. Das Kapitel schließt mit einer kurzen Zusammenfassung und einer Diskussion der Schlussfolgerungen für die weitere Forschung und die normative Debatte über die Legitimität von Ratsentscheidungen in der EU.

2   Der Ministerrat im EU-Gesetzgebungsprozess

Der Ministerrat hat eine herausragende Stellung im Institutionengefüge der EU inne. Obwohl das Europäische Parlament über die letzten zwei Jahrzehnte kontinuierlich an Kompetenzen gewonnen hat, ist es noch stets nicht maßgeblich an allen gesetzgebenden Entscheidungen der EU beteiligt. In diesem Sinne ist der Ministerrat noch immer das wichtigste Legislativorgan der EU. So ist die Rolle des EP im noch in einigen Politikbereichen angewandten Konsultationsverfahren auf die Möglichkeit beschränkt, unverbindliche Änderungsvorschläge abzugeben. Weder die Kommission noch der Rat müssen diese Vorschläge beachten. Im Mitentscheidungsverfahren ist allerdings die Zustimmung des Parlaments erforderlich, um einen Gesetzesvorschlag anzunehmen.[2]

Beide Verfahren werden durch einen Gesetzesentwurf der Kommission in Gang gesetzt. Dieser wird dann in erster Lesung gleichzeitig im Ministerrat und im Parlament diskutiert. Sobald das Parlament seine Änderungsvorschläge übermittelt hat, kann eine formale Entscheidung im Rat getroffen werden. Das Konsultationsverfahren endet an dieser Stelle. Dies ist auch der Fall im Mitentscheidungsverfahren, wenn alle Änderungsvorschläge des Parlaments für den Rat akzeptabel sind. Ansonsten entscheidet der Rat jedoch lediglich über einen so genannten gemeinsamen Standpunkt und das Verfahren geht in die zweite Lesung. Wenn auch hier keine Einigung zwischen den Institutionen erzielt werden kann, wird der Vermittlungsausschuss einberufen. Im Falle des Scheiterns der Verhandlungen im Vermittlungsausschuss gilt der Gesetzesvorschlag als abgewiesen. Ansonsten muss der im Ausschuss erarbeitete Kompromiss noch in dritter Lesung durch den Rat und das Parlament abgesegnet werden.

Der Entscheidungsprozess innerhalb des Rates unterscheidet sich anfänglich kaum zwischen den beiden Verfahren. Wie in Abbildung 1 illustriert, besteht die Organisationsstruktur des Rates aus drei hierarchischen Ebenen. Nach dem Empfang des Gesetzesentwurfs der Kommission wird dieser zuerst durch die relevante Arbeitsgruppe auf der untersten Ebene der Ratshierarchie begutachtet. Wenn die Mitglieder der Arbeitsgruppe, d.h. die Diplomaten und Beamten aus den nationalen Ministerien, eine völlige Einigung über den Inhalt des Dossiers erzielen, wird der Entwurf durch die Ausschüsse auf der mittleren Ebene auf die Tagesordnung eines der nächsten Ministertreffen gesetzt. Dabei findet keine weitere Diskussion des Entwurfs auf Ausschuss- oder Ministerebene statt. Solche nicht diskutierten Dossiers erscheinen als I-Punkte in den Tagesordnungen der Ausschüsse und als A-Punkte in den Tagesordnungen der Ministertreffen. Gene-

---

[2] Siehe Nugent (2005: 99-102) und Hix (2005: 99-102) sowie die Einleitung dieses Sammelbands für detaillierte Beschreibungen dieser Verfahren.

rell werden alle nicht zu diskutierenden Tagesordnungspunkte zusammen als Block zu Beginn der Sitzungen verabschiedet.

Falls die Arbeitsgruppe allerdings keine vollständige Einigung erzielen kann, wird der Entwurf zu einem der Ausschüsse auf der mittleren Ebene verwiesen. Dort erscheint er dann als II-Punkt zur Diskussion auf der Tagesordnung. Der Sonderausschuss Landwirtschaft (SAL) ist dabei für die gemeinsame Agrarpolitik zuständig.[3] Alle anderen Politikbereiche werden durch eine der beiden Formationen des Ausschusses der Ständigen Vertreter (AStV) abgedeckt.[4] Der AStV I ist für die sektoralen, eher technischen Politikbereiche zuständig, während der AStV II sich um die eher horizontalen und politisch sensibleren Politikfelder kümmert.[5] Letzterer besteht aus den Botschaftern selbst, während sich der ASTV I aus deren Stellvertretern zusammensetzt. Wenn der zuständige Ausschuss einen Kompromiss erzielen konnte, wird der Gesetzesvorschlag als A-Punkt zur formalen Verabschiedung auf die Tagesordnung einer der nächsten Ministersitzungen gesetzt. Falls der Ausschuss keine Einigung erreichen konnte, wird das Dossier als B-Punkt auf die Tagesordnung einer der Sitzungen der zuständigen Ressortminister gesetzt und es obliegt dann den Ministern ein Übereinkommen zu treffen.

---

[3] Im Gegensatz zu den beiden Formationen des Ausschusses der Ständigen Vertreter unterscheidet die Tagesordnung des SAL nicht zwischen I- und II-Punkten (Culley 2004: 152). Alle Entwürfe im Bereich der gemeinsamen Agrarpolitik werden somit zumindest formal in diesem Ausschuss diskutiert.

[4] Andere hochrangige Ausschüsse in einzelnen Politikbereichen, wie z.B. das Politische und Sicherheitspolitische Komitee oder der Artikel 133 Ausschuss, werden hier nicht gesondert betrachtet, da sie nicht die Befugnis haben, direkt einen Punkt auf die Tagesordnung der Minister zu setzen.

[5] Genauer gesagt bereitet der AStV II die Sitzungen der Minister in den Gebieten Allgemeine Angelegenheiten und Außenbeziehungen, Justiz und Inneres, und Wirtschaft und Finanzen vor. Der AStV II kümmert sich um die verbleibenden Ratsformationen (Westlake/Galloway 2004: 204).

Abbildung 1: Der interne Entscheidungsfindungsprozess im Ministerrat

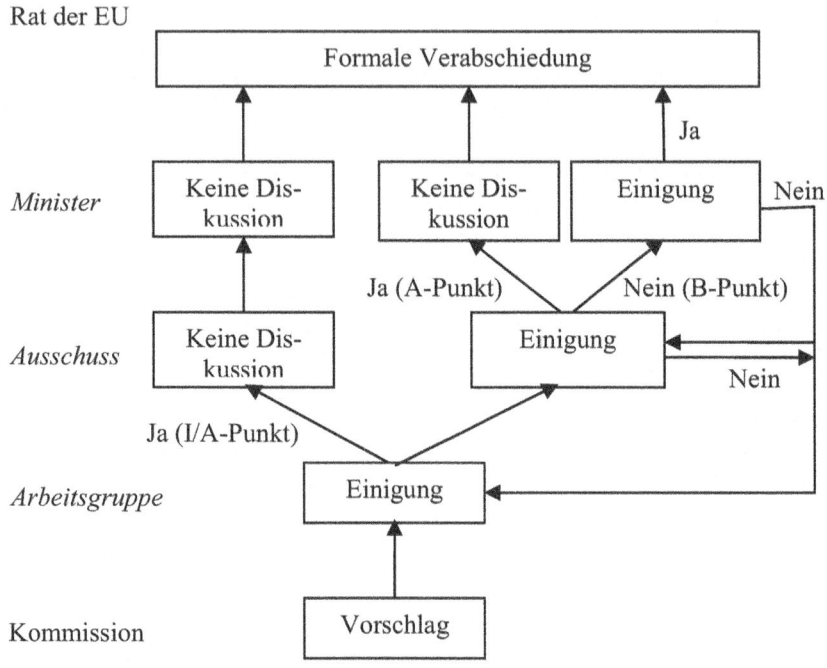

Natürlich ist dies eine eher stilisierte Beschreibung des Entscheidungsfindungs-prozesses im Ministerrat. Die Rückkopplungspfeile von den Minister- und Aus-schussebenen in Abbildung 1 sollen darauf hindeuten, dass Entwürfe mehrere Male zwischen verschiedenen Ebenen im Ministerrat pendeln können, ehe sie letztendlich angenommen werden. Im Falle des Konsultationsverfahrens stellt die formelle Entscheidung am Ende dieses Prozesses die Verabschiedung eines neuen Europäischen Rechtsaktes dar. Im Mitentscheidungsverfahren ist dies dagegen nur der Fall, wenn der Rat alle Änderungsvorschläge des Parlaments akzeptieren konnte. Ansonsten wird lediglich ein gemeinsamer Standpunkt des Rates angenommen, der dann die Grundlage für die weiteren Verhandlungen mit dem Parlament in der zweiten Lesung und gegebenenfalls im Vermittlungsaus-schuss bildet.

Grundsätzlich ist der interne Entscheidungsfindungsprozess des Rates nach der zweiten Lesung im Parlament gleich strukturiert wie zu Beginn des Verfahrens. In der Praxis scheint es allerdings so zu sein, dass Gesetzesentwürfe nach der Formulierung eines gemeinsamen Standpunktes im Rat kaum noch auf Ministerebene diskutiert werden. Die Verhandlungen mit dem Parlament werden weitestgehend durch den AStV, unterstützt durch die relevante Arbeitsgruppe, geführt (Bostock 2002: 219). Aus Gründen der besseren Vergleichbarkeit mit Entscheidungsprozessen im Konsultationsverfahren beschränkt sich die folgende Analyse bei Entscheidungsprozessen im Mitentscheidungsverfahren auf die Ratsentscheidungen in erster Lesung, seien dies nun Verabschiedungen von Rechtsakten oder lediglich Einigungen auf gemeinsame Standpunkte des Rates.

3   Politischer Konflikt und Theorien der Entscheidungsfindung

Im Folgenden werden verschiedene Modelle erläutert, die einzelne Mechanismen illustrieren, wie institutionelle Faktoren die Fähigkeit zu politischem Wandel in der EU beeinflussen. Unter der Annahme, dass die Fähigkeit zu politischem Wandel invers mit dem Grad des politischen Konflikts zusammenhängt, lassen sich durch diese Theorien auch Hypothesen über den zu erwarteten Konfliktgrad im Rat ableiten. Obwohl jede dieser Theorien auf unterschiedlichen substantiellen Argumenten basiert und damit einen bestimmten Kausalmechanismus hervorhebt, setzen sich doch alle aus denselben Grundkomponenten zusammen. In der Tat könnten die Modelle zu einer allumfassenden Supertheorie zusammengefasst werden. Dies würde allerdings die Wirkungen der einzelnen Mechanismen mehr verschleiern als verdeutlichen. Nichtsdestotrotz sollte deutlich sein, dass es sich bei den Modellen nicht um alternative Erklärungsansätze handelt. Im Gegenteil, sowohl hinsichtlich der theoretischen Vereinbarkeit als auch der zu erwartenden empirischen Vorhersagekraft handelt es sich um komplementäre Ansätze.

Das Grundgerüst für die Theorien bildet das räumliche Modell des Abstimmungsverhaltens. Demnach werden kollektive Entscheidungen durch die Präferenzen der beteiligten Akteure sowie die zur Entscheidungsfindung relevanten institutionellen Regelungen bestimmt. Entscheidungsalternativen können in einem ein- oder mehrdimensionalen Raum abgebildet werden und jeder politische Akteur hat einen idealen Punkt in diesem Raum, der die am höchsten präferierte Alternative des Akteurs darstellt. Des Weiteren sind die Präferenzen des Akteurs ,räumlich' in dem Sinne, dass er die Alternativen, die näher an seinem Idealpunkt liegen, denjenigen vorzieht, die weiter entfernt sind.

Um die Wandlungsfähigkeit eines solchen gemeinschaftlichen Entscheidungssystems zu beurteilen, sind zwei theoretische Konzepte von besonderer Bedeutung: Die individuelle Zustimmungsmenge eines einzelnen Akteurs sowie die kollektive Gewinnmenge einer gewissen Akteurskonstellation. Die Zustimmungsmenge beinhaltet alle Alternativen, die ein Akteur gegenüber dem Referenzpunkt bevorzugt. Der Referenzpunkt entspricht dabei der Alternative, die umgesetzt wird, wenn keine kollektive Einigung durch die relevanten Akteure erzielt werden kann. Die Gewinnmenge besteht aus denjenigen Alternativen, die von mindestens so vielen Akteuren gegenüber dem Referenzpunkt bevorzugt werden, wie für einen Politikwandel erforderlich sind.

Im speziellen Fall, wenn die Entscheidungsregel nur einstimmige Beschlüsse erlaubt, besteht die Gewinnmenge dann aus der Schnittmenge der Zustimmungsmengen aller Akteure. In Fällen, in denen die Zustimmungshürde niedriger liegt, zum Beispiel wenn Entscheidungen durch eine einfache Mehrheit der Akteure getroffen werden können, werden zunächst die koalitionsspezifischen Gewinnmengen gebildet. Jede Koalition besteht dabei aus einer Gruppe von Akteuren, die zusammen die erforderliche Mehrheit und damit die Autorität besitzen, um Politikwandel einzuleiten. Die koalitionsspezifische Gewinnmenge setzt sich dann aus der Schnittmenge der Zustimmungsmengen der Koalitionsmitglieder zusammen. Die kollektive Gewinnmenge ist dann die Vereinigungsmenge der koalitionsspezifischen Gewinnmengen aller theoretisch möglichen Akteurskoalitionen.

Bei entgegen gesetzten Interessen der Akteure kann es vorkommen, dass die Gewinnmenge leer ist. Die Akteure können sich dann nicht auf eine neue Politikalternative einigen. Während diese Akteurskonstellation im eindimensionalen Raum nicht ungewöhnlich sein sollte, ist ihr Vorkommen in mehrdimensionalen Entscheidungssituationen doch eher unwahrscheinlich. Daher zielt die folgende Diskussion der Theorien nicht so sehr darauf ab, festzustellen, unter welchen Bedingungen die Gewinnmenge leer ist oder nicht, sondern vielmehr in welcher Weise bestimmte institutionelle Faktoren die Größe der Gewinnmenge beeinflussen.

Die Größe der Gewinnmenge ist dabei ein Indikator, der gleichzeitig den Grad der kollektiven Unzufriedenheit der Akteure mit der derzeitigen Situation, als auch den Grad an Übereinstimmung über die Richtung des anzustrebenden Politikwechsels erfasst. Die für die empirische Überprüfung der Theorien getroffene Annahme einer negativen Beziehung zwischen der Größe der Gewinnmenge und des Grades an politischem Konflikt zwischen den involvierten Akteuren scheint unter diesen Gesichtspunkten recht plausibel. Die generelle Hypothese dieser Studie lautet daher, dass eine Entscheidung auf Ministerebene umso wahrscheinlicher ist, desto stärker (kleiner) der politische Konflikt (die Gewinnmenge) ist. Im Folgenden werden verschiedene Theorien vorgestellt, die präzisieren, unter welchen institutionellen Bedingungen sich die Gewinnmenge in welcher Weise verändert. Wichtig bei dieser Diskussion ist insbesondere das generelle

Resultat, dass die Gewinnmenge sich durch einen zusätzlichen zustimmungsbedürftigen Akteur entweder nicht verändert oder aber verkleinert (Tsebelis 2002: 24).

3.1 Die Entscheidungsregel

Viele Theorien des Entscheidungsprozesses in der EU betonen die Bedeutung der formalen konstitutionellen Regeln und Prozeduren, wie sie in den europäischen Verträgen festgeschrieben sind (z.B. Crombez 1996; Steunenberg 1994; Tsebelis 1994). Insbesondere die Abstimmungsregeln im Rat und die Einbindung des Parlaments in den Gesetzgebungsprozess werden dabei als relevant hervorgehoben. Generell sind diese Theorien relativ komplex, was allerdings auch in Einklang mit dem hoch gesetzten Anliegen steht, den relativen Einfluss verschiedener Akteure auf das Endresultat des Entscheidungsprozesses zu identifizieren. Im Gegensatz zu solchen Punktvorhersagen dienen die folgenden Modelle lediglich dazu, einen bestimmten Mechanismus zu verdeutlichen und empirisch überprüfbare Hypothesen abzuleiten. Deshalb werden die Argumente über die Effekte der Entscheidungsregel im Ministerrat und der Einbeziehung des Parlaments auf die grundlegendsten Elemente reduziert und auch getrennt voneinander betrachtet.

Zuerst also der Effekt der Entscheidungsregel: Für Entscheidungen im Ministerrat sind zwei verschiedene Abstimmungsregeln von Relevanz: Für manche Entscheidungen ist die Einstimmigkeitsregel vorgeschrieben, während für andere die Zustimmung durch eine qualifizierte Mehrheit der Mitgliedsstaaten ausreicht. Die Situation im Rat wird oft durch sieben Akteure dargestellt, die eine gemeinsame Entscheidung zu treffen haben, wobei fünf der sieben Mitglieder für die Erlangung einer qualifizierten Mehrheit ausreichend sind.[6] Abbildung 2 illustriert diese Situation im eindimensionalen Raum. Die Idealpunkte der Mitgliedsstaaten sind durch m_i gekennzeichnet, wobei der Index i zur Unterscheidung der einzelnen Mitgliedsstaaten dient. Der Referenzpunkt wird als x_0 bezeichnet. Das Akzeptanzset eines Mitgliedsstaates, dass heißt die Menge der von ihm gegenüber dem Referenzpunkt vorgezogenen Alternativen, wird durch $p_i(x_0)$ wiedergegeben. Schließlich wird die Gewinnmenge kurz als $w_j(x_0)$ bezeichnet, wobei j in diesem Fall wiedergibt, um welche Entscheidungsregel es sich handelt.[7]

---

[6] Die Tatsache, dass Mitgliedsstaaten in der Realität verschiedene Abstimmungsgewichte haben, wird dabei vernachlässigt.

[7] Die Kürzel beziehen sich auf die englischen Begriffe: So steht p für 'preferred-to-set', w for 'winset', qmv für 'qualified majority voting' und u für 'unanimity'.

Abbildung 2:   Der Einfluss der Entscheidungsregel auf die Größe der
Gewinnmenge

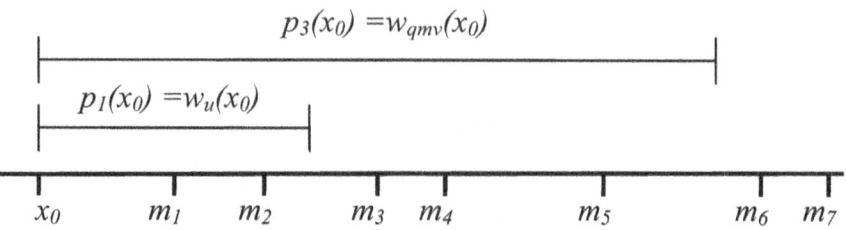

Unter der Einstimmigkeitsregel müssen alle Mitgliedsstaaten einem neuen
Rechtsakt zustimmen, um ihn zu verabschieden. Damit wird der Mitgliedsstaat
m_1, der am nächsten zum Referenzpunkt liegt, zum entscheidenden Akteur. Seine
Zustimmung ist für jegliche Gesetzesänderung vonnöten. Im Falle der Möglichkeit einer Entscheidung durch eine qualifizierte Mehrheit der Mitgliedsstaaten
reicht dagegen die Zustimmung von fünf der sieben Mitgliedsstaaten aus. Für die
Situation in Abbildung 2 bedeutet dies, dass die Zustimmung von m_3 ausreicht,
um Gesetzesänderungen zu verabschieden. Da dessen Idealpunkt weiter vom
Referenzpunkt entfernt liegt als m_1, vergrößert sich automatisch auch die Gewinnmenge. Dadurch ergibt sich folgende Hypothese:

  H1: Die Wahrscheinlichkeit, dass ein Gesetzesvorschlag auf Ministerebene
  im Rat diskutiert wird, ist höher unter der Einstimmigkeits- als unter der
  qualifizierten Mehrheitsregel.

3.2 Das Gesetzgebungsverfahren

Die Rolle und der Einfluss des Europäischen Parlaments unter verschiedenen
Verfahren der Gesetzgebung war lange Gegenstand einer lebhaften Debatte unter
Theoretikern und Praktikern (Crombez et al. 2000; Garrett et al. 2001). Die Diskussion konzentrierte sich dabei hauptsächlich darauf, ob sich die Einflussmöglichkeiten des Parlaments durch die Maastricht-Version des Mitentscheidungsverfahrens gegenüber dem Kooperationsverfahren verbessert oder verschlechtert
haben. Im Vertrag von Amsterdam wurde das Mitentscheidungsverfahren entscheidend zu Gunsten des Parlaments verändert, so dass nun weitgehend Konsens darüber herrscht, dass das Parlament in diesem Verfahren ein gleichberech-
tigtes und dem Rat ebenbürtiges Gesetzgebungsorgan darstellt. Die ursprüngliche Debatte ist somit allenfalls noch von historischem Interesse, insbesondere

auch weil das Kooperationsverfahren inzwischen fast vollständig durch das Mitentscheidungsverfahren ersetzt wurde (Hix 2005: 416-21).

Abbildung 3:   Der Einfluss des Gesetzgebungsverfahrens auf die Größe der
Gewinnmenge

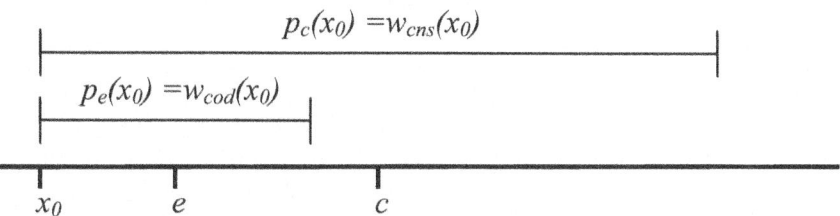

Während noch Uneinigkeit über die genaue Verhandlungsprozedur im Vermittlungsausschuss und damit über den relativen Einfluss der beiden Institutionen im Mitentscheidungsverfahren besteht, herrscht Einigkeit darüber, dass jegliche Lösungsalternative nur angenommen wird, wenn sie auch vom Parlament gegenüber dem Referenzpunkt vorgezogen wird. Das bedeutet, dass die letztendliche Lösung auch Teil der Akzeptanzmenge des Parlaments sein muss.[8] Im Vergleich zum Konsultationsverfahren, in dem das Parlament lediglich unverbindliche Änderungsvorschläge abgeben kann, stattet das Mitentscheidungsverfahren das Parlament somit mindestens mit einem Vetorecht aus. In technischer Hinsicht bedeutet dies wiederum die Zufügung eines weiteren Akteurs, dessen Akzeptanzmenge die bestehende Gewinnmenge potentiell verkleinert. Diese Möglichkeit ist in Abbildung 3 dargestellt.

Der Rat ist dabei auf einen einheitlichen Akteur c reduziert, der als der entscheidende Akteur unter den verschiedenen Entscheidungsregeln aufgefasst werden kann. Das Europäische Parlament wird mit e bezeichnet. Die Abbildung stellt eine Situation dar, in der das Parlament im Vergleich zum Rat relativ zufrieden mit der bestehenden Gesetzgebung ist. Unter dieser Bedingung verkleinert sich wie abgebildet die Gewinnmenge im Mitentscheidungsverfahren (*cod*) gegenüber der Gewinnmenge im Konsultationsverfahren (*cns*). Wenn keine Einigkeit über die Richtung der Politikveränderung herrscht, das heißt e und c liegen nicht auf der gleichen Seite von x_0, dann ist die Gewinnmenge im Mitentscheidungsverfahren leer. Wenn e allerdings weiter entfernt auf der gleichen Seite von x_0 liegt wie c, dann verändert sich die Gewinnmenge durch das Mitent-

---

[8] Das Parlament wird normalerweise unter Bezug auf das Median-Wähler Theorem als einheitlicher Akteur modelliert.

scheidungsrecht des Parlaments nicht. Insgesamt bleibt die Gewinnmenge also entweder gleich oder verkleinert sich durch das Mitentscheidungsverfahren.

H2: Die Wahrscheinlichkeit, dass ein Gesetzesvorschlag auf Ministerebene im Rat diskutiert wird, ist höher im Mitentscheidungs- als im Konsultationsverfahren.

3.3 Der Rechtsakt

Die Europäische Union erlässt drei Arten bindender Rechtsakte: Beschlüsse, Verordnungen und Richtlinien. Beschlüsse und Verordnungen haben direkte Wirkung in den Rechtssystemen der einzelnen Mitgliedsstaaten. Richtlinien müssen dagegen erst in nationales Recht umgesetzt werden, bevor sie anwendbar sind. An der Umsetzung dieser Richtlinien sind in vielen Fällen nationale Akteure beteiligt, die nicht oder nicht direkt an den Verhandlungen der Ressortministerien im Rat beteiligt sind, allerdings im nationalen Rechtsetzungsprozess formelle oder informelle Veto-Positionen innehaben. Je nachdem ob zur Umsetzung einer Richtlinie ein Gesetz oder Verwaltungsakt verwendet wird und wie das politische System des Landes strukturiert ist, kann es sich dabei zum Beispiel um das Parlament, eine zweite Kammer, den Regierungschef oder andere Ministerien handeln. Obwohl diese Akteure den Verhandlungsprozess im Rat nicht direkt beeinflussen, sollte ein drohendes Veto in der Umsetzungsphase durch entsprechende Antizipation der Positionen dieser Akteure durch die Ratsmitglieder umgangen werden.

Letztendlich handelt es sich hierbei also um ein Mehrebenenspiel, wie es bereits von Putnam (1988) beschrieben wurde. Eine Reihe von Arbeiten hat seitdem untersucht, inwieweit innerstaatliche Ratifikationsprobleme die Verhandlungsmacht von Regierungen in internationalen Verhandlungen beeinflussen. Die Validität der so genannten Schelling-Vermutung, dass interne Vetospieler den Einfluss des Verhandlungsführers erhöhen (siehe Schelling 1960), wurde inzwischen durch verschiedene formal-analytische Arbeiten relativiert (Iida 1993, 1996; Milner/Rosendorff 1997; Mo 1994, 1995). Andere Arbeiten haben untersucht, inwieweit innerstaatliche Implementationsprobleme (Mertha/Pahre 2005) oder die Kontrolle über den Status Quo (Pahre 2001) das Verhandlungsresultat beeinflussen. Wichtige Anwendungen und Weiterentwicklungen dieses Ansatzes im EU-Bereich stellen die analytischen und empirischen Untersuchungen zur Verhandlungsmacht einzelner Akteure in den Regierungskonferenzen dar, die über Vertragsrevisionen entscheiden (Hug/König 2002; König/Hug 2000; König/Slapin 2004).

Obwohl die Antizipation möglicher Umsetzungsprobleme in einzelnen Staaten auch von Praktikern als relevant für die Erklärung des alltäglichen Entscheidungsverhaltens im Ministerrat angesehen wird,[9] gibt es dazu kaum theoretische oder empirische Studien. Ausnahmen sind die Arbeiten von Bailer, Finke und Schneider (Bailer/Schneider 2006; Schneider et al. 2004). Diese haben den Effekt innerstaatlicher Umsetzungsprobleme auf den Verhandlungserfolg im EU-Entscheidungsprozess unter Verwendung des bereits erwähnten DEU-Datensatzes empirisch untersucht. Pahre (1997) hat ein theoretisches Modell vorgestellt, dass die Auswirkungen nationalstaatlicher parlamentarischer Kontrollgremien auf die Entscheidungsfindung in der EU beleuchtet. Das hier verwendete Modell ist im Wesentlichen eine stark vereinfachte Version von Pahre's Modell.

Abbildung 4:   Der Einfluss nationaler Vetospieler auf die Größe der Gewinnmenge

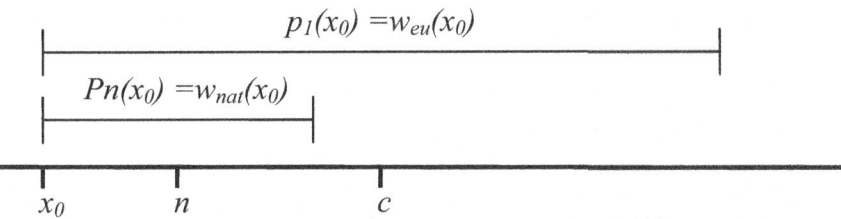

Die Theorie besteht aus zwei zeitlich unterschiedenen Stufen: In der ersten Stufe einigen sich die Ratsmitglieder auf eine kollektive Entscheidung auf der EU-Ebene, in der zweiten Stufe entscheiden die innerstaatlichen Vetospieler dann, ob sie die Entscheidung akzeptieren oder nicht. Die innerstaatlichen Vetospieler werden der Umsetzung der Ratsentscheidung nur zustimmen, wenn die Ratsentscheidung Teil ihrer Akzeptanzmenge ist, d. h. wenn sie dadurch besser gestellt werden als durch die bestehende Situation. Um die nationalstaatliche Umsetzung zu garantieren, werden die Ratsmitglieder die Positionen und das Verhalten ihrer nationalen Vetospieler antizipieren und sich nur auf solche Entscheidungen einigen, die auch für die nationalen Vetospieler annehmbar sind.

Der Einfachheit halber wird in Abbildung 4 lediglich ein innerstaatlicher Vetospieler n betrachtet.[10] Der Rat ist wiederum auf seinen entscheidenden Akteur reduziert. Damit ist die Struktur des Modells genau dieselbe wie die des Modells der Auswirkungen des Gesetzgebungsverfahrens. Die Schlussfolgerung

---

[9] Interview mit Ratsbeamten, Brüssel, 23. November 2004.
[10] Für die Zwecke dieser Arbeit ist es unerheblich, welchem Mitgliedsstaat der Vetospieler angehört, deshalb ist n nicht indexiert.

ist damit grundsätzlich auch dieselbe: Die Notwendigkeit der Zustimmung innerstaatlicher Akteure bei der Umsetzung bedeutet eine Erhöhung der Anzahl der
zustimmungsbedürftigen Akteure, was wiederum die Gewinnmenge entweder
nicht verändert oder aber verkleinert.

Die genaue Anzahl der innerstaatlichen Vetospieler variiert sicherlich von
Richtlinie zu Richtlinie (Steunenberg 2006). Allerdings sind Informationen darüber kaum für eine große Anzahl von Fällen erhältlich. Deshalb wird in der Analyse nur der qualitative Unterschied zwischen Beschlüssen und Verordnungen
einerseits und Richtlinien andererseits getestet. Bei Entscheidungen über Beschlüsse und Verordnungen sollten innerstaatliche Akteure eine geringere Rolle
spielen, während die Umsetzung von Richtlinien wohl weitere einflussreiche
innerstaatliche Akteure involviert, deren erwartetes Verhalten in Ratsverhand-
lungen berücksichtigt werden muss.

*H3: Die Wahrscheinlichkeit, dass ein Gesetzesvorschlag auf Ministerebene
im Rat diskutiert wird, ist höher bei Richtlinien als bei Beschlüssen und Di-
rektiven.*

3.4 Nationalstaatliche Referenzpunkte

Bei den bisherigen Theorien wurde angenommen, dass alle Akteure die Entscheidungsalternativen gegenüber einem gemeinsamen Referenzpunkt abwägen.
Als Referenzpunkt gilt dabei die in dem Politikfeld existierende Gesetzgebung,
der so genannte Status Quo. Wie Dimitrova und Steunenberg (2000) allerdings
beschrieben haben, ist diese Standardannahme räumlicher Abstimmungsmodelle
für die Analyse von EU-Entscheidungsprozessen oft nicht adäquat. Die EU ist
noch kein gereiftes politisches System in dem Sinne, dass in allen ihren Zustän-
digkeitsbereichen bereits europäische Rechtsakte erlassen wurden. Bei vielen
Gesetzesvorschlägen geht es nicht so sehr darum, bereits bestehende europäische
Regelungen zu verändern, sondern zu allererst darum, eine gemeinsame europäische Regelung zu formulieren. Dies geschieht oft vor dem Hintergrund stark
variierender nationaler Politiktraditionen und Rechtsordnungen in den Mitgliedsstaaten.

Komparative Statik-Vorhersagen über die Größe der Gewinnmenge werden
in diesem Modell dadurch erschwert, dass die Gewinnmenge nicht nur von den
Idealpunkten und einem einzelnen kollektiven Referenzpunkt, sondern gleich
von mehreren individuellen Referenzpunkten abhängt. Für die Identifikation der
Auswirkungen unterschiedlicher bestehender Politikzustände muss daher zuerst
eine weitere weit reichende Annahme gefasst werden: Im Vergleich zu einer
fiktiven Situation mit europäischem Status Quo sind die Akzeptanzmengen der
einzelnen Akteure im Szenario mit nationalstaatlichen Referenzpunkten entwe-

der gleich groß oder kleiner. Substantiell bedeutet dies, dass alle Regierungen der Mitgliedsstaaten die Substanz ihrer existierenden nationalen Regelungen einem hypothetischen europäischen Status Quo vorziehen würden oder indifferent wären. Das Resultat, dass die Gewinnmenge bei Gesetzgebungsinitiativen, die einen neuen Gegenstandsbereich betreffen, kleiner oder gleich groß ist als die Gewinnmenge bei Vorschlägen zur Änderung bestehender EU-Rechtsvorschriften, ist dann eine direkte Folge dieser Annahme. Abbildung 5 illustriert diese Beziehung.

Abbildung 5:   Der Einfluss nationaler Referenzpunkte auf die Größe der Gewinnmenge

Supranationaler Referenzpunkt:

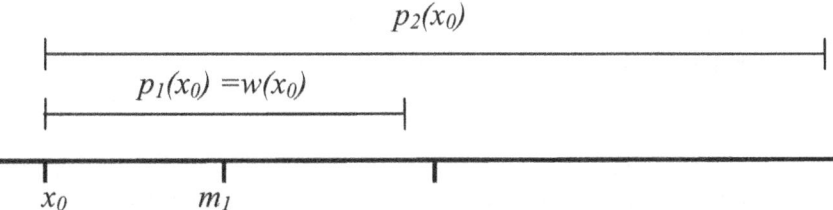

Nationale Referenzpunkte:

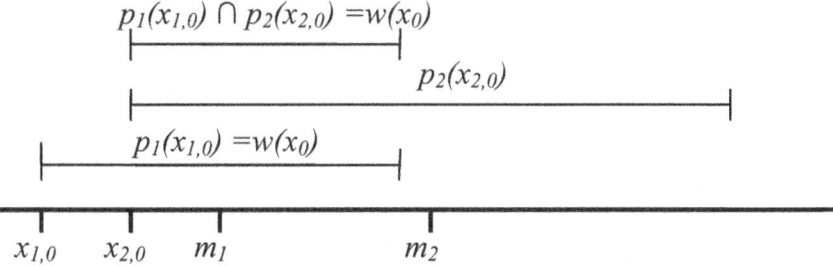

Der Einfachheit halber werden in Abbildung 5 nur zwei Mitgliedsstaaten, m_1 und m_2, betrachtet, die einstimmig über eine Richtlinie entscheiden müssen. Die Gewinnmenge besteht daher aus der Schnittmenge der Akzeptanzmengen der beiden Akteure. Der obere Teil der Abbildung gibt das supranationale Szenario wieder, in dem beide Mitgliedsstaaten denselben Referenzpunkt x_0 besitzen. Die

Schnittmenge der Akzeptanzmengen ist daher die Akzeptanzmenge des Akteurs, dessen Idealpunkt näher am Status Quo liegt, in diesem Falle also die Akzeptanzmenge von m_1. Der untere Teil der Abbildung illustriert die Situation, in der die Akteure unterschiedliche Referenzpunkte haben. Gegenüber dem supranationalen Szenario hat sich hier der Referenzpunkt $x_{2,0}$ von m_2 etwas nach rechts verschoben. Damit verkleinert sich die Schnittmenge der Akzeptanzmengen und somit die Gewinnmenge. Wenn sich $x_{2,0}$ über den Indifferenzpunkt von m_1 hinaus nach rechts verschieben würde, so würden sich die Akzeptanzmengen nicht mehr überschneiden und die Gewinnmenge sogar leer sein. Situationen, in denen nationalstaatliche Referenzpunkte links vom supranationalen Referenzpunkt liegen, sind per Annahme ausgeschlossen. Damit ergibt sich die Vorhersage, dass eine Diversifizierung der Referenzpunkte die Größe der Gewinnmenge negativ beeinflusst.

> *H4: Die Wahrscheinlichkeit, dass ein Gesetzesvorschlag auf Ministerebene im Rat diskutiert wird, ist höher, wenn noch keine EU-Gesetzgebung in dem betreffenden Politikbereich besteht, als wenn der Politikbereich bereits durch europäische Rechtsakte reguliert ist.*

Neben diesen theoretisch motivierten Variablen wird in der folgenden Analyse auch noch dafür kontrolliert, ob der Rat einen Kommissionsvorschlag als eine gesetzgebende oder eine nicht-gesetzgebende Initiative behandelt. Die offiziellen Kriterien für diese Unterscheidung sind eher wage.[11] Dennoch kann diese Variable als zumindest partielle Kontrolle für die Wichtigkeit eines bestimmten Dossiers betrachtet werden. Auch hier wird erwartet, dass die Klassifizierung als Gesetzgebungsakt die Wahrscheinlichkeit erhöht, dass ein bestimmter Vorschlag auf Ministerebene diskutiert wird. Bevor die hier beschriebenen Hypothesen einer empirischen Überprüfung unterzogen werden, werden im nächsten Abschnitt allerdings zunächst der für die Analyse verwendete Datensatz sowie die ursprünglichen Informationsquellen kurz erläutert.

4   Stichprobe und Datenerhebung

Die Studie basiert auf der Analyse von 166 Entscheidungsfindungsprozessen des Rates, die im Jahr 2003 abgeschlossen wurden. Bei den einzelnen Entscheidungen handelt es sich um alle drei Arten verbindlicher europäischer Rechtsakte: Beschlüsse, Richtlinien und Verordnungen. Bei der Erstellung des Datensatzes waren vier Selektionskriterien von Relevanz: Erstens, aus praktischen Gründen

---

[11] Siehe Artikel 7 des Beschluss des Rates vom 22. März 2004 zur Festlegung seiner Geschäftsordnung, Amtsblatt der EU, L106/47, 15. April 2004.

wurden nur Rechtsakte in die Stichprobe aufgenommen, die im Jahr 2003 erlassen wurden. Begrenzte Ressourcen einerseits und die zeitintensive Erhebung einiger Variablen andererseits erlaubten die Betrachtung eines längeren Zeitraumes nicht. Außerdem ist ein großer Teil der verwendeten Informationen erst seit der Änderung der Transparenzpolitik des Rates im Jahr 2000 öffentlich zugänglich. Zweitens wurden nur Entscheidungsprozesse betrachtet, die durch das Konsultations- oder Mitentscheidungsverfahren entschieden wurden. Das Zustimmungsverfahren wird hauptsächlich zur Ratifikation internationaler Verträge verwendet und das Kooperationsverfahren wurde inzwischen weitestgehend durch das Mitentscheidungsverfahren ersetzt (siehe Hix 2005: 416-21).

Drittens beschränkt sich die Stichprobe auf Vorschläge zur Gesetzgebung im ersten Pfeiler der EU. Gesetzesentwürfe, die auf einem Artikel des ,Vertrages über die Europäische Union' basieren, wurden nicht berücksichtigt. Damit wird sichergestellt, dass es sich bei allen Gesetzesentwürfen um Vorschläge der Kommission und nicht einzelner Mitgliedsstaaten handelt. Schließlich wurden noch alle Abschlüsse internationaler Verträge aus der Stichprobe entfernt. Deskriptive Analysen zeigten, dass kein einziger dieser Vorschläge auf Ministerebene diskutiert wurde. Dies ist nicht weiter verwunderlich wenn man beachtet, dass es sich bei diesen Entscheidungen nur um die formale Ratifikation von Verträgen handelt, über deren eigentliche Substanz bereits in früheren Ratssitzungen entschieden wurde.

Ein großer Teil der hier verwendeten Informationen stammt aus der Datenbank *Prelex* der Kommission. Diese Datenbank verfolgt und dokumentiert den Stand aller Initiativen der Kommission im Gesetzgebungsprozess der EU. Unter anderem wird für jeden Vorschlag die vertragliche Grundlage, die Art des Rechtsaktes, das relevante Verfahren, ob es sich um eine neue Gesetzesinitiative oder einen Änderungsvorschlag handelt, die involvierten institutionellen Akteure sowie Art und Zeitpunkt ihrer Sitzungen und Entscheidungen wiedergegeben. Die Informationen zur Operationalisierung der unabhängigen Variablen konnten somit zum größten Teil aus dieser Quelle gewonnen werden.

Dabei werden in Prelex nicht nur Ratssitzungen angegeben, in denen formale Legislativentscheidungen getroffen werden, sondern auch Ministertreffen, in denen ein Dossier lediglich diskutiert oder eine informelle politische Einigung erzielt wurde. Solche politischen Einigungen werden dann erst später, nach der Finalisierung des Textes durch die Linguistik-Experten und Juristen, formal als Rechtsakt umgesetzt. Außerdem ist in Prelex ersichtlich, ob ein Vorschlag als A- oder B-Punkt auf der Tagesordnung der Minister behandelt wurde. Dadurch lässt sich feststellen, ob ein bestimmter Gesetzesvorschlag im Laufe des Entscheidungsprozesses innerhalb des Rates jemals Gegenstand einer Ministerberatung war oder nicht. Ein Indikator für die direkte Involvierung der Minister wird als abhängige Variable in der folgenden statistischen Analyse verwendet. Die Daten zur Operationalisierung der restlichen unabhängigen Variablen, das heißt die Informationen über die angewandte Entscheidungsregel im Ministerrat sowie darüber, ob der Rat einen bestimmten Rechtsakt als einen gesetzgeberischen oder einen nicht-gesetzgeberischen Akt betrachtete, wurden aus den monatlichen ‚Aufstellungen der Rechtsakte des Rates' gewonnen.[12]

5   Empirische Untersuchung der Hypothesen

In diesem Abschnitt wird die Plausibilität der theoretischen Erwartungen mit Hilfe des Datensatzes zunächst durch einfache Kreuztabellen begutachtet. Ob die bivariaten Zusammenhänge auch einer multivariaten Analyse standhalten, wird dann durch eine multivariate logistische Regression überprüft.

5.1 Bivariate Analyse

Von den 166 im Datensatz berücksichtigten Gesetzesvorschlägen wurden knapp über die Hälfte zumindest einmal während des Gesetzgebungsprozesses durch die Minister persönlich diskutiert. Genauer gesagt wurden 87 (52.4%) Vorschläge durch die Minister besprochen, während 79 (47.6%) Gesetzesvorhaben praktisch bereits auf Arbeitsgruppen- oder Ausschussebene verabschiedet wurden. Obwohl diese Zahlen den Ministern eine weitaus einflussreichere Rolle bei Ratsentscheidungen zusprechen als frühere Schätzungen (siehe Hayes-Renshaw/Wallace 1997), machen sie doch deutlich, dass eine geraume Anzahl von gesetzgebenden Entscheidungen im Rat ohne die direkte Involvierung der zuständigen Minister getroffen werden.

Inwieweit beeinflussen nun institutionelle Faktoren die Wahrscheinlichkeit, dass ein Dossier Gegenstand von Ministerverhandlungen wird? Die Tabellen 1 bis 5 geben einen ersten Aufschluss über die Plausibilität der oben abgeleiteten Hypothesen und die Nützlichkeit der zu Grunde liegenden Modelle. Die erste Kreuztabelle zeigt einen deutlichen Zusammenhang zwischen der Abstimmungsregel und der Entscheidungsebene im Ministerrat. Allerdings entspricht dieser Zusammenhang nicht der theoretisch erwarteten Beziehung. Dass Gesetzesvorschläge, für die die Einstimmigkeitsregel einschlägig ist, eher auf unteren Ebenen entschieden werden als Gesetzesvorschläge, die durch eine qualifizierte Mehrheit verabschiedet werden können, ist ein doch eher überraschendes Ergebnis. Bei genauerer Betrachtung der Daten stellt sich dann auch heraus, dass es

---

[12] Die URL ist http://ue.eu.int/showPage.asp?id=254&lang=en&mode=g (18/02/2006).

sich bei dieser Beziehung wohl um eine Scheinzusammenhang handelt, der
durch die starken Beziehungen beider Variablen mit der Variable für das Gesetzgebungsverfahren verursacht wird. In der Tat enthält der Datensatz keinen einzigen Fall, in dem das Mitentscheidungsverfahren mit der Einstimmigkeitsregel
einhergeht. Es ist daher schwierig festzustellen, ob es wirklich die qualifizierte
Mehrheitsregel oder vielmehr das Mitentscheidungsverfahren ist, das die Entscheidungsfindung im Rat erschwert.

Tabelle 1: Zusammenhang zwischen Abstimmungsregel und
Ratsentscheidungsebene

Entscheidungsregel	Ministerbeteiligung		
	Nein	Ja	Insgesamt
Qualifizierte Mehrheit	49	72	121
	(40.50)	(59.50)	(100.00)
Einstimmigkeit	30	15	45
	(66.67)	(33.33)	(100.00)
Insgesamt	79	87	166
	(47.59)	(52.41)	(100.00)

*Anmerkungen: Pearson chi^2(1) = 9.0073, Prob. = 0.003; Goodman und Kruskal's
Gamma = -0.4922, asymptotischer Standardfehler = 0.139*

Wenn man die Analyse allerdings auf die Fälle im Konsultationsverfahren beschränkt, wird der Einfluss des Gesetzgebungsverfahrens konstant gehalten. Wie
in Tabelle 2 illustriert, ist dabei der negative Zusammenhang deutlich schwächer
und statistisch nicht mehr signifikant. Obwohl damit ein gegenteiliger Effekt als
unwahrscheinlich erscheint, bleibt doch festzuhalten, dass die ursprüngliche
Hypothese auch zurückgewiesen wird. Ein positiver Effekt der Einstimmigkeitsregel auf die Wahrscheinlichkeit, dass ein Vorschlag durch die Minister diskutiert wird, ist also nicht feststellbar.

Tabelle 2: Zusammenhang zwischen Abstimmungsregel und
Ratsentscheidungsebene (nur Fälle im Konsultationsverfahren)

Entscheidungsregel	Ministerbeteiligung		
	Nein	Ja	Insgesamt
Qualifizierte Mehrheit	19	15	34
	(55.88)	(44.12)	(100.00)
Einstimmigkeit	30	15	45
	(66.67)	(33.33)	(100.00)
Insgesamt	49	30	79
	(62.03)	(37.97)	(100.00)

*Anmerkungen: Pearson $chi^2(1)$ = 0.9563, Prob. = 0.328; Goodman und Kruskal's
Gamma = -0.2245, asymptotischer Standardfehler = 0.222*

Im Gegensatz zur ersten Hypothese werden die verbleibenden Erwartungen allerdings durch die Daten soweit bestätigt. Tabelle 3 weist einen deutlich positiven Zusammenhang zwischen der Anwendung des Mitentscheidungsverfahrens
und der Häufigkeit von Ministerdiskussionen auf. Das gleiche gilt für die Beziehungen zwischen der Ratsentscheidungsebene einerseits und der Art des Rechtsaktes und der Art des bestehenden Status Quo andererseits. Der Anteil von Ratsentscheidungen mit direkter Beteiligung der Minister ist deutlich höher, wenn
eine Richtlinie anstatt ein Beschluss oder eine Verordnung zur Debatte steht.
Auch Gesetzesvorhaben, die zum Ziel haben, erste gemeinsame europäische
Regelungen in einem Politikfeld zu erlassen, sind deutlich öfters Anlass zu Diskussionen auf Ministerebene als Vorschläge, die schon bestehendes europäisches
Recht lediglich verändern wollen. Damit kann festgehalten werden, dass bis auf
die erwartete Wirkung der Entscheidungsregel alle Hypothesen durch die Ergebnisse der bivariaten Analyse gestützt werden.

Tabelle 3:   Zusammenhang zwischen Gesetzgebungsverfahren und
Ratsentscheidungsebene

Gesetzgebungsverfahren	Ministerbeteiligung		
	Nein	Ja	Insgesamt
Konsultation	49	30	79
	(62.03)	(37.97)	(100.00)
Mitentscheidung	30	57	87
	(34.48)	(65.52)	(100.00)
Insgesamt	79	87	166
	(47.59)	(52.41)	(100.00)

Anmerkungen: Pearson chi^2(1) = 12.5926, Prob. = 0.000; Goodman und Kruskal's
Gamma = 0.5126, asymptotischer Standardfehler = 0.119

Tabelle 4:   Zusammenhang zwischen Art des Rechtsaktes und
Ratsentscheidungsebene

Art des Rechtsaktes	Ministerbeteiligung		
	Nein	Ja	Insgesamt
Beschluss/Verordnung	61	47	108
	(56.48)	(43.52)	(100.00)
Richtlinie	18	40	58
	(31.03)	(68.97)	(100.00)
Insgesamt	79	87	166
	(47.59)	(52.41)	(100.00)

Anmerkungen: Pearson chi^2(1) = 9.7969, Prob. = 0.002; Goodman und Kruskal's
Gamma = 0.4851, asymptotischer Standardfehler = 0.131

Tabelle 5:   Zusammenhang zwischen Art des Status Quo und
Ratsentscheidungsebene

Status Quo	Ministerbeteiligung		
	Nein	Ja	Insgesamt
Europäisch	50	35	85
	(58.82)	(41.18)	(100.00)
National	29	52	81
	(35.80)	(64.20)	(100.00)
Insgesamt	79	87	166
	(47.59)	(52.41)	(100.00)

*Anmerkungen: Pearson chi^2(1) = 8.8128, Prob. = 0.003; Goodman und Kruskal's
Gamma = 0.4385, asymptotischer Standardfehler = 0.129.*

5.2 Multivariate Analyse

Ob die bivariaten Zusammenhänge auch einer Kontrolle durch Drittvariablen standhalten, kann durch eine mulitivariate logistische Regression überprüft werden. Die abhängige Variable ist dabei wiederum die Indikatorvariable für Ministerbeteiligung, die den Wert 1 annimmt, wenn das Dossier auf Ministerebene diskutiert wurde, und den Wert 0, wenn eine Entscheidung praktisch schon durch eine Arbeitsgruppe oder einen Ausschuss getroffen wurde. Die Resultate der Analyse sind in Tabelle 6 dargestellt. Die Tabelle gibt die Schätzergebnisse für drei verschiedene Modellgleichungen wieder. In der ersten Modellspezifikation sind alle soweit diskutierten theoretisch abgeleiteten Variablen enthalten sowie die Variable, die angibt, ob ein Kommissionsvorschlag vom Rat als gesetzgebender oder nicht-gesetzgebender Akt kategorisiert wurde. Letztere Variable dient als Kontrollvariable für die Wichtigkeit der Beschlussvorlage. Wegen des im letzten Abschnitt diskutierten Kollinearitätsproblems zwischen der Entscheidungsregel und dem Gesetzgebungsverfahren werden die Ergebnisse der Regression zusätzlich auch unter Ausschluss jeweils einer dieser Variablen wiedergegeben. So ist in der zweiten Modellspezifikation die Variable für den Gesetzgebungsprozess nicht berücksichtigt, während die Variable für die Entscheidungsregel nicht Teil des dritten Modells ist.

Tabelle 6: Ergebnisse der logistischen Regression

	Ministerbeteiligung			
	Model 1	Model 2	Model 3	Odds-Veränderung
Entscheidungsregel	-0.10	-0.55		
Einstimmigkeit = 1	(0.19)	(1.26)		
Qualifizierte Mehrheit = 0				
Gesetzgebungsverfahren	0.64		0.69*	99.3
Mitentscheidung = 1	(1.43)		(1.89)	
Konsultation = 0				
Rechtsakt	0.73*	0.87*	0.72*	105.0
Richtlinie = 1	(1.83)	(2.25)	(1.82)	
Beschluss/Verordnung = 0				
Status Quo	0.89*	0.92*	0.89*	142.7
National = 1	(2.42)	(2.52)	(2.41)	
Europäisch = 0				
Kategorisierung des Aktes	2.04*	2.03*	2.07*	690.8
Gesetzgebend = 1	(2.52)	(2.52)	(2.61)	
Nicht gesetzgebend = 0				
Konstante	-2.72*	-2.34*	-2.80*	
	(3.23)	(2.93)	(3.70)	
Likelihood Ratio Chi^2	39.28*	37.23*	39.25*	
McFadden Pseudo R^2	0.17	0.16	0.17	
Angepasstes Count R^2	0.33	0.32	0.35	
BIC	-627.46	-630.52	-632.54	

Anmerkungen: N = 166; * signifikant auf 5%-Niveau, einseitige Wald-Tests; Angaben sind Regressionskoeffizienten mit absoluten Werten der z-Statistik in Klammern (außer in Spalte5, diese Werte geben die prozentuale Veränderung der Odds wieder); 'BIC' steht für Bayesian Information Criterion (siehe Long/Freese 2001: 85-6); alle Berechnungen wurden mit Stata 8.0 durchgeführt.

In der Tat unterscheiden sich die Koeffizienten dieser beiden Variablen im ersten Modell statistisch nicht signifikant von 0. Wie in der bivariaten Analyse scheint der Koeffizient für die Entscheidungsregel auch hier eine Assoziation anzudeuten, die der theoretischen Erwartung zuwiderläuft. Allerdings kann die Nullhypothese keines Effektes der Entscheidungsregel auch in Modell 2, in dem die Variable für das Gesetzgebungsverfahren ausgeschlossen wurde, nicht verworfen werden. Im Gegensatz dazu zeigt der Koeffizient der Variable für das Gesetzgebungsverfahren einen statistisch signifikanten Zusammenhang mit der abhängigen Variable auf, sobald die Variable für die Entscheidungsregel aus der Modellspezifikation entfernt wird (siehe Modell 3). Obwohl die Verflechtung zwischen Entscheidungsregel und Gesetzgebungsverfahren kein letztendliches und definitives Urteil über die Effekte eines einzelnen dieser Faktoren erlaubt, deuten die Ergebnisse dieser Untersuchung doch darauf hin, dass es nicht so sehr die Einstimmigkeitsregel im Rat, sondern eher die Mitentscheidungsbefugnis des Parlaments ist, die die Einigungsfindung im Ministerrat erschweren.[13]

Generell sind die Koeffizienten und die statistischen Ergebnisse der anderen Variablen robust gegenüber diesen Veränderungen in der Modellspezifikation. Alle Koeffizienten haben das erwartete positive Vorzeichen und die Nullhypothese, dass tatsächlich keine Beziehung mit der abhängigen Variable besteht, ist nur mit einer Wahrscheinlichkeit von lediglich 5% oder weniger wahr. Die Stärke der prozentualen Veränderung in den Odds, dass ein Dossier durch Minister diskutiert wird, weist außerdem darauf hin, dass alle Variablen auch einen substantiell nicht zu vernachlässigenden Einfluss haben. So sind die Odds einer Diskussion durch Minister im Falle einer Richtlinie um 105% höher als im Falle eines Beschlusses oder einer Verordnung. Mit anderen Worten sind die Odds einer Ministerbeteiligung bei Richtlinien doppelt so hoch wie bei anderen Rechtsakten. Die Anwendung des Mitentscheidungsverfahrens sowie die Existenz eines europäischen Status Quo haben ähnliche oder sogar noch stärkere Auswirkungen. Auch die Kontrolle der Ansicht des Rates, ob es sich bei einer Vorlage um einen gesetzgeberischen oder nicht-gesetzgeberischen Akt handelt, scheint gerechtfertigt zu sein. Die Odds, dass ein gesetzgeberischer Akt durch Minister diskutiert wird, sind fast sieben Mal höher als die Diskussion eines nicht-gesetzgeberischen Aktes.

---

[13] Aus empirischer Sicht weisen nicht nur die Koeffizienten und Signifikanztests der einzelnen Variablen auf den Einfluss des Parlaments und die Irrelevanz der Entscheidungsregel hin. Auch alle Modell-Fit Statistiken deuten auf eine bessere Erklärungskraft des dritten Modells hin.

6   Zusammenfassung und Schlussfolgerungen

Ziel dieses Kapitels war es, festzustellen, inwieweit institutionelle Eigenschaften der Entscheidungssituation darauf einwirken, auf welcher hierarchischen Ebene im EU-Ministerrat gesetzgebende Entscheidungen geformt werden. Als Arbeitshypothese wurde dabei angenommen, dass die Ratsebene ein dichotomer Indikator für die latente Variable politischer Konflikt darstellt. Daraufhin wurden mehrere räumliche Abstimmungsmodelle erläutert, die Einflüsse verschiedener institutioneller Faktoren auf den Konfliktgrad im Ministerrat erwarten ließen. Genauer gesagt wurden testbare Hypothesen über die Effekte der Entscheidungsregel, des Gesetzgebungsverfahrens, der Art des Rechtsaktes sowie des Standes der EU-Gesetzgebung in einem Politikbereich abgeleitet. Die empirische Analyse von 166 Gesetzgebungsprozessen bestätigte einen Großteil der vorhergesagten Beziehungen. Die Ergebnisse zeigten, dass eine direkte Beteiligung von Ministern am Entscheidungsprozess innerhalb des Rates wahrscheinlicher ist, wenn es sich um einen Gesetzesvorschlag handelt, der (1) im Mitentscheidungsverfahren mit dem Parlament entschieden werden muss anstatt im Konsultationsverfahren, (2) eine Richtlinie anstatt ein Beschluss oder eine Verordnung ist und (3) bis dahin national regulierte Politikbereiche neu auf europäischer Ebene regelt anstatt bestehende europäische Regelungen zu verändern. Lediglich die Entscheidungsregel ließ keine Wirkung auf den Konfliktgrad im Rat erkennen.

Die Irrelevanz der Entscheidungsregel ist doch ein eher unerwartetes Ergebnis. Obwohl durch die Veröffentlichung der Abstimmungsergebnisse inzwischen allgemein bekannt ist, dass im Ministerrat kaum explizit über Beschlüsse abgestimmt wird, wird doch von vielen Betrachtern ein zumindest indirekter Effekt der Entscheidungsregel auf das Entscheidungsverhalten im Rat prognostiziert. So argumentiert Golub (1999, 2001), dass die bloße Möglichkeit einer Abstimmung, 'the shadow of the vote', zu kompromissbereiterem Verhalten und damit zu effizienteren Einigungen führt. Dieser Effekt wurde zudem in seiner eigenen Arbeit zur Dauer des EU-Gesetzgebungsprozesses als auch durch andere großzahlige quantitative Untersuchungen von Schulz und König (2000) und König (2005) empirisch bestätigt. Eine neuere Studie von Drüner et al. (2006), basierend auf den DEU-Daten, findet dagegen auch keinen signifikanten Effekt der Abstimmungsregel auf die Effizienz der Entscheidungsfindung und steht somit in Einklang mit den Ergebnissen dieser Arbeit. Insgesamt stellt das Ergebnis der Studie also die beinahe selbstevidente These eines zumindest indirekten Effekts der Abstimmungsregel auf das Entscheidungsverhalten in Frage. Im Gegenteil, die Ansicht, dass im Rat eine Kultur des Kompromisses (z. B. Heisenberg 2005; Lewis 2003a) vorherrscht, wird durch diese Resultate noch weiter untermauert.

Neben diesem negativen Resultat zeigen die Ergebnisse der Studie aber auch die Nützlichkeit formaler räumlicher Modelle auf. Basierend auf denselben Grundannahmen und einem einheitlichen theoretischen Konzept, der Gewinnmenge, wurden aus unterschiedlichen theoretischen Argumenten Hypothesen über den Einfluss institutioneller Charakteristiken auf den Grad des politischen Konflikts im Rat abgeleitet. Mit Ausnahme des Effektes der Entscheidungsregel wurden zudem alle diese Erwartungen durch die Analyseergebnisse bestätigt. Diese Resultate stehen somit scheinbar im Gegensatz zu den Ergebnissen der DEU-Arbeiten, in denen die Punktvorhersagen der räumlichen Modelle im Vergleich zu anderen formalen Modellen am Schlechtesten abschnitten. Dabei muss man allerdings beachten, welche hohen Anforderungen die Überprüfung von Punktvorhersagen, das heißt der Vergleich des vorhergesagten mit dem tatsächlichen Ergebnis eines Entscheidungsprozesses, an die Eigenschaften eines jeglichen Modells stellt. Bei der Überprüfung von Punktvorhersagen wird mehr oder weniger implizit angenommen, dass ein Modell den gesamten Datengenerierungsprozess für das zu erklärende Phänomen darstellt (Morton 1999: 165). Anders ausgedrückt setzt man voraus, dass das Modell eine allumfassende Erklärung darstellt und keine weiteren Variablen eine Rolle spielen. Dass Modelle bei solch hohen Hürden schlecht abschneiden, ist nicht sehr verwunderlich. Wie diese Studie zeigt, kann für die weniger ambitiöse Erklärung empirischer Tendenzen und Zusammenhänge allerdings durchaus fruchtbar auf die Einsichten räumlicher Modelle zurückgegriffen werden.[14]

Welche Schlussfolgerungen können nun aus diesen Ergebnissen in praktischer Hinsicht gezogen werden? Das Kapitel hat gezeigt, dass die direkte Beteiligung der Minister an der Entscheidungsfindung im Rat deutlich mit der Anzahl zusätzlich beteiligter Akteure mit Vetorechten sowie der Existenz eines europäischen Status Quo zusammenhängt. Die existierende Rechtssituation liegt zum größten Teil außerhalb der direkten und kurzfristigen Manipulierbarkeit durch politische Akteure. Die Rolle des Europäischen Parlaments und die Art der Rechtsakte, die die EU erlässt, sind dagegen zumindest im Prinzip veränderbar. Einerseits erschweren die Involvierung des Parlaments und die Beteiligung weiterer nationaler Akteure bei der Umsetzung von Richtlinien die Entscheidungsfindung im Ministerrat. Andererseits erhöht die Beteiligung dieser Akteure jedoch auch die Legitimität von EU-Entscheidungen. So stärken insbesondere die Mitentscheidungbefugnisse des Parlaments eine direkte Verbindung zwischen Bürgern und politischen Entscheidungen auf EU-Ebene.

Aber auch Richtlinien haben als Rechtsinstrumente legitimitätserhöhende Eigenschaften. Der Spielraum bei der Umsetzung von Richtlinien in den

---

[14] Siehe dazu auch die Arbeit von Drüner et al. (2006).

Mitgliedsstaaten erlaubt eine Anpassung an nationale Besonderheiten. Dies kann sicherlich zur effektiveren Anwendung der betreffenden Regeln beitragen. Aber auch der Einfluss verschiedener Interessen im Umsetzungsprozess kann die allgemeine Akzeptanz des Rechtsaktes erhöhen und dessen problemlosere Befolgung in der Praxis bewirken. Diese Vorteile müssen allerdings mit dem Potential zu unzureichender oder falscher Umsetzung sowie den damit einhergehenden Wettbewerbsverzerrungen im gemeinsamen Markt aufgewogen werden. Letztendlich muss also bei institutionellen Entscheidungen eine Abwägung zwischen der Effizienz der Entscheidungsfindung einerseits und der Repräsentativität und Zurechenbarkeit dieser Entscheidungen andererseits durchgeführt werden.

Literatur

Bailer, Stefanie/Schneider, Gerald (2006): Nash Versus Schelling? The Importance of Constraints in Legislative Bargaining. In: Robert Thomson/Stokman, Frans N./Achen, Christopher H. /König ,Thomas (Hrsg.) *The European Union Decides*. 2006. Cambridge: Cambridge University Press

Bostock, David (2002):Coreper Revisited In: *Journal of Common Market Studies* 40(2) 2002. 215-34

Crombez, Christophe (1996): Legislative Procedures in the European Community. In: *British Journal of Political Science* 26(2) 1996. 199-228

Crombez, Christophe/Steunenberg, Bernard/Corbett, Richard. (2000): Understanding the EU Legislative Process: Political Scientists' and Practitioners' Perspectives. In: *European Union Politics* 1(3) 2002. 363-81

Culley, Paul (2004): The Agriculture and Fisheries Council. In: Martin Westlake und David Galloway (Hrsg.) *The Council of the European Union*, 3 Ausgabe. London: John Harper

Dimitrova, Antoaneta/Steunenberg, Bernard (2000): The Search for Convergence of National Policies in the European Union. In: *European Union Politics* 1(2) 2000. 201-26

Drüner, Dietrich/Mastenbroek, Ellen/Schneider, Gerald/Selck, Torsten J.(2006): The Core or the Winset? Predicting Policy Change and Decision Making Efficiency in the EU. Unpublished manuscript, University of Konstanz

Fouilleux, Eve/Maillard de, Jaques/Smith, Andy (2005): Technical or Political? The Working Groups of the EU Council of Ministers. In: *Journal of European Public Policy* 12(4) 2005. 609-23

Garrett, Geoffrey/Tsebelis, George/Corbett, Richard (2001): The EU Legislative Process. Academics Vs. Practitioners - Round 2. In: *European Union Politics* 2(3) 2001. 353-66

Golub, Jonathan (1999): In the Shadow of the Vote? Decision Making in the European Community. In: *International Organization* 53(4) 1999: 733-64

Golub, Jonathan (2001): Decision Rules in the European Union: A Rational Choice Perspective. In: *West European Politics* 24(3) 2001

Hayes-Renshaw, Fiona (2002): The Council of Ministers. In: John Peterson/Shackleton. Michael (Hrsg.) *The Institutions of the European Union*, 2002. pp.47-70. Oxford: Oxford University Press

Hayes-Renshaw, Fiona/Van Aken, Wim/Wallace, Helen (2006): When and Why the EU Council of Ministers Votes Explicitly. In: *Journal of Common Market Studies* 44(1) 2006. 161-94

Hayes-Renshaw, Fiona/Wallace, Helen (1997): *The Council of Ministers*. Houndmills/London: Macmillan Press

Hayes-Renshaw, Fiona/Wallace, Helen (2006): *The Council of Ministers*. Basingstoke: Palgrave Macmillan

Heisenberg, Dorothee (2005): The Institution of 'Consensus' in the European Union: Formal Versus Informal Decision-Making in the Council. In: *European Journal of Political Research* 44 2005. 65-90

Hix, Simon (2005): *The Political System of the European Union*. Basingstoke: Palgrave Macmillan

Hug, Simon/König, Thomas (2002): In View of Ratification. Governmental Preferences and Domestic Constraints at the Amsterdam Intergovernmental Conference. In: *International Organization* 56(2) 2002: 447-76

Iida, Keisuke (1993): When and How Do Domestic Constraints Matter? Two-Level Games with Uncertainty. In: *Journal of Conflict Resolution* 37(3) 1993. 403-26

Iida, Keisuke (1996): Involuntary Defection in Two-Level Games. In: *Public Choice* 89(3-4) 1996. 283-303

König, Thomas (2005): Controlling the Guardian? A Principal-Agent Analysis of Commissioners and Member States in the Process of European Legislation. WZB Economics and Politics Seminar Series, Berlin

König, Thomas/ Hug, Simon (2000): Ratifying Maastricht. Parliamentary Votes on International Treaties and Theoretical Solutions Concepts. In: *European Union Politics* 1(1) 2000: 93-124

König, Thomas/Slapin, Jonathan (2004): Bringing Parliaments Back In. Sources of Power in the European Treaty Negotiations. In: *Journal of Theoretical Politics* 16(3) 2004. 357-94

Lewis, Jeffrey (1998): Is the 'Hard Bargaining' Image of the Council Misleading? The Committee of Permanent Representatives and the Local Elections Directive. In: *Journal of Common Market Studies* 36(4) 1998. 479-504

Lewis, Jeffrey (2000): The Methods of Community in EU Decision-Making and Administrative Rivalry in the Council's Infrastructure. In: *Journal of European Public Policy* 7(2) 2000. 261-89

Lewis, Jeffrey (2003a): Informal Integration and the Supranational Construction of the Council. In: *Journal of European Public Policy* 10(6) 2003. 996-1019

Lewis, Jeffrey (2003b): Institutional Environments and Everyday EU Decision Making. Rationalist or Constructivist? In: *Comparative Political Studies* 36(1/2) 2003. 97-124

Lewis, Jeffrey (2005): The Janus Face of Brussels: Socialization and Everyday Decision Making in the European Union. In: *International Organization* 59(4) 2005. 937-71

Long, Scott J./Freese, Jeremy (2001): *Regression Models for Categorical Dependent Variables Using Stata.* College Station: Stata Press

Mattila, Mikko (2004): Contested Decisions: Empirical Analysis of Voting in the European Union Council of Ministers. In: *European Journal of Political Research* 43 2004. 29-50

Mattila, Mikko/Lane, Jan-Erik (2001): Why Unanimity in the Council? A Roll Call Analysis of Council Voting. In: *European Union Politics* 2(1) 2001. 31-52

Mertha, Andrew/Pahre, Robert (2005): Patently Misleading: Partial Implementation and Bargaining Leverage in Sino-American Negotiations on Intellectual Property Rights. In: *International Organization* 59(3) 2005. 695-729

Milner, Helen V/ Rosendorff, B. Peter (1997): Democratic Politics and International Trade Negotiations: Elections and Divided Government as Constraints on Trade Liberalization. In: *Journal of Conflict Resolution* 41(1) 1997. 117-46

Mo, Jongryn (1994): The Logic of Two-Level Games with Endogenous Domestic Coalitions. In: *Journal of Conflict Resolution* 38(3) 1994. 402-22

Mo, Jongryn (1995): Domestic Institutions and International Bargaining: The Role of Agent Veto in Two-Level Games. In: *American Political Science Review* 89(4) 1995. 914-24

Morton, Rebecca B. (1999): *Methods and Models: A Guide to the Empirical Analysis of Formal Models in Political Science.* Cambridge: Cambridge University Press

Pahre, Robert (1997): Endogenous Domestic Institution in Two-Level Games and Parliamentary Oversight of the European Union. In: *Journal of Conflict Resolution* 41(1) 1997. 147-74

Pahre, Robert (2001): Divided Government and International Cooperation in Austria-Hungary, Sweden-Norway and the European Union. In: *European Union Politics* 2(2) 2001. 131-62

Peterson, John/Shackleton, Michael (2002): The EU's Institutions: An Overview. In: John Peterson/Shackleton, Michael (Hrsg.) *The Institutions of the European Union.* 2002. pp. 1-18. Oxford/New York: Oxford University Press

Putnam, R. A. (1988): Diplomacy and Domestic Politics: The Logic of Two-Level Games. In: *International Organization* 42(3) 1988. 427-60

Schelling, Thomas C. (1960): *The Strategy of Conflict.* Cambridge: Harvard University Press

Schneider, Gerald,/Finke, Daniel/Bailer, Stefanie (2004): Bargaining Power in the European Union. An Evaluation of Competing Game-Theoretic Models. Paper prepared for presentation at the annual meeting of the International Studies Association, Montreal, Canada, March 17-20, 2004

Schulz, Heiner und Thomas König (2000): Institutional Reform and Decision-Making Efficiency in the European Union: *American Journal of Political Science* 44(4) 2000. 653-66

Sherrington, P. (2000): *The Council of Ministers. Political Authority in the European Union*. London: Pinter.

Steunenberg, Bernard (1994): Decision Making under Different Institutional Arrangements: Legislation by the European Community. In: *Journal of Institutional and Theoretical Economics* 150(4) 1994 642-69

Steunenberg, Bernard (2006): Turning Swift Policymaking into Deadlock and Delay: National Policy Coordination and the Transposition of EU Directives: *European Union Politics* 7(3) 2006. 293-319

Thomson, Robert/Stokman, Frans/Achen, Christopher H/ König, Thomas (Hrsg) (2006): *The European Union Decides*. Cambridge: Cambridge University Press

Tsebelis, George (1994): The Power of the European Parliament as a Conditional Agenda Setter. In: *American Political Science Review* 88(1) 1994. 128-42

Tsebelis, George (2002): *Veto Players: How Political Institutions Work*. Princeton: Princeton University Press

Westlake, Martin/Galloway, David (Hrsg.) (2004): *The Council of the European Union*. London: John Harper

Die Auswahl der Berichterstatter im Europäischen Parlament: Informationsbeschaffer oder Verteilungskämpfer?[1]

Michael Kaeding

1   Das Rätsel

Obwohl das Interesse am Europäischen Parlament im letzten Jahrzehnt stetig zugenommen hat, gibt es erst seit wenigen Jahren detaillierteres Wissen über die interne Entscheidungsfindung des Europäischen Parlaments. Neben den klassischen zumeist beschreibenden Standardwerken (Westlake 1994; Corbett/Jacobs/Shackelton 2005; Judge/Earnshaw 2003) befassen sich Studien in zunehmenden Maße mit dem Ausschusswesen des Europäischen Parlaments (Bowler/ Farrell 1995; McElroy 2006) und hier im Besonderen mit der Interaktion von Ausschüssen und nationalen bzw. europäischen Parteigruppen (Raunio 1996a,b; Hix/Lord 1997; Hix 2004; Mamadouh/Raunio 2003; Whitaker 2005). Weil sich aber vor allem die Ausschussarbeit um das Verfassen von Berichten dreht, haben vor kurzem auch Studien zu der Rolle von den so genannten Berichterstattern Einzug in die wissenschaftliche Debatte gehalten (Kaeding 2004, 2005; Benedetto 2005; Hausemer 2006; Hoyland 2006).

Diese Studie greift den letzten Aspekt auf. Zuallererst aber möchte ich auf ein nicht unbedeutendes Rätsel aufmerksam machen, das in den folgenden Abschnitten behandelt werden soll: Schauen wir uns die Zusammensetzung der Ausschüsse des Europäischen Parlaments etwas genauer an. Sie ist in der Geschäftsordnung des Europäischen Parlaments hinsichtlich der Parteigruppenzugehörigkeit und der Nationalität festgeschrieben, d.h. die Ausschüsse reflektieren die Zusammensetzung des Plenums hinsichtlich der Parteigruppenzugehörigkeit und der Nationalität. Allerdings gibt es für die Ernennung von Berichterstattern

---

[1] Dieses Kapitel wurde bearbeitet nach Kaeding (2004): Rapporteurship Allocation in the European Parliament: Information or Distribution? In: *European Union Politics* 5(3) 2004. 353-372

keinerlei Regeln. Stattdessen haben die Parteigruppen des Europäischen Parlaments ein kompliziertes System entwickelt, das einer „Versteigerung" gleicht und vor allem auf der „Regel der Verhältnismäßigkeit" basiert (Raunio/Mamadouh 2001). Jede Parteigruppe erhält zu Beginn der Legislaturperiode gemäß ihrer Größe ein Kontingent an Punkten. Daraufhin entscheiden Parteigruppenkoordinatoren und Ausschussvorsitzende dann über den „Wert" aller zu vergebenen Berichte. Die Parteigruppenkoordinatoren bestimmen dann innerhalb ihrer Gruppe über ihre Präferenzordnung und erstellen eine Prioritätenliste. Daraufhin machen sie im Namen ihrer Parteigruppe ein Angebot in der so genannten Koordinatorenrunde. Nicht selten wird folglich um manche Berichte regelrecht „gefeilscht" (Corbett et al. 2000: 117-119).

Dieses zum Teil höchst obskure Versteigerungssystem für die Ernennung von Berichterstattern hat in den letzten Jahren zu bedeutenden Verzerrungen hinsichtlich der Proportionalität geführt. Die Gruppe der Berichterstatter scheint den Eigenschaften hinsichtlich der Nationalität und Parteigruppenzugehörigkeit nicht proportional der Zusammensetzung des Europäischen Parlaments zu entsprechen (Kaeding 2005). Das Beispiel des EU Verbraucher- und Gesundheitswesenausschusses zeigt, dass die Zuweisung von Berichten nicht die der Geschäftsordnung inhärenten Logik der Proportionalität folgt. Tabelle 1 zeigt deutlich, dass es in den letzten zehn Jahren einen Trend gab, der daraufhin deutet, dass es Mitgliedstaaten gibt, die deutlich über- bzw. unterrepräsentiert waren. Europaabgeordnete aus den Niederlanden, Finnland, Schweden und Großbritannien, zum Beispiel, erhielten deutlich mehr Berichte, wohingegen Frankreich, Italien, Dänemark, Luxemburg und Österreich deutlich unter ihrem potentiellen Anteil lagen. Frankreich und Italien behandelten nur 9% der Gesamtheit an Ausschussberichten, obwohl ihnen, dem Prinzip der Proportionalität folgend, bis zu 28% zustehen müssten. Auf der anderen Seite waren Schweden und Belgier für mehr als doppelt so viele Berichte zuständig, obwohl sie nur 6% der Sitze ausmachten. Überdies stellten die Niederlande allein schon 12% der Berichterstatter im Ausschuss für Verbraucher- und Gesundheitswesen.

Tabelle 1: Vergleich der proportionalen Sitzanteile im Europäischen Parlament mit der Anzahl der Berichte in (+/-)Prozent. 1994-2004: Mitgliedsstaaten

	Ausschuss für Verbraucher- und Umweltschutz	
Nationalität	**1994- 1999**	**1999-2004**
Belgien	+3	-1
Dänemark	-3	-2
Spanien	+1	-4
Frankreich	-9	-7
Italien	-10	-6
Luxemburg	-1	-1
Niederlande	+7	+5
Österreich	-3	-2
Portugal	-2	-4
Finnland	+10	+3
Schweden	+5	+12
UK	+2	+4
Deutschland	0	0
Griechenland	0	+2
Irland	0	+1

Quelle: Kaeding (2005: 88).

Nicht nur im Hinblick auf die Verteilung unter den Mitgliedstaaten, sondern auch bei der Aufteilung nach der Parteigruppenzugehörigkeit, erkennt man bedeutende Verzerrungen der Proportionalitätslogik. Tabelle 2 zeigt, dass es Parteigruppen gab, die sehr über- bzw. unterrepräsentiert waren. Auf der einen Seite waren im Zeitraum von 1994- 2004 die Grünen, die Liberalen und die Linke im Verbraucher- und Umweltausschuss des Europäischen Parlaments deutlich überrepräsentiert, wohingegen die großen Parteien, wie die Europäische Volkspartei und die Sozialdemokratische Partei Europas, über die Jahre tendenziell unterrepräsentiert waren. Der Anteil der Liberalen war doppelt so groß wie wir erwarten würden; die Grünen vervierfachten sogar ihren Anteil im Vergleich zu der Anzahl ihrer Sitze im Europäischen Parlament.

Tabelle 2:   Vergleich der proportionalen Sitzanteile im Europäischen
                 Parlament mit der Anzahl der Berichte in (+/-) Prozent. 1994-
                 2004: Parteigruppen

	Ausschuss für Verbraucher- und Umweltschutz	
Parteigruppe	**1994- 1999**	**1999- 2004**
Europäische Volkspartei	-9	+1
Sozialdemokratische Partei Europas	-2	-6
Liberale	+6	+3
Die Grünen	+14	+7
Linke	+2	+1
Union for Europe of Nations	-2	-3
Group for a Europe of Democracies and Diversities	-2	+1
NA	-4	-4
Radikale	-3	

Quelle: Kaeding (2005: 92)

Zusammenfassend lässt sich daher feststellen, dass sich hinsichtlich der Bericht-
terstatterernennung ein Rätsel ergibt: Wenn sich das obskure Versteigerungsver-
fahren nicht an der prozentualen Zusammensetzung des Europäischen Parlaments richtet, wonach richten sich die Koordinatoren der Parteigruppen dann?
Wer bekommt aus welchen Gründen einen Bericht zugesprochen? Das Beispiel
des Ausschusses für Verbraucher- und Umweltschutz hat gezeigt, dass es Grund
für kritische Fragen gibt. Zudem gehört der Ausschuss zu einem der wichtigsten,
wenn nicht einflussreichsten Ausschüsse überhaupt (Corbett et al. 2000: 16). Die
Frage, die im Folgenden weiter untersucht werden soll, lautet daher wie folgt:
Was sind die Determinanten für die Ernennung von Berichterstattern im Europäischen Parlament?

Das Kapitel ist wie folgt strukturiert: Zu Beginn prüfe ich die in der amerikanischen Kongressliteratur sich gegenüberstehenden theoretischen Argumente
hinsichtlich der Ausschussbenennung. Daraufhin wende ich deren Logik auf das
Ausschusswesen des Europäischen Parlaments an und leite testbare Hypothesen
für die Ernennung der Berichterstatter folgerichtig ab. Danach wende ich mich
dem Forschungsdesign zu. Ich berechne eine Logitanalyse mit der abhängigen
Variablen: Berichterstatter/Nicht-Berichterstatter. Die Ergebnisse meiner empirischen Analyse, die mit in Brüssel geführten Interviews ergänzt werden, folgen
im darauf folgenden Abschnitt. Schließlich diskutiere ich die Ergebnisse im
Hinblick auf die bereits bestehende Literatur und schließe mit einigen Bemer-
kungen zu den Implikationen der Studie für die zukünftige Forschung im Bereich
der inneren Verfahrensweisen des Europäischen Parlaments ab.

2 Informationsbeschaffende oder verteilende Ausschüsse?

In folgenden Abschnitt beschreibe ich in Kürze die Diskussion zwischen den beiden sich gegenüberstehenden Theorien der US Kongressliteratur, um danach die ihnen zugrunde liegende Gesetzmäßigkeit auf das Auswahlverfahren der Berichterstatter der Ausschüsse des Europäischen Parlaments anzuwenden. Die beiden konkurrierenden Ansätze unterscheiden sich in der Logik, die bei der Ausschussbenennung der Kongressabgeordneten bestimmend ist: Verteilung oder Information. Tabelle 3 bietet einen Überblick über die empirischen Implikationen der so genannten „verteilenden" und „informierenden" Ansätze.

Tabelle 3:   Empirische Implikationen der beiden Ansätze: KVA und KIA

	Konzept der verteilen-den Ausschüsse (KVA)	Konzept der informie-renden Ausschüsse (KIA)
Ziele	Gains from trade	Information acquisition
Schlüsselkonzept	Log-rolling	Informative signaling
Vollstreckungsmechanismus	Control of amendment process through intra-or inter committee logrolling	Take-it-or-leave-it proposal
Ernennung und Zusammenstellung	High demander Preference outlier Homogeneous	Critical information provider Median preferences Heterogeneous

2.1 Das Konzept der verteilenden Ausschüsse (KVA)

Der Ansatz der verteilenden Ausschüsse setzt voraus, dass Gewinne in der Gesetzgebung vom Stimmenaustausch über mehrfache Kompetenzbereiche einhergeht (Ferejohn 1974; Shepsle/Weingast 1987; Polsby/Schickler 2002). Eine weitere Folge ist, dass das Ausschusswesen als eine Art Ausführungsmechanismus des „log-rollings" funktioniert. Ausschüsse ermöglichen Parlamentsmitgliedern untereinander zu verhandeln, Einfluss gewinnend in dem Politikfeld, für das sie sich am meisten interessieren, während sie die Möglichkeit opfern, die Politik auf Gebieten zu bestimmen, die weniger bedeutend für sie sind (Weingast/Marshall 1988). Der neo-institutionellen Schule folgend ermöglichen Ausschüsse ihren Mitgliedern, glaubwürdige Verpflichtungen einzugehen, weil sie „Eigentumsrechte" über bestimmte Politikfelder beanspruchen. Das Ausschusssystem und insbesondere Konferenzausschüsse verstärken diesen Trend zudem (Weingast/Marschall 1988). Damit Ausschüsse dieser Logik entsprechen, bedarf es mehrerer Bedingungen: Ausschüsse müssen über einige institutionelle Vorteile innerhalb ihrer jeweiligen Rechtssprechung, wie zum Beispiel dem Vorschlagsrecht, „gate keeping power", wirksame Aufsichtsmechnanismen oder wenigstens teilweise Kontrolle des Änderungsprozesses in der Vollversammlung, genießen. Der Gebrauch von „take-it-or-leave-it-" Vorschlägen ermöglicht ihnen, Lösungen zu unterbreiten, die nicht den Präferenzen des Median der Vollversammlung entsprechen.

Darauf folgt, dass die Präferenzdivergenz zwischen den Ausschüssen und der Vollversammlung eine von vielen notwendigen Bedingungen für den Einfluss der Ausschüsse ist. Nichtausschussmitglieder müssen bei der Stimmabgabe in der Vollversammlung Pietät gegenüber den Ausschüssen beweisen. Deshalb ist der Hauptanspruch, der sich aus dem Shepsle-Weingast Konzept ergibt, dass Ausschüsse dazu neigen, sich aus Politikaußenseitern bzw. Verteilungskämpfern zusammensetzten, also aus Mitgliedern mit einem großen Interesse für ihren Politikbereich und Verfahrensweisen und -regeln, die den Ausschüssen Einfluss im Politikentscheidungsverfahren garantieren. Die Überzeugung ist, dass Mitglieder homogen hohe Profite in jenen Politikbereichen einfordern, die jeweils unter ihren Einfluss fallen (Krehbiel 1991a: 149). Die Gesetzgeber wenden daher mehr auf bestimmte politische Bereiche auf, als der Medianabgeordnete sich wünschen würde. Die Ausschüsse sind somit auf die eine oder andere Weise befangen. Gemäß diesem Konzepts der fordernden Ausschüsse (KVA) ist die Ausschussberufung ein Selbstselektionsprozess: Kongressmitglieder ersuchen Ausschussernennungen, die ihren speziellen Interessen mehr als ihren allgemeinen Interessen entsprechen.

KVA-Hypothese: *Ausschüsse sind unabhängig vom Nutzen, den der Ausschuss zu bieten hat, aus homogenen Präferenzaußenseitern zusammengesetzt, die nicht die Zusammensetzung der Vollversammlung widerspiegeln.*

2.2 Konzept der informierenden Ausschüsse (KIA)

Das Model der verteilenden Ausschüsse hat Anlass zu der bedeutenden Debatte gegeben, ob Ausschüsse tatsächlich aus Verteilungskämpfern bestehen. Gilligan und Krehbiel (1987, 1989, 1990) stellen die Verallgemeinerung des Konzepts der verteilenden Ausschüsse in Frage. Sie behaupten, dass Information die zugrunde liegende Logik bei der Ausschussbenennung der Kongressabgeordneten ist. Gesetzgebende Institutionen werden demnach ihrer Meinung nach konzipiert, um Mitgliedern zu helfen, den Nutzen aus Spezialisierung zu ernten. Krehbiel (1991b) argumentiert, dass Ausschüsse keine autonomen Einheiten sind. Sie bilden eine kollektive Einheit mit der Organisation und sind repräsentativ hinsichtlich der Politikpräferenzen. Sie liefern Informationen, die die Unsicherheit einzelner Gesetzgeber über die Folgen verringert. Ausschüsse dienen somit alleine dem Zweck der Informationsbeschaffung, sie spezialisieren sich, um die Information an die Vollversammlung weiterzugeben (Krehbiel 1991b: 254; Mattson/Strøm 1995). Krehbiel argumentiert, dass jene repräsentative, spezialisierte Ausschüsse weniger Änderungsanträge bekommen, wenn sie in der Vollversammlung diskutiert worden sind. Nichtausschussmitglieder können das größte Vertrauen in die Signale haben, die sie von den Ausschüssen erhalten, da diese zwei informierten Meinungen vertreten sind, und diese zumeist von „natürlichen Gegnern" kommen. Aus dieser Sicht stellen Gesetzestexte in bedeutenden Politikbereichen eine Medianwahl dar (Krehbiel 1991b: 263). Der Ansatz der informierenden Ausschüsse sieht ein Übergewicht an Nichtaußenseiterausschüssen voraus, die einen spiegelbildlichen Mikrokosmos der Vollversammlung darstellen (Krehbiel 1991a: 155).

KIA-Hypothese: *Gesetzgebende Ausschüsse sind aus „natürlichen Gegnern" zusammengestellt, also Experten mit heterogenen Präferenzen, die beide Seiten des Policyspektrums abdecken, jedoch im Hinblick auf hohe oder niedrige Nachfrager nicht befangen sind.*

2.3 Hypothesen zur Berichterstattung im Europäischen Parlament

Obwohl diese konkurrierenden Konzepte für die Analyse der Ernennung von Ausschussmitgliedern des amerikanischen Kongresses entwickelt wurden, wendet diese Studie jene Ansätze zur Bestimmung von der Zuteilung von Berichten in den gesetzgebenden Ausschüssen des Europäischen Parlaments an. Beide Konzepte werden in dieser Arbeit getestet, um die entscheidenden Faktoren der Zuweisung von Berichten an die Mitglieder des Europäischen Parlaments (MEP) zu bestimmen. Die zugrunde liegende Annahme hier ist wie folgt: Vom KIA

Standpunkt aus wäre die einflussreiche Position der Berichterstatter besonders problematisch, wenn ihre Präferenzen stark von jenem des Median MEP abweichen würden (Gilligan/Krehbiel 1994). Solange aber die Ausschussmitgliedschaft heterogen ist, d.h. beide Seiten des Arguments repräsentiert sind, gilt, dass die Haltung des Ausschusses sich enger an die der Vollversammlung anlehnt (Krehbiel 1991).

Um diese beiden unterschiedlichen Ansätze im Rahmen der Berichterstatterbenennung im Europäischen Parlament anzuwenden und zu testen, nehme ich den Verbraucher- und Umweltausschuss als Referenzpunkt. „Außenseiter" in Umweltfragen, so argumentiere ich, sind MEP, die striktere Regelungen im Namen des Verbraucherschutzes und der Umwelt fördern. Folglich präsentiere ich, in Übereinstimmung mit den beiden konkurrierenden Konzepten, zwei Hypothesen hinsichtlich der Auswahl der Berichterstatter im Europäischen Parlament:

Erste Hypothese: Die Gruppe der Berichterstatter spiegelt die Zusammensetzung des Ausschusses nicht wieder. Sie ist aus MEPs zusammengesetzt, die striktere Umweltvorschriften einfordern.

Wenn die Gruppe der Berichterstatter im Vergleich zum Ausschuss zugunsten neuer strengerer Umweltnormen voreingenommen ist, dann ist „Verteilung" die zugrunde liegende Logik bei der Zuweisung von Berichten.

Zweite Hypothese: Die Gruppe der Berichterstatter ist sowohl aus grünen Aktivisten als auch Agrarlobbyisten zusammengesetzt und spiegelt somit beide Seiten des Policyspektrums wieder. Die Gruppe ist zudem hinsichtlich hoher bzw. niedriger Forderungen nicht voreingenommen.

Wenn die Gruppe der Berichterstatter aus Spezialisten mit heterogenen Präferenzen besteht, ist „Information" die zugrunde liegende Logik bei der Berichtzuweisung.

3   Datensatz und Methode

Diese empirische Studie wird testen, inwiefern die Zuweisung der Berichte im Europäischen Parlament vor allem durch eine Logik der Informationsbeschaffung oder des Verteilungskampfes motiviert ist. Ich konzentriere mich dabei auf die vierte Legislaturperiode (1994-1999) und untersuche hierbei ausschließlich den Umweltausschuss. Der Umweltausschuss ist einer der renommierteren Ausschüsse im Parlament mit einem der höchsten Mitgliederzahlen sowie der größten Anzahl von Gesetzgebungsvorschlägen (Judge/Earnshaw 2003). Zudem hat das Europäische Parlament über die letzten Jahrzehnte beträchtlichen Einfluss bei der Entscheidungsfindung im Bereich Umwelt dazugewonnen (Wallace/Wallace 2000). Im ersten Teil der sechsten Legislaturperiode (2004-2007) war jener Ausschuss für knapp 25% der unter die Mitentscheidungsverfahren fallenden Berichte des Europäischen Parlaments zuständig.

Studien, die jene Rational-Choice-Theorien auf das Ausschusssystem des amerikanischen Kongresses angewendet haben, greifen meistens auf die namentliche Abstimmung von Kongressmitgliedern zurück (roll-call data) (Shepsle/Weingast 1987; Krehbiel 1991) sowie auf Daten, die sich auf die individuellen Eigenschaften der Mitglieder beziehen, um die Ursachen des Verhaltens im Kongress zu erklären.

3.1 Daten

In dieser Studie habe ich mich für einen anderen Ansatz entschieden. Wie auch die European Representation Study (Katz/Wessels 1999; Schmitt/Thomassen 1999), vergleiche ich die Zuweisung der Berichte im Umweltausschuss des Europäischen Parlaments mit Daten hinsichtlich beruflichen, ideologischen, nationalen und sonstigen Mitgliedschaften in Verbänden und Interessensgruppen. Ich extrahiere dafür die Informationen aus Berichten, die in der vierten Legislaturperiode von offiziellen Publikationen des Europäischen Parlaments erstellt wurden. Diese beinhalten das offizielle Amtsblatt der Europäischen Gemeinschaften, das die Verfahren der Plenarsitzungen veröffentlicht, sowie die durch das Europäische Parlament veröffentlichten aufeinander folgenden Ausgaben der Mitgliederlisten und das Vademecum. Diese Daten werden mit Informationen verglichen, die auf den offiziellen Homepages der Abgeordneten zu finden sind. Berichte und die Namen der Berichterstatter ab 1994 sind auf der Webseite des Europäischen Parlaments verfügbar. Zusätzliche persönliche Hintergrundinformationen von Parlamentariern sind über deren Erklärungen von Finanzinteressen und Berufstätigkeiten zugänglich, zu denen jeder Abgeordnete verpflichtet ist, diese auf der Homepage des EP zu veröffentlichen. Diese Informationen stellen somit einen Proxy für jegliche Verpflichtungen der Parlamentarier dar. Seien es Aufsichtsratspositionen in größeren Unternehmen, Mitgliedschaft in Interessensgruppen, Vereinen etc. Ergänzende biographische Daten über die Umweltausschussmitglieder extrahiere ich aus dem Europa Handbuch von 1998/1999 und 2001/2002 (Weidenfeld 1999, 2002) sowie The Guide to the EP (Buchstab 2003). Zudem habe ich eine Handvoll Ausschussmitglieder zwischen dem 17. bis 21. Juni 2002 in Brüssel interviewt.

3.1.1 Staatsangehörigkeit

Die erste unabhängige Variable befasst sich mit der Nationalität. Verschiedene Interessen im Bereich der Umweltpolitik spalten die EU-Mitgliedsstaaten im Wesentlichen in zwei Gruppen (Bomberg 1998: 52): So genannte Beschleuniger und Bremser. Seit Anfang der 80er Jahre haben „grüne" beziehungsweise umweltfortschrittlichere Regierungen in Österreich, Deutschland, Finnland, Dänemark, Luxemburg, den Niederlanden und Schweden die „Bremser" (Vereinigtes Königreich, Belgien, Frankreich, Griechenland, Irland, Portugal, Italien und Spanien) dahingehend beeinflusst, dass umweltpolitische Vorschriften europaweit verschärft wurden, die ansonsten auf nationaler Ebene allein wenig Aussicht auf Erfolg gehabt hätten (Liefferink/Andersen 1998).

3.1.2 Parteigruppenzugehörigkeit

Die zweite unabhängige Variable ist Parteigruppenzugehörigkeit. Diese Variable misst die Bedeutung von Umweltpolitik, die Parteigruppen dem Thema in ihren Wahlprogrammen beimessen. Diese Variable gibt an, inwiefern Abgeordnete einzelner Parteigruppen im Europäischen Parlament, die dem Thema Umwelt eine größere Bedeutung beimessen, häufiger Berichterstatter im Umweltausschuss sind als Repräsentanten von Parteigruppen, denen umweltpolitische Themen weniger wichtig sind. Ausgehend von der Manifesto Research Group (Budge 2000; Gabel/Hix 2000) bediene ich mich der Wahlprogramme, um Bedeutung und die Policyposition der Parteigruppe im Bereich Umwelt zu einem bestimmten Zeitpunkt festzustellen. Diese Wahlprogramme umfassen eine Vielzahl von politischen Positionen und Themen und sind deshalb ein „set of key central statements of party positions" (Laver/Budge 1992).

3.1.3 Berufserfahrung auf nationaler und europäischer Ebene

Norris (1997) zeigt, dass Parlamentarier des Europäischen Parlaments im Sinne politischer Erfahrung, d.h. durch vorherige berufliche Erfahrung und politischer Ambitionen, hoch professionalisiert sind. Drei Variablen, die die vorherigen Arbeitserfahrung von Abgeordneten auf nationaler und europäischer Ebene beleuchten, werden in das Set von unabhängigen Variablen mit aufgenommen: Haben sie ein öffentliches Amt auf nationaler oder europäischer Ebene bekleidet; hatten sie subnationale oder nationale Parteiämter inne. Die European Representation Study (Katz/Wessels 1999; Schmitt/Thomassen 1999) dient hier als Informationsquelle, um die Auswirkung einzelner beruflicher Hintergründe von Europaparlamentariern auf die Berichterstatterbenennung zu untersuchen.

Mitgliedstaaten, in denen professionelle Legislaturen durch starke Parteiorganisation charakteristisch sind (Deutschland und das Vereinigte Königreich), neigen dazu, Politiker mit langjähriger Parteierfahrung als Basisaktivist, also Amtsinhaber mit regionalen und landesweiten Parteiämtern, hervorzubringen. Studien argumentieren, dass in vielen Ländern die Wähler jene nationalen Berufserfahrungen als wesentliche Qualifikation für die Wahl von Politikern ansehen (Norris 1997). Zahlenerhebungen zum Europäischen Parlament bestätigen diesen Trend. Zwischen 1994 und 1999 gab es über 50 ehemalige regionale Amtsinhaber sowie auch eine beträchtliche Anzahl früherer oder noch stets amtierender Bürgermeister. Etwa 28% aller Parlamentarier sind ehemalige oder noch amtierende Abgeordnete nationaler Parlamente. Zudem hatten 10% der in 1994 gewählten Europaparlamentarier zuvor einen Ministerposten ihres Landes bekleidet (Corbett/Jacobs/Shackleton 2000).

Im folgenden Abschnitt werde ich allerdings nur die Erfahrungen aufnationaler Ebene in leitenden Parteiämtern oder nationalen Parlamentspostenuntersuchen, da fast alle Europaabgeordnete ihre Laufbahn als Basisaktivistenbegonnen haben. Die hier zugrunde liegende Annahme ist, dass Abgeordnete mit Erfahrung in anderen EU-Institutionen oder in nationalen Regierungen und/oder Parlamenten aus der KIA-Sicht entscheidend sind. Nationale undeuropäische Erfahrung liefert wertvolle Informationen und Kenntnis des EU- Entscheidungsfindungsverfahrens und der Koalitionsbildung. Dies gibt Nichtberichterstattern das größte Vertrauen in die Signale, die sie von den erfahrenen Berichterstattern erhalten. Denn Rechtsvorschriften, die unter die Mitentscheidung fallen, könnten später im Vermittlungsausschuss enden, wo die Vertrautheit mit den zumeist komplizierten Entscheidungsfindungsverfahren von großer Bedeutung und von großem Vorteil ist. Sie hilft dem Ausschuss, eine wichtige Rolle im Vermittlungsausschuss zu spielen und professionellen Input im Interesse des gesamten Europäischen Parlaments zu liefern.

3.1.4 Mitgliedschaft bei Interessensgruppen

Viele Lobbyisten schätzen schon seit einiger Zeit den erhöhten Einfluss des Europäischen Parlaments. Eine ständige Ausdehnung des Mitentscheidungsverfahrens ermöglicht es dem Parlament mittlerweile, selbst in Bereichen der Justiz- und Innenpolitik gesetzgebende Funktionen auszuüben. Interessengruppen spielen dabei nicht selten eine wichtige Rolle. Sie helfen bei der Formulierung der zumeist höchst technischen europäischen Gesetzestexte, die die Expertise von Fachleuten nötig macht, da Europaparlamentarier meistens mit dem speziellen Fachwissen nicht vertraut sind (Greenwood/Aspinwall 1998). Innerhalb der letzten Jahre hat sich das Europäische Parlament daher zu „one of the most lob-bied EU institutions" in Brüssel entwickelt (Crombez 2002).

Im Umweltausschuss gibt es im Wesentlichen zwei sich gegenüberstehende Gruppen: Die über 20 Millionen Mitglieder vertretende sogenannte „Group of Eight" strebt danach, Angelegenheiten mit besonderer umweltpolitischer Bedeutung aufzugreifen und zu thematisieren und sie gegen die stark und gut organisierten Landwirtschaftsinteressen zu verteidigen (Bomberg 1998). Bis jetzt haben daher die Verbraucher- und Umweltgruppen, wie zum Beispiel im Bereich von Auspuffemissionen von Fahrzeugen, eng zusammengearbeitet, und es gibt enge Strukturen des Dialogs zwischen ihnen (Wald/Aspinwall 1998). Auf der anderen Seite gibt es die Landwirtschaftslobby, COPA (Committee of Agricultural Organisations in der EU), die über viele Jahrzehnte als die stärkste Interessensvertretung in Brüssel bezeichnet wurde (Nugent 1999; Hix 2004). Auch wenn der Einfluss in den letzten Jahren nachgelassen hat, so verfügt die COPA noch immer über sehr gute Kontakte zu den europäischen Institutionen und unterbreitet im Zuge dessen dem Rat der Landwirtschaftsminister regelmäßig Vorschläge und Stellungnahmen. Jene Interessensgruppen, worunter auch die des Handels und der Arbeitnehmervertreter, nützen eindeutig mehr den Konsumenten als der Umwelt.

3.2 Methode

Die abhängige Variable ist die Zuweisung der Berichte im Umweltausschuss des Europäischen Parlaments. Es ist eine Dummy-Variable mit den Werten 0 (keine Ernennung) und 1 (Ernennung). Die Gruppe der Berichterstatter ist mit 44 relativ groß, und zudem beinahe auch so groß wie die Anzahl der Nichtberichterstatter (45). Somit gibt es genügend Fälle in jeder Gruppe, um eine zuverlässige Schätzung der Wahrscheinlichkeit einer Zuweisung zu erhalten. Daher sollten keine Probleme eines unverhältnismäßigen Samplings auftreten (Wooldrige 2000). Folgerichtig entscheide ich mich für eine Logitanalyse. Angesichts der umgewandelten Einheiten der abhängigen Variable rechtfertigen Logitkoeffizienten die gewöhnliche Interpretation der Koeffizienten in der Regression (Pampel 2000: 60).

4   Analyse

Im Folgenden vergleiche ich daher die Zusammensetzung der Gruppe der Berichterstatter im Umweltausschuss des Europäischen Parlaments mit jenen Ausschussmitgliedern, die zwischen 1994 und 1999 keine Berichte geschrieben haben. In diesem Zusammenhang ist es wichtig zu erwähnen, dass der Umweltausschuss an sich die Zusammensetzung des Europäischen Parlaments laut den offiziellen Verfahrensregeln im allgemeinen 1:1 repräsentiert. Tabelle 4 gibt die Ergebnisse wieder.

Tabelle 4:   Determinanten der Berichterstatterernennung (1995-1999)

Unabhängige Variable	Logged odds	Odds ratio	Effects on probabilities	BIC
Nationalität	4.179**** (3.38)	65.31	0.485	6.94
Parteigruppe	0.543* (1.85)	1.72	0.132	-1.067
Arbeitserfahrung in nationaler Regierung	-1.637 (-0.42)	0.194	-0.337	-4.321
Europäische Erfahrung in europäischen Institutionen	4.919*** (2.69)	136.96	0.493	2.747
Europäische Erfahrung: Büro der Parteigruppe	2.074* (1.84)	15.598	0.439	-1.103
'Green Eight'	3.407** (2.58)	30.184	0.468	2.1677
'COPA'	-1.165 (-0.98)	0.312	-0.263	-3.528
N				89
Predicted correctly				82
Wald chi*2				87.85
Prob > chi*2				0.0000
Pseudo-R*2				0.7121
Log likelihood (model)				-17.9838
Log likelihood (baseline)				-61.684481

**** $p < 0.001$; *** $p < 0.01$; ** $p < 0.05$; * $p < 0.1$ (all two-sided), (z values in parentheses).

4.1 Nationalität

Der Koeffizient für die Dummy-Variable Staatszugehörigkeit zeigt, dass Europaparlamentarier aus umweltfortschrittlicheren Mitgliedsstaaten eher Berichterstatter werden, als Solche aus umweltpolitischer Sicht eher rückständigeren Mitgliedsstaaten. Parlamentarier mit einseitigen Präferenzen für mehr Umweltschutz sind dabei deutlich überrepräsentiert.

Interviews mit Beteiligten in Brüssel bestätigen diesen Trend. Ein großer Anteil der Berichterstatter kommt aus „green-minded" Mitgliedsstaaten. Der Umweltausschuss ist ein „Nordic committee" (IP4). Ein weiterer Interviewpartner bringt es auf den Punkt: „ Southern member states are practically not existent" (IP2). Sie sind eher in anderen Ausschüssen aktiv. Der Ausschuss für Kultur sowie der Verfassungsausschuss sind traditionell „Southern" (IP4).

Darüber hinaus können wir feststellen, dass auch die Koordinatoren der Parteigruppen im Umweltausschuss traditionell aus den „umweltfreundlicheren Mitgliedsstaaten" kommen. Während die Niederlande in der fünften Legislaturperiode drei dieser einflussreichen Posten innehatte (Liberale, Grüne und EDD), hielten Deutschland zwei (EVP und SPE) und Schweden (Radikale) und Österreich jeweils eine. Dabei ist wie gesagt die Position des Koordinators entscheidend. Er oder sie ernennt den Berichterstatter aus der Gruppe der Abgeordneten seiner/ihrer Parteigruppe. Die Tatsache, dass ein kleiner Mitgliedsstaat wie die Niederlande, der damals nur 5% der EU15 Bevölkerung stellte, drei von acht Koordinierungsposten erhalten hat, begünstigt die Hypothese, dass die Berichtzuweisung im Umweltausschuss des Europäischen Parlaments einem Verteilungskalkül folgt.

4.2 Parteigruppenzugehörigkeit

Die Parteigruppenzugehörigkeit ist signifikant und positiv. Der Koeffizient zeigt, dass für jede höhere Einheit die Zuweisung eines Berichtes um 10% zunimmt. Europaparlamentarier aus Parteien, die Umweltfragen eine hohe Bedeutung beimessen, werden häufiger zu Kommissionvorschlägen Stellung beziehen als ihre Kollegen der UEN oder EDD. Somit zeigt auch diese Variable, dass die Gruppe der Berichtserstatter unausgewogen ist. Tendenziell besteht sie aus Abgeordneten, die ein höheres Anliegen für den Politikbereich haben, in der die Ausschussjurisdiktion fällt. Die Gruppe der Berichterstatter ist also nicht heterogen, sondern homogen mit Verteilungskämpfern besetzt.

4.3 Berufserfahrung auf nationaler und europäischer Ebene

Hinsichtlich der Berufserfahrung sind die Ergebnisse nicht beweiskräftig: Beide Konzepte der amerikanischen Kongressliteratur scheinen relevant zu sein, beziehungsweise sich nicht auszuschließen. Auf der anderen Seite hat ehemalige berufliche Erfahrung in nationalen Regierungen oder im nationalen Parlament ein negatives Vorzeichen und ist statistisch nicht bedeutend. Auch Interviews bestätigen, dass Erfahrungen in der nationalen politischen Arena weniger wichtig sind. „It does not play strong" (IP2) und „it has no extra leverage" (IP6). Andererseits scheinen aber europäische Praxiserfahrungen in anderen europäischen Institutionen oder Parteigruppenbüros im Europäischen Parlament einen signifikanten Einfluss zu haben. Wieder zeigt dies, dass die Gruppe der Berichterstatter nicht heterogen ist. Sie ist unausgewogen, da sie nicht das politische Gesamtgleichgewicht des Umweltausschusses widerspiegelt. „How you play in your party group is crucial since party groups are the central mechanisms for structuring debate and coalition-formation in the legislative process in the EP" (IP2). Vor allem die Vertrautheit mit den europäischen Entscheidungsfindungsverfahren ist bedeutend. Sie hilft dabei zu erkennen, „where to lobby at the right time" (IP5). Gemäß IP3 haben ungefähr 90 % der Berichterstatter des Umweltausschusses bereits Erfahrung mit dem Vermittlungsausschuss und werden ernannt, weil „they won't be driven into a corner by the Council".

4.4 Mitgliedschaft bei Interessensgruppen

Die Analyse zeigt, dass die Zugehörigkeit bei „umweltfreundlichen" Interessensgruppen wichtig ist. Der Unterschied hinsichtlich der vorausgesagten Wahrscheinlichkeit ist 0.48. Die Gruppe der Berichterstatter spiegelt das politische Gesamtgleichgewicht hinsichtlich der Interessengruppenzugehörigkeit des Umweltausschusses nicht wider. Europaabgeordnete mit Kontakten zu Greenpeace sind eindeutig überrepräsentiert, wohingegen Berichterstatter mit Verbindungen zur COPA unterrepräsentiert sind. Dieser Trend bestätigt vorherige Ergebnisse von Bowler und Farrell (1995), die Faktoren für die Benennungen von sechs Ausschüssen bestimmt haben. Sie kamen zu der Schlussfolgerung, dass berufliche Verbindung oder Kontakte mit Interessensgruppen „consistently significant determinants driving committee membership" sind (1995: 231). Nunmehr scheint hiermit der Ansatz der informierenden Ausschüsse gestärkt.

Alle Interviewpartner bestätigen zudem, dass Verbindungen zu „greenish interest groups to be the main force in the quest for rapporteurship in the environment committe. MEPs join committees with policy competencies close to the interests of supporting interest groups – which suggests legislative specialisation to secure distributional benefits" (IP1). Ähnlich argumentiert IP4: "Farmers are in the committee on agriculture, environmentalists in the committee on environment." Das negative Vorzeichen der COPA Variable unterstreicht die Bedeutung dieser Aussage.

5 Diskussion

Auf einen vierjährigen Zeitraum konzentrierend (1995-1999) habe ich die Gruppe der Berichterstatter im Umweltausschuss des Europäischen Parlaments hinsichtlich ihrer beruflichen, ideologischen, europäischen und nationalen Gruppendaten mit denen der übrigen Ausschussmitglieder miteinander verglichen. Die zentrale Forschungsfrage lautete, inwiefern eine der zwei größtenteils konkurrierenden, in der amerikanischen Kongressforschung bestimmenden Ausschusskonzepte, Informationsbeschaffer oder Verteilungskämpfer, dominiert. Der Umweltausschuss steht hierbei für einen sehr starken und einflussreichen gesetzgebenden Ausschuss des Europäischen Parlaments, stellvertretend für ungefähr 25% aller EU-Mitentscheidungsverfahren (sechste Legislaturperiode: 2004- 2007). Zudem verfügt er über die beinahe größte Anzahl an Ausschussmitgliedern – ein weiterer Indikator für seine bedeutende und einflussreiche Stellung unter den anderen ständigen Ausschüssen des in den letzten Jahrzehnten ständig an Bedeutung gewinnenden Parlaments.

Zwei Schlussfolgerungen können aus dieser Studie gezogen werden: Zuerst spiegelt die Gruppe der Berichterstatter offensichtlich nicht die Zusammensetzung der der übrigen Ausschussmitglieder, noch das allgemeine politische Gesamtgleichgewicht des Plenum wider. Obwohl es Verfahrensregeln für die Besetzung der einzelnen Ausschüsse des Europäischen Parlaments gibt (siehe Geschäftsordnung des Europäischen Parlaments), fehlen diese für die Ernennung von Berichterstattern. Es gibt dabei keine Regeln, noch garantiert „the obscure and complicated bidding system" zwischen den Parteigruppen und den Koordinatoren eine proportionale Zusammensetzung des Europäischen Parlaments hinsichtlich der Nationalität, der Ideologie, der Mitgliedschaft in Interessensgruppen und vorherige Berufserfahrung.

Zweitens erscheinen die Ergebnisse für das Ausschusswesen des Europäischen Parlaments dieser Studie mit vorherigen Ergebnissen von Bowler/Farrell (1995) und der amerikanischen Kongressliteratur übereinzustimmen. Nicht jedes Konzept an sich, aber eine facettenreiche Kombination der beiden Konzepte, Informationsbeschaffer und Verteilungskämpfer, verspricht den besseren Erklärungsansatz für die Berichterstatterbenennung im Ausschusswesen des Europäischen Parlaments. Europaparlamentarier aus „Nothern green-minded"-

Mitgliedsstaaten und Repräsentanten von Parteigruppen, in denen der Umweltschutz eine grosse Bedeutung hat (wie z.b. bei den Grünen, den Linken und den Liberalen), sowie die Mitgliedschaft in umweltpolitischen Interessensgruppen erhöhen die Wahrscheinlichkeit bei der Wahl des Berichterstatters. Diese drei Variablen sind die wichtigsten Determinanten bei der Ernennung eines Berichterstatters im alltäglichen EU-Entscheidungsfindungsverfahren innerhalb des Europäischen Parlaments. Sie unterstreichen ganz klar die Bedeutung des Ansatzes der verteilenden Ausschüsse (KVA). Jedoch bestimmt auch die Berufserfahrung auf europäischer Ebene entweder in EU-Institutionen oder in der Parteigruppe im Europäischen Parlament über die Zuteilung der Berichte unter den Abgeordneten. In Übereinstimmung mit Whitacker (2007) deutet dies wiederum auf die nicht unwichtige Relevanz des Ansatzes der informierenden Ausschüsse (KIA).

Was implizieren diese beiden Ergebnisse? Die Bedeutung des Europäischen Parlaments im täglichen EU-Entscheidungsfindungsprozess ist in den letzten Jahren deutlich gestiegen. Sie nimmt beim Verfassen von Verordnungen und Richtlinien eine wichtige Rolle ein, die fast 500 Million Bürger in den mittlerweile 27 EU-Mitgliedsstaaten binden. Die interne Funktionsweise des Europäischen Parlaments hat und wird in Zukunft weiterhin Folgen für den Weg der EU-Entwicklung besonders hinsichtlich des demokratischen Defizits haben. Berücksichtigt man die Determinanten der Zuweisung von Berichten im Ausschusswesen des Europäischen Parlaments, so kann man durchaus die Legitimität des Hauses in Frage stellen. Interviews deuten darauf hin, dass vor allem Interessensgruppen „try to convince party groups or members that they should get a certain rapporteurship" (IP7). Ist dies eine weitere Art und Weise, wie Interessensgruppen beträchtlich die EU-Entscheidungsfindung beeinflussen?

Literatur

Amemiya, Takeshi (1981): Qualitative Response Models: A Survey. In: *Journal of Economic Literature* 19 1981. 1483-1536

Benedetto, Giacomo (2005): Rapporteurs as legislative entrepreneurs: the dynamics of the codecision procedure in Europe's Parliament. In: *Journal of European Public Policy* 12(1) 2005. 67-88

Bomberg, Elizabeth (1998): *Green Parties and Politics in the European Union*. London and New York: Routledge

Bowler, Simon/Farrell, David (1995): The Organization of the European Parliament: Committees, Specialization and Co-ordination. In: *British Journal of Political Science*. 25(2) 1995. 219-43

Brzinski, Joanne B. (1995): Political Group Cohesion in the European Parliament, 1989-1994. In: Cecil Rhodes/Mazey, Sonia (Hrsg.) *The State of the European Union*. 1995. 3e Ausgabe. London: Longman

Budge, Ian (2000): *Mapping Policy Preferences. Estimates for Parties, Electors, and Governments 1945-98*. Oxford: Oxford University Press

Corbett, Richard/Jacobs, Francis/Shackleton, Michael (2000): *The European Parliament*, 4e Ausgabe. London: Catermill

European Parliament Rules of Procedure (03.03.2002)   ,
http://www2.europarl.eu.int/omk/sipade2?Prog=Rules-EP&L=EN&Ref=ToC .

Ferejohn, John A. (1975): Who wins in Conference Committee? In: *Journal of Politics* 37 1975. 1033-46

Gabel, Matthew/Hix, Simon (2002): Defining the EU Political Space. An Empirical Study of the European Election Manifestos, 1979-1999. In: *Comparative Political Studies* 35(8) 2002. 934-64

Gilligan, Thomas W./Krehbiel, Keith (1987): Collective Decision-Making and Standing Committees: An Informational Rationale for Restrictive Amendment Procedures. In: *Journal of Law, Economics, and Organization*. 3 1987. 287-335

Gilligan, Thomas W./Krehbiel, Keith (1989): Asymmetric Information and Legislative Rules with a Heterogeneous Committee. In: *American Journal of Political Science* 33. 1989. 459-90

Gilligan, Thomas W./Krehbiel, Keith (1990): Organization of Informative Committees by a Rational Legislature. In: *American Journal of Political Science* 34 1990. 531-64

Greenwood, Justin/Aspinwall, Marc (1998): *Collective Action in the European Union: Interests and the New Politics of Associability*. London: Routledge

Hall, Richard, C. (1987): Participation and Purpose in Committee Decision Making. In: *American Political Science Review*, 81(1) 1987. 105-127

Hausemer, Pierre (2006): Participation and political competition in committee report allocation– Under what conditions do MEPs represent their constituents? In: *European Union Politics* 7(4) 2006. 505- 530

Hix, Simon/Lord, Christopher (1997): *Political Parties in the European Union*. New York: St. Martin's Press

Hix, Simon (1999): *The Political System of the European Union*. London: Macmillan

Hix, Simon/Raunio, Tapio/Scully, Roger (2003): Fifty Years On: Research on the European Parliament. In: *Journal of Common Market Studies* 41(2) 2003. 191-202

Hoyland, Bjorn (2006): Allocation of codecision reports in the fifth European Parliament. In: *European Union Politics* 7(1) 2006. 30-50

Kaeding, Michael (2004): Rapporteurship Allocation in the European Parliament: Information or Distribution? In: *European Union Politics* 5(3) 2004. 353-372

Kaeding, Michael (2005): The World of Committee Reports: Rapporteurship Assignment in the European Parliament. In: *The Journal of Legislative Studies* 11(1) 2005. 82-104

Katz, Richard S./Wessels, Bernhard (Hrsg.) (1999): *The European Parliament, the National Parliaments, and European Integration*. Oxford: Oxford University Press

Kennedy, Peter (1999): *A Guide to Econometrics*. Oxford: Blackwell Publishers Ltd

Krehbiel, Keith (1988): Spatial Models of Legislative Choice. In: *Legislative Studies Quarterly* 13 1988. 259-319

Krehbiel, Keith (1990): Are Congressional Committees Composed of Preference Outliers? In: *American Political Science Review* 84 1990. 149-63

Krehbiel, Keith (1991): *Information and Legislative Organization*. Ann Arbor: The University of Michigan Press

Kreppel, Amie (2000): Rules, Ideology and Coalition Formation in the European Parliament: Past, Present and Future. In: *European Union Politics* 1(3) 2000. 340-362

Krippendorff, Klaus (1980): *Content Analysis. An Introduction to its Methodology*. London: Sage

Laver, Michael J./Budge, Ian (1992): Measuring Policy Distances and Modelling Coalition Formation. In: Michael J. Laver/Budge, Ian 1992 (Hrsg.): *Party Policy and Government Coalitions*. New York: St. Martin´s Press

Liefferink, Duncan/Andersen, Mikael S. (1998): Strategies of "Green" Member States in EU Environmental Policy-Making. In: *Journal of Common Market Studies* 5(2) 1998. 254-70

Maddala, Gangadharrao S. (2001): *Introduction to Econometrics*. NY: John Wiley & Sons, Ltd

Mamadouh, Virginie/Raunio, Tapio (2003): The Committee System: Powers, Appointments and Report Allocation. In: *Journal of Common Market Studies* 41(2) 2003. 333-51

McElroy, Gail (2006): Committee Representation in the European Parliament. In: *European Union Politics* 7(1) 2006. 5-29

Norris, Pippa (1997): *Political Representation in the European Parliament*. Cambridge: Cambridge University Press

Pampel, Fred C. (2000): *Logistic Regression. A Primer*. London: Sage University Press

Polsby, Nelson W./Schickler, Eric (2002): Landmarks in the study of Congress since 1945. In: *Annual Review of Political Science* 5 2002. 333-67

Raunio, Tapio (1996a): *Party Group Behaviour in the European Parliament*. Tampere: University of Tampere

Raunio, Tapio (1996b): Parliamentary Questions in the European Parliament: Representation, Information and Control. In: *Journal of Legislative Studies*, 2(4) 1996. 356-82

Raunio, Tapio/Mamadouh, Virginie (2001): Committee Work in the European Parliament: The Distriubtion of Rapporteurships among Party Groups and National Delegations. Working Paper presented at the ECSA Seventh Biennial International Conference. Madison, Wisconsin

Rittberger, Berthold (2003): The Creation and Empowerment of the European Parliament. In: *Journal of Common Market Studies* 41(2) 2003. 203-25

Schmitt, Hermann/Thomassen, Jacques (Hrsg.) (1999): *Political Representation and Legitimacy in the European Union*. Oxford: Oxford University Press

Shackleton, Michael (1998): The European Parliament's New Committees of Inquiry: Tiger or Paper Tiger? In: *Journal of Common Market Studies* 36(1) 1998. 115-130

Shepsle, Kenneth A./Weingast, Barry (1987): Why are Congressional Committees powerful? In: *American Poltical Science Review* 81(4) 1987. 935-45

Strom, Kaare (1996): Parliamentary Committees. In: Herbert Doering (Hrsg.): *Parliaments and Majority Rule in Western Europe*. New York: St. Martin´s Press

Tröger, Vera (2001): Akteure und Präferenzen in der Haushaltspolitik: Eine quantitative Analyse der Determinanten der deutschen Ausgabepolitik seit 1962. Mimeo, Universität Konstanz

Vandoren, Peter M. (1990): Can we learn the causes of Congressional decisions from roll-call data? In: *Legislative Studies Quarterly*, XV(3) 1990. 311-340

Wallace Helen/Wallace, William (2000): *Policy-Making in the European Union*. Oxford: Oxford University Press

Weidenfeld, Werner (1999): *Europa-Handbuch 1999/2000*. Gütersloh: Verl. Bertelsmann-Stiftung

Weingast, Barry R./Marshall, William J. (1988): The Industrial Organization of Congress. In: *Journal of Political Economy* 96 1988. 132-63

Westlake, Martin (1994): *A Modern Guide to the European Parliament*. London: Pinter

Whitacker, Richard (2005): National parties in the European Parliament – An influence in the committee system? In: *European Union Politics* 6(1) 2005. 5-28

Whitacker, Richard (2006): New kids on the Brussels block: Committee assignment in the European Parliament before and after enlargement. Paper presented at the Federal Trust conference on The European Parliament and the European political space, Goodenough College, London, 30 March 2006

Wooldridge, Jeffrey M. (2000): *Introductory Econometrics: A Modern Approach*. Cincinnati: South-Western

Korporatismus oder Etatismus? Formierung von Verhandlungspositionen zu EU-Gesetzgebungsvorhaben

Gerald Schneider/Daniel Finke/Konstantin Baltz

1 Einleitung[1]

Integrationstheoretiker sind wiederholt über die Rolle, die Interessengruppen im Prozess der Europäischen Integration spielen, gestolpert. Besonders Haas (1958, 1964) argumentiert, dass anhaltende Kooperation nur zu erreichen sei, wenn integrationistische Eliten in die Entscheidungsfindung einbezogen seien. Sandholtz/Zysman (1989) argumentieren in dieselbe Richtung. Sie zeigen, wie multinationale Firmen Regierungen zur Annahme des Binnenmarktprogramms von 1992 brachten. Diese rosigen Einschätzungen stehen im starken Kontrast zu den negativen Effekten, die Vertreter des Public-Choice-Ansatzes mit Interessengruppen assoziieren. Gillingham (1991) schreibt die Gründung der Europäischen Gemeinschaft für Kohle und Stahl den Wünschen der Kartellindustrie zu, staatliche Protektion zu erhalten. In seiner Geschichte des Integrationsprozesses bedauert er den Umschwung zu korporatistischer Entscheidungsfindung während der Amtszeit von Kommissionspräsident Delors (Gillingham 2003). Das daraus resultierende Gemisch zwischen étatistischen Interventionen und Klientelismus trug nach Ansicht des ultraliberalen Autors zu den europäischen Wachstumsproblemen bei. Das gemeinsame Problem beider Aussagen – der optimistischen und der pessimistischen Darstellung der Rolle, die Interessengruppen in der europäischen Integration spielen – ist die oftmals mangelhafte und unsystematische empirische Grundlage.

---

[1] Eine erste Version dieses Papiers wurde auf der DVPW-Tagung „Interessenvermittlung in Politikfeldern", MPI Köln, 17.-19. Juni 2005, vorgestellt. Dieser Buchbeitrag ist die ausführliche Fassung eines englischsprachigen Werkes derselben Autoren (Schneider/Baltz/Finke 2007). Bei der Erstellung des Manuskriptes konnten die Autoren auf die Hilfe von Lena May zählen. Für finanzielle Unterstützung möchten sie sich bei der Deutschen Forschungsgemeinschaft bedanken. Anette Arslantas, Ursula Klöpper, Christian Lau, Michael Weltin und Carl Zimanky haben den Autoren in der ersten Phase des Projektes kompetent geholfen.

Da die vergleichende Literatur zur Interessenvermittlung relativ deskriptiv ist, wissen wir nicht, wie Interessengruppen und Regierungen im EU-Entscheidungsprozess interagieren. Insofern ist die politikwissenschaftliche Forschung weit davon entfernt, zu verstehen, wie Interessenvermittlung in der EU funktioniert. Dieser Beitrag versucht, die Forschungslücke für einen Teilaspekt dieser Prozesse zu schließen, und zwar für die Vorverhandlungen, die im Anschluss an die Unterbreitung eines Gesetzgebungsvorschlages der EU-Kommission im nationalen Rahmen stattfinden. Wir werden die Formierung von Verhandlungspositionen zu 15 Vorschlägen und in vier Mitgliedsstaaten untersuchen: Finnland, Deutschland, den Niederlanden und Großbritannien. Den Annahmen in der Literatur folgend sollten für diese Staaten unterschiedliche Logiken der Interessenvermittlung vorherrschen. Während man Großbritannien mit einem pluralistischen Wettbewerb zwischen Interessengruppen assoziiert, herrscht in Kontinentaleuropa traditionell eine selektive Beteiligung einzelner privater Akteure vor. Die meisten Autoren vermuten, dass korporatistische Formen der Interessenvermittlung auch bei der EU-Politikgestaltung entstehen sollten (z.B. Grote/Schmitter 1999), wohingegen einige wenige Wissenschaftler glauben, dass konkordanzdemokratische Überlegungen innerhalb der EU zunehmend relevanter werden (Bogaards/Crepaz 2002).

Das Kapitel evaluiert die Erklärungskraft korporatistischer, konkordanzdemokratischer, pluralistischer, étatistischer und klientelistischer Interessenvermittlungsmodelle anhand ihrer Vorhersagegenauigkeit. Obwohl die komparative Literatur – angefangen bei Lehmbruch (1967) und Schmitter (1974) – den Fokus hauptsächlich auf die ersten beiden Typen richtet, gibt es Gründe, zu glauben, dass die Rolle der Regierung weit über die bloße Koordination von divergierenden Positionen hinausgeht. Wie Schneider/Baltz (2005) zeigen, besitzen Ministerien eine beachtliche diskretionäre Macht in den Vorverhandlungen auf nationaler Ebene. Zusätzlich existiert ein beträchtliches Ungleichgewicht zwischen privaten und öffentlichen Interessen. Der Einfluss spezifischer Produzenteninteressen ist vor allem bei den Vorverhandlungen in Deutschland wichtig, während Finnland dazu tendiert, Konsumenteninteressen zu bevorzugen.

Unsere Modellevaluation basiert auf der Nash-Verhandlungslösung (NVL). Die Spezifikation der einzelnen NVL-Modelle folgt Standarddefinitionen für die unterschiedlichen Interessenvermittlungsausprägungen. Daten zu den Präferenzen der Akteure haben wir dem „National Decision Making in the European Union (NDEU)" – Datensatz entnommen. Unsere komparative Evaluation der unterschiedlichen Verhandlungsmodelle zeigt, dass die étatistische NVL die höchste Voraussagegenauigkeit hat; im Gegensatz dazu bietet das konkordanzdemokratische Modell die ungenauesten Prognosen. Die Analyse zeigt außerdem wichtige Unterschiede zwischen den vier untersuchten Staaten auf. Eine komparative Fallstudie über den Gesetzesvorschlag für „gerichtliche Zuständigkeit und die Anerkennung und Vollstreckung von Entscheidungen in Zivil- und Handelssachen" (Com 99/348) zeigt diese Divergenzen beispielhaft auf.

Dieses Kapitel ist wie folgt aufgebaut: Im nächsten Abschnitt fassen wir die Literatur zur Interessenvermittlung bei der EU-Entscheidungsfindung zusammen, um daraus eine neue Klassifizierung von Interessenvermittlungstypen abzuleiten. Anschließend stellen wir das Forschungsdesign und den Datensatz detaillierter vor. Abschnitt 4 veranschaulicht unsere Methode und Vorgehensweise anhand einer Fallstudie, um im Anschluss die verschiedenen Modellen auf ihre Erklärungskraft hin zu vergleichen. Das Kapitel endet mit einer kritischen Zusammenfassung.

2   Muster der Interessenvermittlung in vier Mitgliedsstaaten

Die Literatur zur Interessenvermittlung folgt noch immer der Tradition der Pionierarbeiten von Lehmbruch (1967), Schmitter (1974) und Lehmbruch/Schmitter (1982). Die Autoren machen für das kontinentale Westeuropa die These geltend, dass die Beziehung zwischen konkurrierenden Interessengruppen eher korporatistischen als pluralistischen Interaktionsmustern folgt. Obwohl die theoretische Begründung und die empirische Bedeutsamkeit dieser Vermutung noch immer umstritten sind (z.B. Traxler/Kittel 2000), steigt weiterhin die Zahl der Artikel, die die Gründe und Konsequenzen der korporatistischen Vermittlung in Europa und darüber hinaus analysieren. Die zunehmende Bedeutung der EU hat die Diskussion in mannigfacher Weise beeinflusst. Die meisten Studien analysieren die mögliche Transformation von Interessenvermittlung auf EU-Ebene (z.B. Andersen/Eliassen 1993; Greenwood/Aspinwall 1998; Mazey/Richardson 1993; Pedler/van Schendelen 1994). Manche Autoren behaupten, dass die EU zunehmend korporatistische Züge annehme (z.B. Gorges 1996), während andere glauben, dass sich die EU in eine pluralistische Richtung bewege (z.B. Traxler/Schmitter 1995). Crombez (2002) dagegen meint, dass alles in allem keine generalisierbaren Interaktionsmuster erkennbar sein sollten, da die Präferenzprofile innerhalb der verschiedenen Entscheidungsfindungsprozesse zu sehr variieren. Der Vorgänger dieser agnostischen Haltung ist Freeman (1989). Er warnt, dass Interessenvermittlungsmuster vielleicht für Sektoren beobachtbar seien, aber wahrscheinlich nicht für Staaten oder – wie in unserem Fall – für supranationale Einheiten wie die EU.

Nur eine kleine Zahl von Studien untersucht, wie Interessengruppen versuchen, auf nationaler Ebene auf ihre Regierungen einzuwirken (van Schedelen 1993). Im Licht der wachsenden Wichtigkeit der EU empfindet Kohler-Koch

(1996) es als ein Paradoxon, dass nationale Interessengruppen bei sensiblen Angelegenheiten aktiv werden. Greenwood/Jordan (1993) glauben, dass in Großbritannien der nationale Einfluss weiterhin dominant sei. Auf der Grundlage einer extensiven Umfrage behauptet Eising (2004: 236) schließlich, dass nationale und EU-Vereinigungen eine deutliche Arbeitsteilung zwischen sich etabliert hätten.

Die große Anzahl konkurrierender Hypothesen erschwert das Urteil darüber, ob die Interessenvermittlung in der EU einem bestimmten Muster folgt. Zusätzlich wird eine solche Evaluation durch den Überfluss an Definitionen der Schlüsselkonzepte erschwert. Am offensichtlichsten ist dieses Problem bei der Kategorie "Korporatismus": Dieser Begriff bezieht sich zumeist auf alle Arten von Interessenskonflikten, die meisten Anwendungen fokussieren jedoch auf die Interaktion zwischen Arbeit und Kapital. In einer gründlichen Evaluation der existierenden Literatur identifiziert Siaroff 22 „Strukturen", die vermutlich charakteristisch für die korporatistische politische Ökonomie sind, und evaluiert die Signifikanz von 23 konkurrierenden Rankings.

Dem Korporatismuskonzept relativ ähnlich ist das Konkordanzmodell der Interessenvermittlung. Beiden ist gleich, dass mächtige und wichtige Interessengruppen relativ unabhängig von staatlichen Regulierungen ihre politischen Aktivitäten koordinieren; sie unterscheiden sich aber hinsichtlich ihrer Annahme zur Macht des Staates. Die Macht der Regierung ist im korporatistischen System höher als im konkordanzdemokratischen System (Baltz et al. 2005).

Diese Vorüberlegungen sind wesentlich für die vergleichende Modellevaluation, die wir in diesem Aufsatz unternehmen. Unsere Studie erkundet die Voraussagegenauigkeit der verschiedenen Interessenvermittlungsmodelle, die sich für die Analyse der nationalen Vorverhandlungen zur EU-Politik aus der einschlägigen Literatur ableiten lassen. Wenn wir uns als erstes auf die konventionelle Unterscheidung zwischen Korporatismus und Pluralismus beziehen, stimmen die meisten Beobachter zu, dass die vier untersuchten Staaten unterschiedlich klassifiziert werden sollten.

Nach Siaroffs Auswertung von 23 Rankings (Baltz et al. 2005) ist der Korporatismus am ausgeprägtesten in den Niederlanden, gefolgt von Deutschland, Finnland und Großbritannien. Beziehen wir zusätzlich institutionelle Ausprägungen der Staaten mit ein, erscheint die Dichotomie zwischen Mehrheits- und Konsensdemokratien sinnvoll. Lane/Ersson (1997, 1999)[2] werten hierzu verschiedene Rankings aus und stellen fest, dass Finnland unter den vier untersuch-

---

[2] Die verschiedenen Werte, die Lane/Ersson zitieren, sind folgende: Finnland: 1, 1.65, 1.49, 1.47; Niederlande: 2, 1.58, 1.69, 1.40; Deutschland: 1; -0.11; -0.68; -0.07; Großbritannien: 0, -1.3, -1.16, -1.25.

ten Staaten die ausgeprägteste Konsensusdemokratie und Großbritannien das klarste Mehrheitssystem sei.

Die Literatur lässt uns erwarten, dass nationale Vorverhandlungen im Großen und Ganzen den Vermittlungsmustern folgen, die auch in einem Mitgliedstaat vorherrschen können. Das würde bedeuten, dass finnische Interaktionen korporatistisch oder konkordanzdemokratisch sein sollten und dass die Regierung zur Bevorzugung der Arbeiter und Konsumenten tendieren sollte. In den Niederlanden und Deutschland sollte das korporatistische Interessenvermittlungssystem eine Neigung in Richtung der Unternehmens- und Produzenteninteressen zeigen. Zuletzt schlägt die Literatur vor, dass Großbritannien einem pluralistischen Interaktionsmodus folgen sollte.

Im Folgenden werden wir testen, ob diese weitgehend induktiven Generalisierungen der empirischen Realität standhalten. Da Interessenvermittlung zum großen Teil ein Verhandlungsprozess zwischen konkurrierenden Akteuren ist, werden wir verschiedene Verhandlungsmodelle einführen und ihre Voraussagegenauigkeit evaluieren. Weil die Akteurspositionen bei spezifischen Fragen aufeinander bezogen sein sollten, glauben wir, dass eine themenbezogene Analyse einem akteursfokussierten Ansatz vorzuziehen ist. Die Grundlage aller im Folgenden vorgestellten Verhandlungsmodelle ist die Nash-Verhandlungslösung (NVL) (Nash 1950; Bailer/Schneider 2005; Schneider et al. 2006).[3]

3   Forschungsdesign

Für die Analyse stützen wir uns auf die Daten aus dem „National Decision Making in the European Union"-Datensatz (NDEU). Diese Quelle bietet detaillierte Informationen über 15 Gesetzesvorschläge, die die Europäische Kommission initiierte und die zwischen 1997 und 1999 den Mitgliedsstaaten zur Abwägung übermittelt wurden. Die NDEU-Fälle beziehen sich auf ein größeres Sample von ca. 70 Gesetzesvorschlägen, die in der Veröffentlichung der „Decision Making in the European Union (DEU)"-Forschungsgruppe komplett analysiert wurden.[4] Der DEU-Datensatz ist ein vielschichtiges Sample von Gesetzesvorschlägen der Europäischen Kommission von 1997 bis 2000. Gesetzesvorschläge wurden nur dann in beide Datensätze aufgenommen, wenn sie mehreren Kriterien genügten.

---

[3] Bailer/Schneider (2006) und Schneider et al. (2006) verwenden verschiedene Versionen der NVL, um die Voraussagegenauigkeit der konkurrierenden Modelle der EU-Entscheidungsfindung einzuschätzen, insbesondere die Interaktion innerhalb des Ministerrats.

[4] Dieses Großforschungsprojekt evaluierte die Erklärungskraft von konkurrierenden spieltheoretischen Modellen der EU-Entscheidungsfindung. Zusammenfassende Ergebnisse können bei Thomson et al. (2006) sowie Stokman/Thomson (2004) gefunden werden.

Erstens musste das Sample die Vielseitigkeit der Gesetzesprozeduren innerhalb der EU repräsentieren. Zweitens musste der Vorschlag ausreichend kontrovers sein. Drittens mussten die Hauptgebiete der Gesetzgebung abgedeckt sein. Die 15 hier untersuchten Vorschläge beziehen sich auf sehr unterschiedliche Politikfelder: von Gesundheits- über Konsumenten- bis hin zu Fischereipolitik. Tabelle 1 zeigt die unterschiedliche Anzahl strittiger Themen, die diese Vorschläge in den jeweiligen Staaten provoziert haben, die Zahl der Akteure und die Varianz der Policy-Positionen.

Die Daten wurden mittels Experteninterviews und Sekundärquellen gesammelt. Nach einer Vorbefragung über die Kompetenz und Verfügbarkeit der voraussichtlichen Interviewpartner wurden vier Mitarbeiter der Universität Konstanz zu Politikexperten in die Hauptstädte der vier Mitgliedstaaten geschickt, um strukturierte Tiefeninterviews zu führen. Der Forschungsassistent befragte die Experten zu ihren Kenntnissen über die nationalen Verhandlungen, die der Interaktion im Ministerrat vorausgehen. Jeder Experte – einer für jeden Gesetzesvorschlag in jedem Mitgliedsstaat – verfügte über detaillierte Informationen zu den nationalen Vorverhandlungen der jeweiligen Vorschläge. Um verlässliche und valide Informationen zu bekommen, mussten wir zwischen den Informationen, die uns jeder Experte liefern konnte, und der Möglichkeit einer strategisch oder anders motivierten Fehldarstellung abwägen. Deswegen kamen alle interviewten Experten aus der nationalen Verwaltung oder von nichtstaatlichen Organisationen, die an den nationalen Vorverhandlungen teilnahmen, aber nicht eine Führungsposition innerhalb dieser Organisation innehatten. So konnten die Risiken dieser Methode auf ein Minimum reduziert werden.

In einer ersten Interviewphase identifizierten die Experten alle kontroversen Themen eines Vorschlages. Sodann forderte unser Forschungsteam sie auf, die Akteure zu benennen, die im Entscheidungsfindungsprozess aktiv wurden. Des Weiteren mussten sie die Idealpunkte dieser Akteure zu jedem Thema und die endgültige Positionierung des für die Vorverhandlungen zuständigen Ministeriums zu jedem wichtigen Thema lokalisieren. Wenn möglich, sollten sie zusätzlich die Referenzpunkte (die Verhandlungsposition in dem Fall, dass sich die nationalen Akteure nicht auf einen einheitlichen Vorschlag einigen können) und die Bedeutung festlegen, die jeder Akteur einem Vorschlag zuschrieb.

Tabelle 1: Ein Vergleich der Vorschläge in vier Staaten

Vorschlag	Anzahl der Themen					Zahl der Akteure [1]					Standardabweichung				
	D	Fin	NL	GB	Ø	D	Fin	NL	GB	Ø	D	Fin	NL	GB	Ø
Altwagenverwertung	2	1	1	5	2.3	13	6	6	7	8	37	41	34	47	40
Besteuerung des Sparein-kommens	3	3	3	5	3.5	5	6	5	18	8.5	39	44	46	44	43
Besteuerung von Zigaretten	2	1	2	1	1.5	5	2	4	5	4	46	71	47	45	52
Beaufsichtigung e-money	1	3	3	0	1.8	4	5	5	-	4.7	50	42	48	-	47
Mitteilungsabkommen Notification agreements	3	3	5	2	3.3	6	8	8	10	8	40	42	43	40	41
Juristische Aspekte bei E-Commerce	3	4	2	2	2.8	17	9	7	11	11	30	39	32	43	36
Prävention und Kontrolle von Prevention/ Control of TSE	1	1	3	0	1.3	9	13	6	-	9.3	38	8	39	-	28
Grenzen veterinärmedizinischer Produkte	0	0	4	0	1	-	-	9	-	9	-	-	39	-	39
Gründung von "Eurodac"	1	0	3	1	1.3	3	-	6	6	5	53	-	49	41	48
Nord-Ostatlantische Fischereizone	0	0	1	0	0.3	-	-	3	-	3	-	-	50	-	50
Gerichtl. Zuständigkeit in Handelssachen	3	1	3	1	2	11	4	5	7	6.8	31	50	43	50	44
Dialog gemeinsamer Fischereien	1	2	2	1	1.5	10	6	3	3	5.5	42	34	49	58	46
Schwerfällige Tiere/ Schwein	0	0	1	1	0.5	-	-	5	5	5	-	-	46	45	46
Gleichbehandlung Beschäftigung	1	2	3	1	1.8	11	4	8	7	7.5	31	40	35	34	35
Spielzeug aus PVC	3	3	3	1	2.5	10	12	8	8	9.5	33	31	41	39	36
Aggregatswert	24	24	39	21	10.8	22	155	23	169	77.4	39	40	40	44	41

Bemerkung: Die offiziellen Notationen dieser Gesetzesvorschläge sind, in absteigender Reihenfolge, wie folgt: Com (97) 358; Com (98) 295; Com (98) 320; Com (98) 461; Com (98) 546; Com (98) 586; Com (98) 623; Com (99) 130; Com (99) 260; Com (99) 345; Com (99) 348; Com (99) 382; Com (99) 456; Com (99) 565-7; Com (99) 577
[1] *Es wurde die höchste Anzahl von Akteuren bei jedem Thema genommen, in dem Fall, dass die Anzahl der Akteure innerhalb eines Mehr-Themenvorschlags variiert.*

Um die Vorschläge vergleichbar zu machen, wurden alle Akteurspositionen und die möglichen Ergebnisse auf einer Skala von 0 bis 100 normiert. Demzufolge ist die diesem Beitrag zugrunde liegende Annahme, dass die bestehenden Policy-Konflikte auf einer kontinuierlichen Skala abgebildet werden können. Ähnlich wie Schneider et al. (2006) beschränkten wir die möglichen Werte der Optimierungsfunktion zum Verhandlungsraum zwischen 0 und 100 und verließen uns auf die Constrained Optimization (CO) Routine in GAUSS für die Berechung des Optimums. Wir verwendeten den Newton-Algorithmus als Optimierungsmethode und den Mittelwert als den Anfangsvektor in allen Modellen.[5] Der Mittelwert wurde durch alle Positionen der nationalen Akteure bei jedem Thema eines Vorschlags berechnet.

Die verschiedenen Interessenvermittlungsmodelle wurden durch die Akteurspositionen wie folgt konstruiert: Das pluralistische Interessenvermittlungsmodell sagt voraus, dass die für die nationalen Vorverhandlungen verantwortlichen Ministerien versuchen, die Interessen aller aktivierten Interessen auszubalancieren und selbst die Mittelposition einzunehmen. Also liegen dem pluralistischen Modell, das wir hier testen, die Positionen aller Akteure zugrunde. Das an die Theorie der Konkordanzdemokratie angelehnte Modell bezieht sich auf die mächtigen Interessengruppen, die ihre Position zu Streitthemen mit dem führenden Ministerium koordinieren. Das Ministerium folgt den Vorstellungen dieser Interessengruppen. Insofern basiert dieses Modell nur auf den Positionen der mächtigsten Akteure links und rechts von der Position des führenden Ministeriums, wohingegen das korporatistische Modell auch die Position dieses entscheidenden Regierungsagenten berücksichtigt.

Das étatistische Modell der Interessenvermittlung bezieht sich nur auf die Position des federführenden Ministeriums und anderer teilnehmender staatlicher Akteure. Im Gegensatz dazu bezieht das klientelistische Modell die Positionen des federführenden Ministeriums und jener Interessengruppen mit ein, die nicht weiter als ein Drittel von der maximal möglichen Distanz auf der linken oder rechten Seite der anfänglichen Position des federführenden Ministeriums entfernt sind. In diesem Modell werden also nur die nahen „Verbündeten" des staatlichen Akteurs im Agenda-Setting als relevant betrachtet.

Für jedes Interessenvermittlungsmodell schätzen wir eine symmetrische und eine asymmetrische Nash-Verhandlungslösung (NVL). Die symmetrische NVL sagt voraus, dass die Akteure kollektiv eine einzige Lösung im nicht leeren Verhandlungsraum Θ wählen. Diese Lösung wird durch die Maximierung des Produkts der Nutzenfunktion der Akteure U geschätzt:

$$SYM.\,NBS = \max_{O \in \Theta} \prod_{i=1}^{n} U_i \tag{1}$$

mit i=1,...,n für die beteiligten Akteure und

$$U_i = |D_i| - |pos_i - o| \tag{2}$$

[5] Um für einen möglichen, aber ungewollten Einfluss des Startvektors auf die Ergebnisse zu kontrollieren, wurden die Modelle mit unterschiedlichen Startvektoren berechnet.

mit $0 \leq pos_i \leq 100$ und beschränkt durch die Randbedingung der individuellen Pareto-Effizienz ($U_i \geq$ für alle i).

Hierbei benennt pos_i die Policy-Position von Akteur i und D_i ist sein Uneinigkeitswert, während o das Verhandlungsergebnis ist. Deshalb nimmt der Nutzen des Akteurs i zu, je kleiner | pos_i -o| im Vergleich zu D_i ist.

Die asymmetrische NVL fügt die relative Macht der teilnehmenden Akteure im Exponenten hinzu. Wir verwenden hierfür das Machtmaß aus den Experteninterviews.

$$ASYM. \, NBS = \max_{O \in \Theta} \prod_{i=1}^{n} U_i^{\,p_i}$$

(3)

mit p_i: Macht des Akteurs i.

Im Gegensatz zu dem in Bailer/Schneider (2006) präsentierten Modell, aber entsprechend Schneider et al. (2004) setzen wir aus zwei Gründen den Uneinigkeitswert D_i nicht mit der Distanz zwischen dem Referenzpunkt (sq) und der Policy-Position des Akteurs (|sq-pos_i|) gleich. Erstens: Verlässt man sich auf den Referenzpunkt für die Operationalisierung des Uneinigkeitswerts, würde dies – unter der Randbedingung der individuellen Pareto-Effizienz – notwendigerweise für die meisten Fälle implizieren, dass das Ergebnis gleich dem Referenzpunkt ist. Zweitens gilt, dass ein gemeinsamer Referenzpunkt für alle Spieler nicht mit Sicherheit existiert. Aufgrund des komplexen Zwei-Ebenen-Charakters der EU-Politikgestaltung bleibt der Uneinigkeitswert für den individuellen Akteur unsicher.

Um diesen Problemen entgegenzutreten, operationalisieren wir den erwarteten Uneinigkeitswert als die Wahrscheinlichkeit, das Worst-Case-Szenario in dem Fall zu vermeiden, dass keine Einigung erreicht wird. Es wird angenommen, dass diese Wahrscheinlichkeit eine Funktion der relativen Verhandlungsstärke jedes Spielers ist. Der Uneinigkeitswert ist insofern wie folgt definiert:

$$D_i = (1 - p_i) * g_i$$

(4)

Der Parameter $p_i{}^6$ misst die relative Macht des entsprechenden Akteurs I und g_i ist die Auszahlung für den schlimmstmöglichen Fall.[7] Für einige Fälle, bei denen die (individuell pareto-effiziente) Lösungsmenge (das Winset) leer ist, sagt das NVL-Modell generell den Referenzpunkt voraus.

---

[6] Die Summe der Machtanteile ergibt dabei 1: $\sum_{i=1}^{n} p_i = 1$

[7] Für den Faktor g_i gilt dabei die folgende Nebenbedingung: $g_i=pos_i$ falls $pos_i \geq 50$ und $100-pos_i$ falls $pos_i \leq 50$.

Tabelle 2 und Abbildung 1 illustrieren die Berechnung an einem einfachen Beispiel mit drei Akteuren.

Tabelle 2: Die Modellparameter am Beispiel mit drei Spielern

	Pos	p	g	D	o	U
Spieler 1	20	0,3333	80	53,3	40	33,3
Spieler 2	25	0,3333	75	50	40	35
Spieler 3	70	0,3333	70	46,7	40	16,7

Abbildung 1: Nutzenfunktionen und NVL am Beispiel von drei Spielern

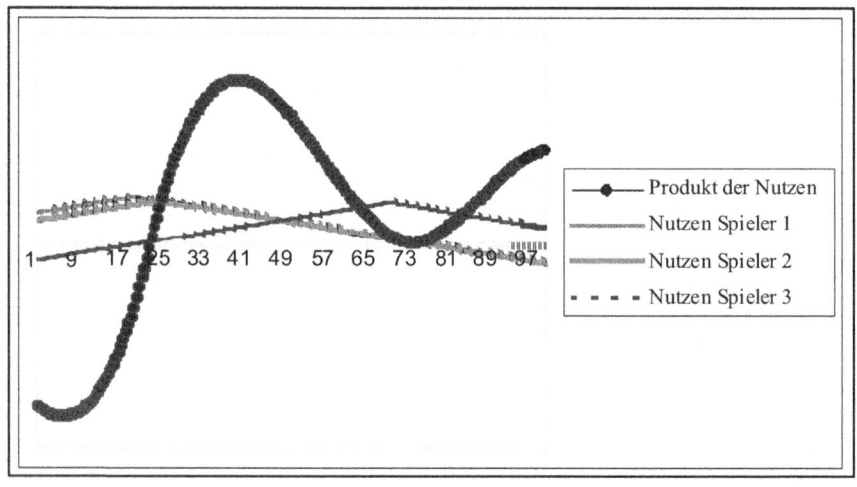

4 Illustration

In diesem Kapitel veranschaulichen wir unsere Forschungsstrategie mit einer Fallstudie. Wir haben den Gesetzesvorschlag COM (99) 348 als Beispiel ausgewählt, um unser Forschungsdesign zu veranschaulichen. Der Gesetzesvorschlag betraf die gerichtliche Zuständigkeit und die Anerkennung und Vollstreckung von Entscheidungen in Zivil- und Handelssachen Der Kommissionsvorschlag basierte auf den Konventionen von Brüssel und Lugano, die zum ersten Mal zu Beginn der 1970er Jahre diskutiert wurden. Ein Ziel des Gesetzesprojekts war es, den Spielraum der existierenden, auf diesen Vereinbarungen beruhenden Gesetzgebung auf neue Themen wie elektronischen Handel (E-Commerce) zu erweitern. Der Hauptstreit, den der Kommissionsvorschlag hervorrief, bezog sich auf die verschiedenen Möglichkeiten der gerichtlichen Zuständigkeit. Die Konflikte, die dieser Vorschlag auf nationaler Ebene entstehen ließ, waren jedoch nicht ausschließlich juristischer Natur. Da wichtige Wirtschaftsinteressen auf dem Spiel standen, wurden Produzenten- und Konsumentenorganisationen neben dem führenden Ministerium und anderen staatlichen Akteuren aktiv.

Für jeden Mitgliedstaat werden die Positionen der Akteure zu jeder Streitfrage dargestellt, die diese Gesetzgebungsinitiative hervorrief. Im Falle, dass der Kommissionsvorschlag einen multi-dimensionalen Konfliktraum in einem Mitgliedstaat eröffnete, begrenzen wir unsere Visualisierung der relativen Positionen der Akteure auf das wichtigste Thema des Vorschlags, da wir in diesem Paragraph unsere Vorgehensweise nur beispielhaft illustrieren wollen.

Deutschland: Der Kommissionsvorschlag führte in Deutschland deshalb zu einer besonderen Konstellation, weil sowohl Justiz- als auch Wirtschafts- und Technologieministerium federführend waren. Das ruft analytisch keine Schwierigkeiten hervor, da die Idealpositionen dieser Agendasetzer ohnehin fast identisch waren. Während des "EU-Justizgipfels" in Tampere 1999 favorisierte das Justizministerium eine breitere Gesetzesregulierung durch eine Verordnung. Die Experten identifizierten neun andere Akteure, die während der Vorverhandlungen aktiv wurden: Der Deutsche Anwaltsverein, die Bundesanwaltskammer, die Bundesnotarztkammer, der Bundesverband der Freien Berufe, der DIHT (Deutscher Industrie- und Handelstag), der BDI (Bund Deutscher Industrie), die AGV (Arbeitsgruppe der Verbraucherverbände), die Vereinigung der Medien und die Grüne Partei.

Diese Gruppen stimmten bei drei Themen nicht überein. Der erste Streitpunkt betraf die Frage, welcher Rechtsgrundsatz für den zuständigen Gerichtssitz im Fall von Rechtsstreitigkeiten angewendet werden sollte. Die Produzentenseite (DIHT, BDI) unterstützte das Prinzip des Zielstaates. Im Gegensatz dazu favorisierten die Konsumenten (AGV) und die Grünen das Prinzip des Herkunftslandes. Die Ministerien nahmen eine mittlere, unentschiedene Position ein. Das zweite Thema umfasste das Problem der Haftpflicht. Die Medienvereinigung argumentierte, dass der Internet-Provider verantwortlich sein müsste. Die Konsumentenorganisationen und die Grünen behaupteten, dass die Firmen, die dem Konsumenten einen Service über das Internet anbieten, haften müssten. Das letzte kontroverse Thema bezog sich auf die Reichweite der vorgeschlagenen Regulierung: Die AGV und die Grünen machten sich für eine verbrauchernahe Position stark, der Bundesverband der Freien Berufe und die Medienvereinigung vertraten hingegen eher eine laissez-faire-Haltung.

Nur drei Akteure, die Bundesanwaltskammer, der DIHT und der BDI, setzten sich in offener Lobbyarbeit für ihre Positionen ein. Der Adressat der Kampagnen war immer eines der zwei verantwortlichen Ministerien. Die Experten betonten in den Interviews, dass die Bundesregierung an keinerlei Gesprächen mit irgendeiner nationalen Interessengruppe interessiert war. Die Interessengruppen wurden nur eingeladen, an Anhörungen auf EU-Ebene teilzunehmen.

Abbildung 2 zeigt die relativen Positionen der aktiven Gruppen bei dem wichtigsten Thema in den deutschen Vorverhandlungen und auch eine Vorhersage jedes Modells zur endgültigen Positionierung des federführenden Ministeriums zu diesem Thema (die Möglichkeiten der gerichtlichen Zuständigkeit).

Abbildung 2:   Plot der relativen Akteurspositionen und Modellvorhersage für die wichtigsten Themen in Deutschland zu Com 99/348 (Prinzip der Zuständigkeit: Herkunftsstaats- vs. Zielstaatsprinzip oder Nuancen davon)

0	10	20	30	40	50	60	70	80	90	100

CO NP   BA   MJ LO *PLA* ME AFW*CORP* MA DIHT
Greens   *ETA* NA   *CLR*   BDI
CON   *PLS*
CLL

Bemerkung: MJ=Ministry of Justice (=initial position of leading ministry), ME=Ministry of Economic Affairs (=2nd leading ministry), Greens=Green Party, LO= Lawyer's Organisation, CO=Consumer Organisations, LO= Lawyer's Organisations, BA=Bar Association, MA= Media Associations, AFW= Association of Freelance Workers, NA=Notaries Associations, DIHT= Associations of German Chambers of Industry and Commerce (Deutscher Industrie- und Handelstag), BDI = Federation of German Industries, NP=outcome (national position of leading ministry), CLL=Clientelism left, CLR= Clientelism right, CON=Consociationalism, CORP=Corporatism, ETA=Etatism, PLS=symmetric Pluralism, PLA=asymmetric Pluralism

Der Plot zeigt bei diesem Thema in Deutschland, dass das Konkordanzmodell und eines der klientelistischen Modelle dem Ergebnis am nächsten kamen; danach folgt das étatistische Modell. Das Ergebnis messen wir, wie beschrieben, durch die Position des federführenden Ministeriums nach Abschluss der nationalen Vorverhandlungen.

Niederlande: Das Justizministerium war der alleinige Agendasetzer bei diesem Vorschlag. Wie unsere Experten aufzeigten, unterschätzten Unternehmensvereinigungen eher die Signifikanz der Gesetzesvorlage. Sieben verschiedene Gruppen wurden bei mindestens einem der drei untersuchten Themen aktiv. Die Frage, welches Gericht für Streitigkeiten beim Internethandel verantwortlich sein sollte, verlängerte die Entscheidungsfindung in den Niederlanden. Zwei Koalitionen mit extremen Präferenzen machten es dem federführenden Ministerium ziemlich schwer, eine gemeinsame Position zu finden. Das Wirtschaftsministerium – unterstützt von Industrieorganisationen – kämpfte für das Prinzip des Herkunftsstaates, da diese Allianz steigende Kosten im Falle eines gerichtlichen Konflikts befürchtete, wenn das Zielstaatsprinzip angewendet werden würde. Das andere Lager umfasste das Justizministerium und die Konsumentenorganisationen; diese Koalition zog das Zielstaatsprinzip vor. Das Finanzministerium, das fast indifferent zwischen diesen polarisierten Gruppen stand, beteiligte sich trotzdem an den nationalen Verhandlungen. Das führende Ministerium löste dieses Patt, indem es mit seiner Position näher an die Position des Finanzministeriums rückte.

Andere Themen waren mehr technischer Natur und betrafen zum Beispiel das Problem, ob die Niederlande von *siège statutair* zu *siège réel* wechseln sollte oder nicht. Das holländische System in Bezug auf den Sitz eines Unternehmens ist *siège statutair* (der ständige Sitz des Unternehmens), wohingegen Deutschland, Großbritannien und Belgien dem Prinzip des *siège réel* folgen, welches den Ort des Unternehmens berücksichtigt, an welchem dieses den Hauptanteil seines Umsatzes realisiert. Nur das holländische Parlament zog einen Wechsel zur anderen juristischen Doktrin vor; alle anderen Akteure (u.a. die Vereinigung der Anwälte, die Staatliche Kommission für Internationales Privatrecht und die Ministerien für Wirtschaftsangelegenheiten und Justiz) lehnten diesen Wechsel ab. Das letzte technische Thema deckte den speziellen Konflikt innerhalb der nationalen Verwaltung zwischen dem Justizministerium und der Staatlichen Kommission für Internationales Privatrecht ab, ob alternativen Prinzipien bzw. Freistellungen oder Ausnahmeregelungen Beachtung geschenkt werden sollte oder nicht. Im Gegensatz zum Justizministerium stellte sich die staatliche Kommission gegen eine Aufnahme von alternativen Prinzipien in den Gesetzentwurf und schaffte es, wenigstens ein paar der vom Ministerium ins Auge gefassten Ausnahmeregelungen oder Freistellungen auszuschließen.

Das folgende Schaubild verdeutlicht die Positionen aller Akteure und die Vorhersagen, die sich aus den unterschiedlichen Interessenvermittlungsmodellen ableiten lassen.

Abbildung 3:   Plot der relativen Akteurspositionen und Modellvorhersage für die wichtigsten Themen in den Niederlanden zu Com 99/348

0	20	30	50	80	90	100
ME	LA NP	*CLR*			*CORP*	Parl
MJ	*PLS*					
State Com	*PLA*					
CON	*CLL*					
ETA						

Bemerkung: Manche Akteure waren nicht auf allen drei Streitfragen des Vorschlags aktiv. Es wird angenommen, dass sie zwischen dem nationalen Status Quo und der Position des führenden Ministeriums indifferent sind. Insofern imputierten wir den Mittelwert zwischen dem Referenzpunkt und der Ausgangsposition des führenden Ministeriums als ihre Position bei diesen Themen. Thema 3 hat keinen klaren Referenzpunkt, deswegen wurde die Ausgangsposition des führenden Ministeriums für die Akteure, die bei den anderen Themen aktiv waren aber nicht bei diesem dritten, imputiert.
MJ=Ministry of Justice (=initial position of leading ministry), ME=Ministry of Economic Affairs, MF=Ministry of Finance, State Com=State Commission for International Private Law, Parl=Parliament, LA= Lawyer's Association, NP=outcome (national position of leading ministry), CLL=Clientelism left, CLR= Clientelism right, CON=Consociationalism, CORP=Corporatism, ETA=Etatism, PLS=symmetric Pluralism, PLA=asymmetric Pluralism

Die vergleichende Evaluation der Modellvorhersagen für diesen Vorschlag zeigt eindeutig, dass beide pluralistischen und eines der klientelistischen Modelle dem wirklichen Ergebnis sehr nahe kommen. Es scheint, als unterscheide sich die Verteilung der Akteurspräferenzen zu diesem Thema nicht zwischen den unterschiedlichen Verhandlungsmodellen. Insofern beeinflussten entweder alle oder nur die Akteure, die dem führenden Ministerium am nächsten liegen, das Endergebnis der Entscheidungsfindung. Wie in Deutschland bietet das korporatistische Modell auch in den Niederlanden die schlechteste Vorhersage für diese Streitfrage.

Finnland: Der Kommissionsvorschlag stellt hier lediglich eine Übernahme schon existierender Konventionen in eine EU-Richtlinie dar. Über die Änderungen, die durch diese Transformation entstehen, einigten sich die Mitgliedstaaten bereits 1999. Daher hielt es das Justizministerium nicht für notwendig, eine Anhörung zu organisieren und Interessengruppen zu konsultieren.

Deswegen waren die einbezogenen Akteure in den Vorverhandlungen nur das Justizministerium, das finnische Parlament, die Handelskammer und der Ombudsmann der Konsumenten. Das einzige Thema, das etwas Konflikt zwischen den verschiedenen Akteuren entstehen ließ, war der Aspekt des Konsumentenschutzes in Bezug auf den länderübergreifenden Internethandel. Hier hätte die ursprünglich nationale gerichtliche Zuständigkeit geändert werden müssen. Das Justizministerium vertrat die Meinung, dass die existierende Formulierung (‚0') um den Aspekt E-Commerce (‚100') erweitert werden sollte, da dieser Aspekt ihrer Sicht nach nicht zufrieden stellend abgedeckt war. Das Parlament und der Ombudsmann der Konsumenten stimmten mit dieser Position überein. Die Handelskammer teilte die Sichtweise der anderen Mitgliedsstaaten, d.h. den Referenzpunkt. Das bedeutete, dass aus ihrer Sicht keine Notwendigkeit zu Änderungen in Bezug auf den Aspekt E-Commerce bestand. Da der Kommissionsvorschlag keine substantiell neuen Streitfragen aufwarf, wurden keine Drohungen oder Versprechen während der Verhandlungen ausgesprochen. Abbildung 4 lokalisiert diese Präferenzen sowie die Modellprognosen.

Abbildung 4:   Relative Positionen der Stakeholder und Modellvorhersagen für Finnland zu Com 99/348

0	50,22	70,95	78,55	100
CC	*CLL*	*PLS*	*PLA*	MJ
				CO
				P
				SQ
				NP
				CON
				ETA
				CLR
				COR

Bemerkung: CLL=(Prediction of) Clientelism Left, CLR=Clientelism Right, ETA=Etatism, CON=Consociationalism, COR=Corporatism, PLS= symmetric Pluralism, PLA= asymmetric Pluralism, NP=national position (after pre-negotiations), SQ=Status Quo, MJ=Ministry of Justice (=leading ministry and therefore its initial position), CO=Consumer Ombudsman, P=Parliament, C=Central Chamber of Commerce

Die Mehrzahl der Verhandlungsmodelle sagt das Ergebnis korrekt voraus oder ist wenigstens nahe dran. Das Modell mit dem höchsten Voraussagefehler ist jenes klientelistische Modell, bei dem die Positionen der wesentlichen Akteure links vom Ministerium liegen.

Großbritannien: Dieser Fall unterscheidet sich von den anderen drei Mitgliedsstaaten dahingehend, dass das Lord Chancellor's Department (Finanzministerium) der nationale Agendasetzer war und nicht das Justizministerium. Insofern sah die britische Regierung den Gesetzesvorschlag viel mehr als eine finanzielle denn als eine bloße juristische Angelegenheit an. Aber substantielle Streitigkeiten gab es zu diesem Vorschlag in Großbritannien nicht. Ein paar Uneinigkeiten entstanden bei der Frage, ob eine Regulierung überhaupt notwendig sei. Eine andere Diskussion bezog sich auf das auch in den anderen Ländern diskutierte Thema, welches Gericht bei Streitigkeiten über E-Commerce-Verträge zuständig sein sollte. Die allgemeine Regel im internationalen Privatrecht ist, dass das Gericht im Staat des Konsumenten verantwortlich ist. Dieser Tradition steht jedoch das Argument der Anbieter solcher Dienstleistungen entgegen, wonach sich viele Produzenten die Gerichtsprozesskosten in anderen Mitgliedsstaaten nicht leisten könnten. Aber die britische Regierung weigerte sich, um diese Position zu kämpfen, obwohl sie von allen einbezogenen Ministerien darin unterstützt worden wäre. Sie befürchtete, dass eine Diskussion den ganzen Kompromiss, der zwischen den Mitgliedsstaaten schon erreicht wurde, gefährdet hätte. Aber die britischen Akteure einigten sich, jeden Mitgliedsstaat zu unterstützen, der so einen Vorschlag machen würde, wenn sicher gestellt sei, dass dies die einzige Abweichung vom Kompromiss sein würde.

Das einzige übrig gebliebene Thema von Wichtigkeit war, ob Urteile über E-Commerce in die Regulierung eingeschlossen werden sollten oder nicht. E-Commerce-Händler, Werbegemeinschaften und die Vereinigung der Britischen Industrie kämpften um den Ausschluss solcher Urteile. Vehement gegen diese liberalistische Position stellten sich die Konsumentenorganisationen und alle aktivierten staatlichen Akteure, eingeschlossen die Handels- und Industrieabteilung, die schottische Verwaltung und das führende Ministerium, das Lord Chancellor's Department. Trotz intensivem Lobbying konnte die E-Commerce-Lobby die Anfangsposition des Lord Chancellor's Department nicht erfolgreich ändern.

Abbildung 5 zeigt die Präferenzen der Akteure und die Lokalisierung der Vorhersagen der Interessenvermittlungsmodelle beim einzigen wichtigen Thema in Großbritannien. Drei Modelle erfassen das Ergebnis richtig: Das étatistische, eines der klientelistischen und das korporatistische Modell, wobei das konkordanzdemokratische vollkommen daneben liegt.

Abbildung 5:   Relative Positionen der Stakeholder und Modellvoraussagen für
GB zu Com 99/348

0	20	50	58,9	61,8	100
ET	BI	*CLL*	*PLS*	*PLA*	LC
AA					DTI
CON					CO
					SA
					NP
					SQ
					ETA
					CLR
					COR

Bemerkung: CLL=(Prediction of) Clientelism Left, CLR=Clientelism Right, ETA=Etatism, CON=Consociationalism, COR=Corporatism, PLS= symmetric Pluralism, PLA= asymmetric Pluralism, NP=national position (=outcome of pre-negotiations), SQ=Status Quo, AA=advertising associations, ET=e-commerce traders, BI=confederation of British industry, LC=Lord Chancellor's Department (=initial position of leading ministry), DTI=Department of Trade and Industry, CO=consumer organizations, SA=Scottish Administration

Die deskriptiven Ausführungen dieser Fallstudie zeigen, dass sich die Mobilisierung der Akteure im Vergleich der Mitgliedstaaten stark unterscheidet. Die Ergebnisse der Fallstudie lassen überdies erwarten, dass federführende Ministerien mit ihren Vorschlägen weitgehend in den Staaten erfolgreich sind, in denen die Konfliktintensität niedrig war (GB und Finnland). Das étatistische Modell sollte demnach die höchste Vorhersagegüte unter den konkurrierenden Modellen der Interessenvermittlung haben. Andere Erklärungen sollten dagegen erfolgreicher sein, die Ergebnisse in Deutschland und den Niederlanden, wo der Kommissionsvorschlag zu intensiveren Diskussionen führte, vorherzusagen.

Die Resultate aus Tabelle 3 bestätigen diese Erwartungen im Großen und Ganzen. Sie präsentiert die Vorhersage für alle Modelle und ihre Vorhersagefehler bei den strittigen Themen für jedes Interessenvermittlungsmodell und jedes Thema in allen vier Mitgliedsstaaten. Da die Grundlage eine Skala von 0 bis 100 ist, beträgt der maximale Fehler 100.

Tabelle 3: Voraussage und Voraussagefehler der
Interessensvermittlungsmodelle zu COM 99/348

	KONOR.		ETA.		SYM. PLURAL.		SYM. PLURAL. ASY.		KLIENT. RECHTS		KLIENT. LINKS		KORPORA-TISMUS	
D1	0,001	0,099	0,4	0,3	0,51	0,41	0,54	0,44	0,74	0,64	0,0	0,1	0,799	0,699
D2	0,001	0,099	0,3	0,2	0,5	0,4	0,36	0,26	0,625	0,525	0,0	0,1	0,732	0,632
D3	0,299	0,600	0,7	0,2	0,5	0,4	0,5	0,4	1	0,1	0,375	0,525	0,795	0,1041
NL1	0,001	0,249	0,001	0,249	0,232	0,018	0,265	0,015	0,33	0,08	0,283	0,034	0,878	0,628
NL2	0,001	0,849	1	0,15	0,52	0,33	0,70	0,15	0,52	0,33	0,001	0,849	1	0,15
NL3	0,251	0,199	0,75	0,3	0,4	0,05	0,4	0,05	0,40	0,05	0,247	0,203	0,75	0,3
FIN	1	0	1	0	0,71	0,29	0,785	0,215	1	0	0,502	0,498	1	0
UK	0,0007	0,999	1	0	0,59	0,41	0,62	0,38	1	0	0,5	0,5	1	0
Total MAE	0,387		0,175		0,289		0,238		0,216		0,350		0,314	

Bemerkung: die erste Spalte jedes Modells zeigt die Vorhersage für das Modell bei jedem Thema, die zweite Spalte den Voraussagefehler des Modells für die Themen zwischen 0 (kein Fehler) und 1 (Maximalfehler) MAE = Mean average error, mittlerer Durchschnittsfehler jedes Modells bei allen Themen und Mitgliedsstaaten zu Com 99/348.

Die Ergebnisse aus Tabelle 3 bestätigen unseren Verdacht, dass das étatistische Modell diesen Vorschlag am besten in Finnland und GB vorhersagt. Die Genauigkeit der korporatistischen und konkordanzdemokratischen Modelle hängt damit zusammen, dass sie fast identisch zum étatistischen Modell sind, da die Anzahl der relevanten nichtstaatlichen Akteure für diesen Fall relativ klein ist. In Deutschland passen jene Modelle, welche die relative Macht der Interessengruppen berücksichtigen, mindestens genauso gut wie das étatistische Modell, in den Niederlanden übertreffen diese asymmetrischen NVL die Vorhersagegüte des étatistischen Modells sogar. Tabelle 3 zeigt auch, dass die verschiedenen Modelle sich in ihrer Vorhersage unterscheiden.

5 Voraussagegenauigkeit der Interessenvermittlungsmodelle

In diesem Abschnitt evaluieren wir die Prognosegüte der konkurrierenden Interessenvermittlungsmodelle über alle Themen in allen vier Mitgliedstaaten. In einer früheren Studie haben wir herausgefunden, dass bei den Gesetzesvorschlägen aus unserem Sample kein eindeutiges System der Interessenvermittlung für eines der vier Mitgliedstaaten abgeleitet werden kann (Baltz et al. 2005). Alles in allem scheinen regierungsdominierte Interessenvermittlungssysteme (étatistische Modelle) die Verhandlungen in allen vier Mitgliedstaaten zu dominieren. Den-

noch können anderen Arten der Interessenvermittlung, wie etwa die pluralistischen oder korporatistischen Modelle, in fast allen der vier Mitgliedstaaten auf
der Ebene einzelner Gesetzesvorschläge gefunden werden. In dieser Studie versuchen wir herauszufinden, ob dieser Eindruck bestätigt werden kann. Wir verwenden verschiedene Evaluationskriterien, um die Voraussagegenauigkeit der
Verhandlungsmodelle auf diesen strittigen Themen abzuschätzen. Das erste Maß
in unserer Evaluation ist der mittlere absolute Fehler (MAF) der Voraussage zu
jedem Thema, welcher ein Standardrichtwert zwischen 0 (kein Fehler) und 100
(maximaler Fehler) ist. Tabelle 4 zeigt die MAFs von sieben verschiedenen Modellen für alle Themen und für alle vier Mitgliedsstaaten separat mit den Maxi-
malfehlern jedes Modells. Zu bemerken ist, dass wir die asymmetrische Version
des korporatistischen und konkordanzdemokratischen Modells nicht mit einbeziehen, weil sich die Ergebnisse nicht signifikant von denen der symmetrischen
Modelle unterscheiden.

Tabelle 4: Mittlerer Durchschnittsfehler der Modellvoraussage

NVL-Modelle der Interessensvermittlung	AlleThemen (n=108)	Deutschl and	Nieder- lande	Finn- land	Groß- britannien	max. Fehler
Konkordanz	40,16	30,58	51,91	32,46	38,1	100
Korporatismus	14,37	17,29	15,18	15,41	8,02	84,9
Symm. Etatismus	12,95	17,66	13,31	15,42	4,95	70
Symm. Pluralismus	26,32	23,08	29,72	23,17	27,29	75,5
Asymm. Pluralismus	21,97	19,93	24,5	19,28	22,69	76,8
Klientelismus (rechts von FM)	26,74	31,52	26,96	24,16	23,82	100
Klientelismus (links von FM)	33,59	28,3	35,88	33,9	35,05	89,9

Bemerkung: FM = Position des führenden Ministeriums

Die Ergebnisse aus Tabelle 4 zeigen, dass ein Modell – das symmetrisch-
étatistische Modell – die Daten eindeutig besser abbildet als alle anderen hier
untersuchten Modelle. Das korporatistische und das pluralistische Modell, die-
Machtungleichheit zwischen den Akteuren berücksichtigen, liefern die
nächstbesten Vorhersagen. Das symmetrisch-pluralistische Modell und eines der
klientelistischen Modelle liegen dazwischen, während das Konkordanzmodell
am Ende der Rangliste steht. Ein Vergleich der beiden klientelistischen Modelle
untereinander zeigt, dass vor allem jene Akteure in den nationalen Vorverhandlungen zu gewinnen scheinen, welche zu tiefer gehender Integration neigen als
das führende Ministerium. (Ein höherer Wert auf der 100-Punkte-Präferenzskala
weist in den meisten Fällen darauf hin, dass ein Akteur eine Intensivierung der

europäischen Zusammenarbeit befürwortet). Die Rangfolge zwischen den beiden klientelistischen Modellen ist nur in Deutschland umgekehrt. Das bedeutet, dass das deutsche Ministerium, das für die Koordinierung im Vorfeld der EU-Verhandlungen zuständig ist, stärker von integrationsskeptischen Gruppen beeinflusst wird als die staatlichen Akteure in anderen Staaten. Dies deutet auf einen bestimmten politischen Bias hin: Da "Integration" oft eher für konsumenten- als für produzentenfreundliche Gesetzgebung steht, scheint die deutsche Regierung oftmals eher dem Druck der Industrielobby nachzugeben als dies andernorts der Fall ist (Schneider/Baltz 2003a, b).

Die Evaluierung unterstreicht außerdem die Bedeutung der staatlichen Akteure in der EU-Politik. Der Unterschied in der Voraussagegenauigkeit des konkordanzdemokratischen und des korporatistischen Modells unterstreicht dies. Die beiden Modelle unterscheiden sich nur insofern, als dass das erste das federführende Ministerium ausschließt und das zweite es als relevanten Akteur mit einschließt. Eine detaillierte Analyse der Agenda-Setting-Kapazität der staatlichen Akteure bestätigt, dass das formal zuständige Ministerium eine beträchtliche Ermessensfreiheit besitzt (Schneider/Baltz 2005).

Bemerkenswert ist auch, dass die relativen Unterschiede zwischen den Modellen über alle vier untersuchten Mitgliedsstaaten hinweg generalisierbar sind. Sogar in den Staaten, von denen ausgegangen wird, dass sie ein korporatistisches Interessenvermittlungssystem haben, bietet das étatistische Modell im Durchschnitt die genaueste Vorhersage. Da das federführende Ministerium in Großbritannien oft seine Ausgangsposition nicht ändern musste, sind das korporatistische und besonders das étatistische Modell hier besonders erfolgreich.

Dies bedeutet, dass in Großbritannien staatliche Akteure den nationalen Verhandlungsprozess dominieren. Es hat auch nicht den Anschein, als sei Großbritannien pluralistischer als Deutschland oder die Niederlande, was der Lehrbuchklassifizierung der in diesen Staaten vorherrschenden Interessenvermittlungssysteme entgegensteht.[8]

Wie Bueno de Mesquita (2004) kürzlich argumentierte, weist der MAF einige Mängel als Maßstab für Modellevaluationen auf. Beispielsweise wird der Prognosefehler eines Modells insofern unterschätzt, als dass der MAF nicht für die unterschiedliche Größe des maximalen Fehlers korrigiert. Der MAF berücksichtigt auch keine Grenz- oder Plafond-Effekte.

---

[8] Hinsichtlich des Referenzpunktes unterscheiden sich die Ergebnisse nur leicht: Die beste Voraussage bietet immer noch das étatistische Modell (MAF bei allen Themen = 0.16), knapp gefolgt vom klientelistischen Modell, das nur die Akteure rechts von der Position des führenden Ministeriums mit einbezieht (0.165) und das asymmetrisch pluralistische Modell (0.21). Den Gewinnern dieses Wettbewerbs folgen das klientelistische Modell mit Gruppen links von dem führenden Ministerium (0.23) und das symmetrisch pluralistische Modell (0.27). Das konkordanzdemokratische Modell liefert immer noch die schlechteste Voraussage (0.29).

Insofern können wir erwarten, dass MAF sowohl negativ als auch positiv mit der Zahl der alternativen Positionen bei einem Thema korreliert. Wenn zum Beispiel nur die extremen Positionen auf einem Themenkontinuum besetzt sind (0 und 100) und die Voraussage bei 50 liegt, dann kann der maximale Fehler nur bei 50 Punkten liegen. Werden mehr als zwei (extreme) Positionen benannt (z.B. drei bei 0, 75 und 100) und die Voraussage ist 75, dann kann der maximale Fehler nur 25 sein (wenn das Ergebnis 100 ist) oder 75 (wenn das Ergebnis am anderen Extrem der Präferenzskala liegt).

Ein zweites Richtmaß – die Anzahl der Punktprognosen – vermeidet diese Probleme. Tabelle 5 zeigt die Voraussagegenauigkeit der Modelle anhand dieses Maßes. Wir unterscheiden drei „Fehlergrenzen". Das erste Toleranzniveau erlaubt Abweichungen von 0.1% der gesamten Verhandlungszone, das zweite weitet dies auf 1% aus und das dritte Kriterium auf 10%.

Tabelle 5: Anzahl der Punktvorhersagen

NVL-Modell	Abweichung (Fehlerniveau)		
	≤0.1%	≤ 1%	≤ 10%
Konkordanz	24 (22.22%)	26 (24.07%)	37 (36.11%)
Korporatismus	47 (43.51%)	47 (43.51%)	63 (58.33%)
Symmetrischer Etatismus	49 (45.37%)	49 (45.37%)	67 (62.04%)
Symmetrischer Pluralismus	2 (1.85%)	4 (3.7%)	30 (27.78%)
Asymmetrischer Pluralismus	13 (12.04%)	15 (13.89%)	45 (41.67%)
Klientelismus (links von FM)	19 (17.59%)	19 (17.59%)	39 (36.11%)
Klientelismus (links von FM)	4 (3.7%)	4 (3.7%)	25 (23.15%)

Die Ergebnisse aus Tabelle 5 unterscheiden sich leicht im Vergleich zu den MAF-Evaluationen. Obwohl das symmetrisch-étatistische Modell weiterhin die genaueste Vorsage bietet, ändert sich die Rangfolge etwas. Das klientelistische Modell mit Gruppen links von der Position des federführenden Ministeriums und das symmetrisch-pluralistische Modell leisten schlechtere Voraussagen – das symmetrisch-pluralistische Modell ist nun am Ende der Rangfolge. Sie weisen viel weniger „perfekte Treffer" – Punktvorhersagen innerhalb der restriktiven 0.1%-Fehlergrenze – als alle anderen Modelle auf; dieses Ergebnis ist unabhängig von der Wahl des Fehlerniveaus. Es zeigt, dass die Regierungsagenten eher nachgeben, wenn rechts und nicht links von ihnen ein wichtiger Akteur ist. Das korporatistische Modell erzielt das zweitbeste Ergebnis von allen Modellen. Das Ergebnis des klientelistischen Modells mit Gruppen rechts von der Position des führenden Ministeriums schneidet fast genauso gut ab. Diese Variante des klientelistischen Modells wird von dem asymmetrisch pluralistischen Modell nur beim 10%-Fehlerniveau übertroffen. Tabelle 5 lässt wieder vermuten, dass die Vorhersagen des konkordanzdemokratischen Modells relativ ungenau bleiben; Regierungsakteure sind, anders gesagt, für unser Verständnis der EU-Interessenvermittlung auf nationaler Ebene notwendig. Die Fehler der pluralistischen und klientelistischen Modelle sind mehr um ein „Durchschnittsfehlerniveau" herum konzentriert. Diese Verhandlungsmodelle bieten eine geringere Anzahl von „perfekten Treffern" als das korporatistische Modell, aber sie haben auch einen niedrigeren Maximalfehler als die konkordanzdemokratischen Modelle.[9]

Diese Ergebnisse sollten jenen Wissenschaftlern zu denken geben, die Schlussfolgerungen über Interessenvermittlungssysteme eines Staates anhand von wenigen Einzelfallstudien ziehen. Oft basieren diese auf nur einem Politikfeld oder einer Gesetzesvorlage. Wie unsere Analyse aufzeigt, missachten solche Generalisierungen, dass die europäische Gesetzgebung ein breites Feld an Akteuren über Staaten und Gesetzesvorschlägen hinweg betrifft. Interessenvermittlung kann also in ein und demselben Staat einmal pluralistisch, ein anderes Mal klientelistisch sein, oder die Verhandlungen können ausschließlich unter staatlichen Akteuren stattfinden. Unsere empirischen Befunde deuten des Weiteren darauf hin, dass ein étatistisches Verhandlungsmodell das wirkliche Ergebnis im Durchschnitt am genauesten vorhersagt. Konkordanzmuster sind hingegen seltener als uns manche Interpretationen erwarten lassen.

Uns interessiert nicht nur, welches der unterschiedlichen Modelle die besten Voraussagen des Verhandlungsresultats liefert. Unser Ziel ist es auch, die Variationen in der Voraussagegenauigkeit der Modelle zu verstehen. Daher schätzen wir multivariate lineare Regressionsmodelle, um die Erfolgsbedingungen zu identifizieren, unter welchen manche Modelle besser vorhersagen als andere. Unsere abhängige Variable ist die Distanz zwischen der Voraussage eines Modells und dem Verhandlungsergebnis auf Ebene der einzelnen Gesetzesvorschläge, d.h. der Voraussagefehler jedes Modells bei einem Thema. Wie Schneider et al. (2006) untersuchen wir ferner, ob Eigenschaften des Themas und/oder des Vorschlags den Modellvorhersagefehler determinieren.

Wir analysieren auf der Vorschlagsebene, ob die Anzahl der strittigen Themen den Vorhersagefehler der Modelle bestimmt. Die Erwartung ist, dass je mehr Themendimensionen ein Vorschlag hat, desto schwieriger könnte es für die ein-

---

[9] Ein drittes und für den direkten Vergleich zwischen den Modellen nützliches Maß ist die Anzahl, wie oft ein Modell das Ergebnis besser voraussagt als ein anderes. Wir präsentieren die Ergebnisse von diesem Voraussagefehlermaß nicht, weil die Ergebnisse im Allgemeinen die des MAF-Maßes bestätigen.

dimensionalen Modelle sein, die Ergebnisse vorherzusagen. In einem multidimensionalen Themenraum ist ein Stimmenhandel möglich, wenn sich die Wichtigkeit der einzelnen Themen unterscheidet. Die nächste Gruppe von erklärenden Variablen verwendet Informationen auf Ebene der einzelnen Streitfragen. Eine erste Variable für die Leistung des Modells, die leicht zu interpretieren ist, stellt die Varianz der Präferenzen bei einem Thema dar. Intuitiv ist zu erwarten, dass eine höhere Variation der Akteurspräferenzen die allgemeine Voraussagegenauigkeit der Modelle verringert. Wir operationalisieren diese Variable durch die Standardabweichung der Idealpositionen. Sie berücksichtigt implizit auch die Zahl der Akteure, weil wir eine Korrelation zwischen der Varianz der Präferenzen bei einem Thema und der Zahl der aktiven Akteure bei dem gleichen Thema erwarten.

Wir erwarten außerdem, dass Ergebnisse leichter vorherzusagen sind, wenn die Präferenzverteilung schief ist. Das Verhandlungsergebnis sollte in diesem Fall näher an der größeren Koalition sein als an der kleineren. Eine weitere Variable misst, ob die Präferenzen zwischen den Akteuren polarisiert sind. Eine Verteilung der Präferenzen kann gleichzeitig etwas schief und stark polarisiert sein, wenn zum Beispiel nur zwei Akteure eine Position an den entgegengesetzten extremen Seiten auf der Präferenzskala aufweisen. Wir messen die Polarisierung der Präferenzen durch den umgekehrten Hirschmann-Konzentrationsindex. Der Polarisierungsindex erhält den maximalen Wert, wenn die Konzentration niedrig ist. Dies bedeutet, dass alle Quartile (oder nur die besetzten) auf der Themenskala von dem gleichen Anteil an Akteuren besetzt ist. Der Minimalwert steht für den Fall, dass alle Akteure im gleichen Quartil angesiedelt sind; die Präferenzverteilung ist in diesem Fall stark konzentriert. Zuletzt kontrollieren wir für die gegebenen Unterschiede zwischen den untersuchten Mitgliedstaaten, welche die Unterschiede im Voraussagefehler zwischen den verschiedenen Modellen erklären könnten. Laut konventioneller Erkenntnis sollten wir erwarten, dass das pluralistische Modell einen systematisch niedrigeren Voraussagefehler im Fall Großbritanniens als in den anderen drei Mitgliedstaaten haben sollte, und umgekehrt sollten die anderen Interessenvermittlungsmodelle einen höheren Voraussagefehler in Großbritannien im Gegensatz zu Deutschland, Finnland und der Niederlande haben.

Die in Tabelle 5 dargestellten Ergebnisse deuten bereits darauf hin, dass die vorher beschriebenen substantiellen Ergebnisse keinem dieser Verzerrungseffekte zuzuschreiben sind. Das lineare Regressionsmodell schließt eine Dummy-Variable mit ein, die Großbritannien als ein Beispiel für Pluralismus gegenüber den anderen drei Staaten, die als korporatistischer angenommen werden, dargestellt. Sie hat den Wert 0, ist der Mitgliedstaat Großbritannien, anderenfalls 1.

Tabelle 6 zeigt die Ergebnisse der Regressionsanalyse für alle analysierten Interessenvermittlungsmodelle.

Tabelle 6: Determinanten der Vorhersagefehler von NVL-Modellen der Interessensvermittlung

	Konkor.	Etatismus	Plura-lismus	Asym. Plur.	Links Klient.	Rechts Klient.	Korpora-tismus
Vorschlagsebene							
Anzahl der Themen	0.01	-0.01	-0.02	-0.01	-0.05**	0.02	-0.01
	(0.04)	(0.01)	(0.03)	(0.03)	(0.02)	(0.03)	(0.02)
Themenebene							
Varianz der Präferenzen	0.01***	-0.00	0.00	0.00	0.00	0.00	-0.00
	(0.00)	(0.00)	(0.00)	(0.00)	(0.00)	(0.00)	(0.00)
Schiefe der Präferenzverteilung	-0.03**	-0.01	0.00	-0.00	0.00	-0.00	-0.00
	(0.02)	(0.01)	(0.01)	(0.01)	(0.01)	(0.01)	(0.01)
Polarisierung	0.36*	0.21*	0.17	0.27**	0.39***	0.37***	0.21**
	(0.20)	(0.12)	(0.14)	(0.12)	(0.12)	(0.13)	(0.10)
Staatsebene							
GB vs. Rest	-0.03	0.06**	-0.02	-0.04	-0.03	-0.04	0.02
	(0.10)	(0.03)	(0.07)	(0.07)	(0.06)	(0.06)	(0.07)
Konstante	-0.20	0.07	0.17	0.13	0.19**	-0.02	0.09
	(0.18)	(0.09)	(0.17)	(0.16)	(0.09)	(0.13)	(0.11)
N	108	108	108	108	108	108	108
Adj. R^2	0.12	0.08	0.00	0.00	0.05	0.07	0.01

*Bemerkung: Standardfehler in Klammern, * = signifikant auf 1%-Niveau, **= signifikant auf 5%-Niveau, *** = signifikant auf 10%-Niveau*

Wie Tabelle 6 entnommen werden kann, ist die erklärte Varianz aller Modelle stets relativ klein. Trotzdem zeigt die Analyse ziemlich klar, dass die Polarisierungsvariable einen starken und signifikanten Einfluss über fast alle hier diskutierten Modelle hinweg ausübt. Je polarisierter die Präferenzverteilung ist, desto ungenauer sind die Modellvorhersagen. Die Varianz- und Schiefemaße sind nur im Hinblick auf das konkordanzdemokratische Modell signifikant. Die Staatsebenenvariable dagegen hat nur im étatistischen Modell eine signifikante Auswirkung. Wie schon angedeutet, ist die Agenda-Setting-Kapazität des führenden Ministeriums in Großbritannien beträchtlich. Staatliche Akteure profitieren davon, dass sich alle Gruppen gemeinsam bekämpfen, was sie als folgenschwere Kommissionsvorschläge wahrnehmen. Bei den anderen Modellen ist der Voraussagefehler für Großbritannien höher als für die anderen Staaten, jedoch nicht signifikant. Die einzige Variable, die in direktem Gegensatz zu der erwarteten Beziehung zu stehen scheint, ist die Variable „Themenanzahl". Das klientelistische Modell, das die Gruppen links von der Position des führenden Ministeriums mit einschließt, wird von diesem Faktor beeinflusst. Das widerspricht unserer Erwartung, dass der Handel mit Stimmen zwischen den Akteuren mit zunehmender Zahl an Dimensionen wahrscheinlicher wird. Da aber der Datensatz nur wenige Vorschläge einschließt, bei denen die gleichen Akteure auf mehreren Themen eines einzelnen Vorschlags aktiv werden, ist die Möglichkeit, dass Verhandlungspakete über verschiedene Themen hinweg innerhalb eines Vorschlags oder zwischen verschiedenen Vorschlägen abgeschlossen werden können, relativ klein.

6   Schlussfolgerung

In diesem Kapitel untersuchten wir, inwiefern die konventionelle Klassifizierung der Interessenvermittlungssysteme von vier Mitgliedstaaten der EU sinnvoll ist, um die nationale Verhandlungsposition des verhandelnden Ministeriums auf Ratsebene vorherzusagen. Erstens zeigt unsere empirische Analyse, dass die Muster der Interessenvermittlung bei den nationalen Vorverhandlungen weniger scharf getrennt sind, als von der Literatur zu Interessenvermittlungssystemen angenommen. Die Aktivierungs- und Koalitionsmuster zwischen den staatlichen und nichtstaatlichen Akteuren unterscheiden sich zwischen den verschiedenen Vorschlägen so sehr, dass allgemeine Typologien nur bis zu einem gewissen Wert die nationalen Vorverhandlungen erklären können. Das unterstützt die implizite Unmöglichkeitsthese von Crombez (2002) und Freeman (1989), wonach fast keine Generalisierungen über Interessenvermittlung möglich sind. Zweitens unterstreicht unsere Analyse, dass staatliche Akteure die nationalen Verhandlungen bei den meisten Themen dominieren. Sind aber nichtstaatliche Akteure mit einbezogen, ist ein korporatistisches Verständnis der Verhandlungen viel hilfreicher als ein konkordanzdemokratisches. Drittens hängt der Voraussageerfolg des korporatistischen Modells stark von der Einbeziehung staatlicher Akteure ab. Das ist ein herber Schlag für die Befürworter der These, nach welcher das Interessenvermittlungssystem auf eine Ära zuschreitet, in der starke Verbündete ein Gegengewicht zum Einfluss der nationalen Regierungen bilden können. Obwohl Regierungen die Interessen ihrer Prinzipale zu einem gewissen Grad respektieren müssen, besitzen sie beträchtliche und weitgehend unkontrollierte Ermessensfreiheit bei der Formierung ihrer Position zu EU-Gesetzesinitiativen.

Literatur

Andersen, Svein S. /Eliassen, Kjell A. (1993): *Making Policy in Europe. The Europeification of National Policy-Making*. London: Sage

Bailer Stefanie/Schneider, Gerald (2006): Schelling versus Putnam? The Importance of Constraints in European Legislation. In: Thomson, Robert/Stokman, Frans N./Achen, Cristopher/König, Thomas (Hrsg.) *The European Union Decides*. Cambridge: Cambridge University Press. 153-177

Baltz, Konstantin./König, Thomas/Schneider, Gerald (2005): Immer noch ein etatistischer Kontinent: Die Formierung von Positionen zu EU-Verhandlungen in vier Mitgliedsstaaten. In: Eising, Rainer/Kohler-Koch, Beate (Hrsg.) *Interessenpolitik in Europa*. Baden-Baden: Nomos 283-309

Bogaards, Matthijs /Crepaz, Markus M.L. (2002): Forum Section: Consociational Interpretations of the European Union. In: *European Union Politics* 3 2002. 357-381

Bueno de Mesquita, Bruce (2004): Decision Making Models, Rigor and New Puzzles. In: *European Union Politics* 5 2004. 125-138

Crombez, Christophe (2002): Information, Lobbying and the Legislative Process in the European Union. In: European Union Politics 3 2002. 7-32

Eising, Rainer (2004): Multilevel Governance and Business Interests in the European Union. In: *Governance* 17 2004. 211-245

Freeman, John R. (1989): *Democracy and markets: the politics of mixed economies*. Ithaca: Cornell University Press

Gillingham, John (1991): *Coal, Steel, and the Rebirth of Europe, 1945-1955: The Germans and French from Ruhr Conflict to Economic Community*. Cambridge: Cambridge University Press

Gillingham, John (2003): European *Integration, 1950-2003: Superstate or new market economy?* Cambridge: Cambridge University Press

Gorges, Michael J. (1996): *Euro-Corporatism? Interest Intermediation in the European Community*. Lanham: University Press of America

Greenwood, Justin/Aspinwall, Marc D. (Hrsg.) (1998): *Collective Action in the European Union: Interests and the New Politics of Associability*. London: Routledge

Greenwood, Justin/Jordan, Grant (1993): The United Kingdom: A Changing Kaleidoscope. In: van Schendelen, Marinus P. C. M. (Hrsg.) (1993): *National Public and Private Lobbying*. Aldershot: Dartmouth. 65-90

Grote, Jürgen R./Schmitter, Philippe C. (1999): The Renaissance of National Corporatism: Unintended Side-effect of European and Monetary Union or calculated Response to the Absence of European Social Policy? In: *Transfer* 1 1999. 34-63

Haas, Ernst B. (1958): *The Uniting of Europe: Political, Social, and Economic Forces 1950-1957*. Stanford: Stanford University Press

Haas, Ernst B. (1964): *Beyond the Nation-State: Functionalism and International Organization*. Stanford: Stanford University Press

Kohler-Koch, Beate (1996): Die Gestaltungsmacht organisierter Interessen In: Jachtenfuchs, Markus/Kohler-Koch, Beate (Hrsg.) (1996): *Europäische Integration*. Opladen: Westdeutscher Verlag. 193-222

Lane, Jan-Erik/Ersson, Svante (1997): The Institutions of Konkordanz and Corporatism: How Closely are they Connected? In: *Swiss Political Science Review* 3 1997. 5-29

Lane, Jan-Erik/Ersson, Svante (1999): *Politics and Society in Western Europe*. London: Sage

Lehmbruch, Gerhard (1967): *Proporzdemokratie: Politisches System und politische Kultur in der Schweiz und in Österreich*. Tübingen: Mohr.

Lehmbruch, Gerhard/Schmitter, Philippe C. (1982): *Patterns of corporatist policy-making*. London

Mazey, Sonia/Richardson, Jeremy (Hrsg.) (1993): *Lobbying in the European Community*. Oxford

Nash, John F. (1950): The Bargaining Problem. In: *Econometrica* 18. 155-62

Pedler, Robin/van Schendelen, Marinus P. C. M. (1994): *Lobbying the European Union: companies, trade associations and interest groups*. Aldershot: Dartmouth

Sandholtz, Wayne/Zysman, John (1989): 1992: Recasting the European Bargain. In: *World Politics* 42 1989. 95-128

van Schendelen, Marinus P. C. M. (Hrsg.) (1993): *National Public and Private EC Lobbying*. Aldershot: Dartmouth

Schmitter, Philippe C. (1974): Still the Century of Corporatism? In: *Review of Politics* 36 1974. 85-121

Schneider, Gerald/Baltz, Konstantin (2003a): The Power of Specialization: How Interest Groups Influence EU-Legislation. In: *Rivista di Politica Economica* 93 2003. 253-83

Schneider, Gerald/Baltz, Konstantin (2003b): Am Gängelband der Verbände: Zum Einfluss von Partikularinteressen auf die deutsche EU-Politik. In: *Zeitschrift für Europa- und Staatswissenschaften* 1 2003. 199-219

Schneider, Gerald/Finke, Daniel/Bailer, Stefanie (2006): *Bargaining Power in the European Union. An Evaluation of Competing Game-Theoretic Models*. Mimeo, Universität Konstanz

Schneider, Gerald/Baltz, Konstantin (2005): Domesticated Eurocrats: Bureaucratic Discretion in the Legislative Pre-Negotiations of the European Union. In: *Acta Politica* 40 2005. 1-27

Schneider, Gerald/Finke, Daniel/Baltz, Konstantin (2007): With A Little Help from the State. Interest Intermediation in the Domestic Pre-Negotiations of EU Legislation In: *Journal of European Public Policy* 14 2007. 444-459

Stokman, Frans/Thomson, Robert (2004): Winners and Losers in the European Union. In: *European Union Politics* 5 2004. 5-23

Thomson, Robert/Stokman, Frans N./Achen, Cristopher/König, Thomas (2006): *The European Union Decides*. Cambridge: Cambridge University Press

Stokman, Frans N./Thomson, Robert (Hrsg.) (2004): The Winners and Losers of European Integration. In: *Special Issue of European Union Politics* 5 2004

Traxler, Franz/Kittel, Bernhard. (2000): The Bargaining System and Performance: A Comparison of 18 OECD Countries. In: *Comparative Political Studies* 33 2000. 1154-90

Traxler, Franz/Schmitter, Philippe C. (1995): The Emerging Euro-Polity and Organized Interest. In: *European Journal of International Relations* 1 1995. 191-218

Jenseits des Stichtags. Die Umsetzung von EU-Richtlinien in den Niederlanden[1]

Ellen Mastenbroek

1 Einleitung

Der europäischen Integration wird ein Implementierungsdefizit nachgesagt. Forscher sowie Mitarbeiter der Europäischen Union (EU) teilen beide die Ansicht, dass die EU- Mitgliedsländer nur eine magere Bilanz bei der Befolgung und Umsetzung von EU-Gesetzgebung vorzuweisen haben (z.b. Mendrinou 1996: 2; Richardson 1996: 288; Knill/Lenschow 1998: 595).

Laut Metcalfe (1992: 117) ist dies eines der am dringendsten zu lösenden Probleme der Europäischen Kommission bei dem Versuch, den Europäischen Integrationsprozess erfolgreich voran zu treiben. Dennoch wurde die Behauptung, dass ein Implementierungsdefizit besteht, bis heute weder ernsthaft ausgewertet, noch wurden die zahllosen Erklärungsvorschläge in der Literatur aus der Sichtweise der politökonomischen Integration der EU heraus analysiert. Das Implementierungsdefizit wird daher als eine Art Schwarzes Loch dargestellt (Weiler 1991: 2465). Dieses Kapitel versucht – zumindest ansatzweise – Licht in dieses Dunkel zu bringen, wobei es sich jedoch ausschließlich auf die Umsetzungsgeschwindigkeit (Transpositionsgeschwindigkeit) von EU Richtlinien in den Niederlanden richtet.

Die Diskussion um die Implementierung hat sich vornehmlich um einen speziellen Typus der EU-Gesetzgebung herum entwickelt, die Richtlinien. Diese Beschlüsse machen rund 80 Prozent der Gemeinschaftlichen Gesetzgebung aus

[1] Die Autorin ist Mitglied in der Forschungsgruppe „Der Einfluss der Europäischen Union auf die Nationalstaaten: Das Fallbeispiel der Niederlande" an der Fakultät für Politik- und Verwaltungswissenschaften der Universität Leiden, Niederlande (mit finanzieller Unterstützung des Leidener Universitären Förderungsfonds). Das Projekt wird von Rudy Andeweg, Ruud Kole, Peter Mair und Bernard Steunenberg begleitet, denen die Autorin für ihre Unterstützung danken will. Darüber hinaus ist sie Margo Crucq, Micheal Kaeding, René Monshouver, Sacha Prechal, Torsten Selck, Nickolaj Tollenaar, Victorine Verkruissen, Jeroen Weesie, einem anonymen Kommissionsbeamten sowie fünf anonymen Gutachtern für deren hilfreiche Kommentare zu Dank verpflichtet. Der hier verwandte Datensatz ist zu finden unter http://www.uni-konstanz.de/eup/iss_44.htm .

(Dinan 2000: 421). Sie sind speziell in dem Sinne, als dass sie nicht in ihrer Gesamtheit, sondern nur „hinsichtlich des zu erreichenden Ziels verbindlich" sind. Darüberhinaus wird „die Wahl der Form und der Mittel" der Umsetzungsmaßnahmen den nationalen Regierungen der Mitgliedsstaaten überlassen (Artikel 249 EG). Mit anderen Worten müssen die Mitgliedstaaten die Richtlinien in ihr nationales Recht umsetzen und anschließend diese neue Gesetzgebung anwenden und rechtlich geltend machen. Die Umsetzung ist dabei der erste Schritt im Implementierungsprozess und kann Probleme in den nachfolgenden Fasen verdeutlichen und unterstreichen.

Ein Schwerpunkt der Analyse in diesem Kapitel ist die Pünktlichkeit der Umsetzung. Die Mitgliedstaaten der EU müssen nämlich nicht nur die Richtlinien korrekt implementieren, sondern es wird zudem verlangt, dass dieses bis zu einem gewissen Stichtag zu geschehen hat. Der Stichtag wird hierbei je nach Richtlinie neu festgelegt. Die Europäische Kommission und der Europäische Gerichtshof nehmen dabei diese Verpflichtung der Staaten der EU gegenüber, wegen der möglichen negativen Effekte einer Verzögerung, sehr ernst: versäumte Umsetzung gefährdet die einheitliche Anwendung des Gemeinschaftlichen Rechtes und impliziert damit zugleich die fortwährende Existenz von diskriminierenden Handlungen. Dieses Kapitel versucht eventuelle Überschreitungen des Stichtages mithilfe von Überlebensanalyse (survival analysis) zu erklären.

2   Vorhandene Daten und ihre Mängel

Das Implementierungsdefizit wurde zu Begin der neunziger Jahre publik, als die Europäische Kommission eine weit verbreitete Nicht-Beachtung der Gesetzgebung hinsichtlich des Gemeinschaftlichen Marktes durch die Mitgliedsstaaten konstatierte. Zur Bekämpfung dieses Problems begann die Kommission anfangs noch relativ vorsichtig, ein Komitee unter der Leitung des ehemaligen Kommissars Peter Sutherland zu bilden, welche das Problem genauer untersuchen sollte. Mit der Zeit jedoch verschärfte diese Kommission ihren Kurs, wobei sie ihren Ruf, eine „pussycat when it comes to enforcement" zu sein, allmählich verlor (Puchala 1975: 513). Insbesondere Frits Bolkestijn, der damalige EU-Kommissar für den Binnenmarkt, wurde nicht müde zu behaupten, dass er einen harten Kurs bezüglich der Umsetzungspolitik fahren wolle.

Bei dem Versuch die Implementierung von EU Richtlinien durch die Mitgliedsländer zu verbessern, stützt sich die Kommission zum größten Teil auf Überwachung und Kontrolle. Dies wird ersichtlich aus den stetig veröffentlichten „Scoreboards" sowie der jährlichen Rapporte, die die Anwendung des gemeinschaftlichen Recht protokollieren. Ein großer Teil dieser Rapporte besteht aus Daten hinsichtlich der Umsetzung von Richtlinien. Diese Daten wurden bereits umfassend von Forschern verwendet, die die Transposition untersuchen (z.B. Lampinen/Uusikylä 1998; Ciavarini Azzi 2000; Bursens 2002; Tallberg 2002). Es ist allerdings auffällig, dass diese Quellen der Kommission nicht einmal Etwas auf ein Umsetzungsdefizit der EU-Länder hinweisen.[2] Die Mitgliedstaaten scheinen laut der offiziellen Rapporte selbst recht gute Umsetzungsarbeit zu verrichten. Eine durchschnittlichen Umsetzungsquote von 96 Prozent unterstreicht dies, wie Tabelle 1 veranschaulicht. Des weiteren ist der Unterschied zwischen den verschiedenen Ländern nur marginal; der Unterschied zwischen dem Klassenbesten Dänemark und dem Faulenzer Frankreich beträgt nur magere drei Prozent.

Tabelle 1: Umsetzungsrate der Mitgliedsländer vom 31 Dezember 2002

Mitgliedsland	Anzahl der anzuwendenden Richtlinien	Anzahl der umgesetzten Richtlinien	Prozentsatz umgesetzter Richtlinien
Dänemark	1563	1516	97
Schweden	1565	1513	97
Finnland	1571	1517	97
Niederlande	1568	1510	96
Spanien	1563	1505	96
Luxemburg	1566	1503	96
Belgien	1567	1595	95
Italien	1566	1590	95
Österreich	1568	1590	95
Irland	1560	1581	95
Portugal	1569	1589	95
Deutschland	1568	1588	95
Groß-Britannien	1566	1583	95
Griechenland	1564	1581	95
Frankreich	1567	1576	94
Durchschnitt	1566	1496	96

---

[2] Es sollte erwähnt werden, dass das EU-Implementationsdefizit auch aus Analysen zum Vertragsverletzungsverfahren der Kommission hervor ging. Siehe, zum Beispiel, Bursens (2002); Lampinen/Uusikylä (1998); Mendrinou (1996).

Dennoch muss der rosige Eindruck, den die Scoreboards und Rapporte vermitteln, in die richtige Perspektive gerückt werden, denn die Daten selbst haben erhebliche Mängel vorzuweisen. Zu allererst sind sie unzuverlässig, da sie vollständig auf Mitteilungen und Berichten der Mitgliedstaaten beruhen. Betrachtet man dabei die verschiedenen Anreize für diese um Richtlinien nicht umzusetzen, so muss man die Ehrlichkeit der Mitgliedsländer bei der Berichterstattung ihrer Umsetzungserfolge deutlich in Zweifel ziehen. Überdies neigen die Mitglieder der EU dazu, der Kommission bereits über eine geglückte Umsetzung zu berichten sobald sie nur eine erste nationale Maßnahme zur Umsetzung verfügt haben. Allerdings erfordert die Umsetzung von Richtlinien häufig das Verabschieden mehrerer Maßnahmen. Die Daten der Kommission beinhalten daher auch lediglich partiell vorgenommene Umsetzungen.

Ein zweites und ernsthafteres Problem ist jedoch die Validität der Daten der Kommission hinsichtlich des angeblichen Umsetzungsdefizits. Statt die Dauer der Umsetzung zu messen, geben die Daten nur das Verhältnis von umgesetzten zu noch umzusetzenden Richtlinien wieder. Da seit 1960 um die 2500 Richtlinien verabschiedet wurden, bestehen die aktuell gemessenen Umsetzungsraten zum großen Teil aus alten Richtlinien, was zu einer strukturellen Überbewertung der Umsetzung führt. Aller Wahrscheinlichkeit nach unterschätzten die Daten der Kommission daher das Umsetzungsdefizit hinsichtlich der Pünktlichkeit der Umsetzung. Um jedoch eben diese Pünktlichkeit beurteilen zu können, braucht man genauere Daten.

3   Vorhandene Forschung und ihre Mängel

Einige Forscher des Europäischen Integrationsprozesses behaupten, dass das „Schwarze Loch" nicht nur mit der Größe des Implementierungsdefizits zusammenhänge, sondern auch mit unserem theoretischen Verständnis von dessen Ursachen (z.B. Knill 2001:12). Diese Behauptung scheint jedoch aus zwei Gründen etwas weit her geholt. Zum Einen gibt es bereits einen großen Berg an Literatur der sich mit der Implementierung in die nationalen Systeme beschäftigt (eine Übersicht hiervon bieten Hill/Hupe 2002). Zum Anderen hat das besondere Thema der EU-Gesetzesimplementierung seit den späten 80'er Jahren des vergangenen Jahrhunderts intensive akademische Aufmerksamkeit auf sich gezogen. Eine Vielzahl von Forschern war fasziniert von dem Paradox des Nicht-Befolgens, mit anderen Worten der Frage warum Staaten darin versagen „Maßnamen zu implementieren, welche sie davor im Rat der Minister beschlossen haben?" (Mendrinou 1996:4). Diese wissenschaftliche Faszination resultierte in drei verschiedenen Literaturzweigen.

Der Erste erwuchs Ende der achtziger Jahre aus dem bahnbrechenden Werk von Siedentopf/Ziller (1998). Als Folge erschien eine Fülle von Büchern und Artikeln, die die politisch-administrativen Erklärungen für das Implementierungsdefizit auflisten (z.b. Richardson 1996; Peters 1997; Haas 1998; Ciavarini Azzi 2000; Dimitrakopoulos 2001). Diese Arbeiten sind jedoch eher explorativer und eklektischer Natur und weisen auf mehrere Begründungsmöglichkeiten hin. Dies geschieht teilweise anhand der eher allgemeinen Implementierungsliteratur.

Der zweite Literaturzweig ist speziell auf länderspezifische Faktoren gerichtet, die das Umsetzungsproblem erklären sollen. Seit Beginn der frühen 90'er Jahre haben in den Niederlanden mehrere Anwälte ihre Aufmerksamkeit auf die Ursachen des angeblichen holländischen Implementierungsdefizits gerichtet, wobei sie sich jedoch vor allem auf die rechtlichen Faktoren beschränken, die die Geschwindigkeit des Umsetzungsprozesses beeinflussen (z.b. Bekkers et al. 1993, 1995; Heukels 1993).

Drittens erscheint seit dem Ende der 90'er Jahre spezifische Literatur über den Prozess der Europäisierung, welche deutlich im Zusammenhang mit der Frage der EU Implementierung steht (z.b Knill/Lenschow 1998; Green Cowles et al. 2001; Hértier et al. 2001; Knill 2001; Börzel 2003). Das zentrale Argument dieses Wissenschaftszweiges ist, dass eine reibungslose Implementierung abhängig ist von der Passgenauigkeit (dem „fit") zwischen der EU-Gesetzgebung und existierenden nationalen politischen Grundsätzen. Als Fazit kann gezogen werden, dass es keine Anzeichen für ein Schwarzes Loch im Zusammenhang mit möglichen Erklärungen für die EU Implementierungsprobleme gibt. Dennoch wurde die Fülle der Literatur noch nicht widergespiegelt durch konkrete empirische Forschung auf diesem Gebiet. Die meisten Erklärungen wurden, wenn überhaupt, nur anhand von Fallbeispielen getestet. Eine Ausnahme bildet die quantitative Analyse von Mbaye (2001); diese richtet sich allerdings lediglich auf das Erklären rechtlicher Vergehen als Folge einer unzureichenden Implementierung, was einen anderen empirischen Schwerpunkt als den hier zu Untersuchenden darstellt. Die verschiedenen Erklärungen für die Pünktlichkeit der Umsetzung wurden bis jetzt noch nicht an einem integrierten Model getestet. Dieses wird daher das Ziel dieses Kapitels sein.

4   Hypothesen

Dieses Kapitel will die Dynamiken des Umsetzungsprozesses in den Niederlanden über Zeit darstellen, und sich nicht auf die zur Umsetzung benötigende Zeit zu konzentrieren (siehe Box-Steffensmeier/Jones 1997: 1418). Die abhängige Variable ist hier die bedingte Wahrscheinlichkeit für eine Umsetzung, bezie-

hungsweise die Wahrscheinlichkeit der Umsetzung zu einem bestimmten Zeit-
punkt, gesetzt dem Fall dass die Richtlinie noch nicht umgesetzt wurde. Der
Umsetzungsprozess wird hierbei als begonnen betrachtet sobald die Richtlinie in
Brüssel verabschiedet wurde und der niederländische Ausschuss der Ständigen
Vertreter (COREPER) die Richtlinie an die nationale Regierung übermittelt hat
(Donners 1991: 44). Früher oder später wird die niederländische Regierung dar-
aufhin beginnen die Richtlinie umzusetzen; der Umsetzungsprozess in dieser
Studie endet dabei mit der Verabschiedung der ersten nationalen Umsetzungs-
maßnahme. Was aber sind die Variablen, die diese konditionale Wahrscheinlich-
keit festlegen?

4.1 Erklärungen auf EU-Niveau

Die erste Erklärung auf dem Niveau der Richtlinie selbst, ist, dass die europäischen Entscheidungsfindungsabläufe die Geschwindigkeit der Umsetzung beeinträchtigen. Die Richtlinien können entweder von der Kommission, vom Rat,
oder gemeinsam von Rat und Europäischem Parlament aufgrund des Mitentscheidungsverfahrens verabschiedet werden (Hix 1999: 62). Der geeignetste
Weg um Hypothesen über Unterschiede zwischen diesen verschiedenen Typen
aufzustellen, liegt in ihrer *Qualität*. Es wird oft behauptet, dass die magere Qualität von Richtlinien einer der Hauptgründe für die Umsetzungsprobleme sei
(Bekkers et al. 1995:417; Ciavarini Azzi 2000: 56). Der Fehler scheint hierbei
allerdings nicht bei der Kommission selbst zu liegen, denn diese Vorschläge sind
augenscheinlich stets von hoher Qualität (Drijber 2001). Es ist daher wahrscheinlicher, dass das Problem im verwobenen EU-Entscheidungsfindungsprozess zu
finden ist, der oft verwässerte Kompromisse zwischen und innerhalb den EU-
Institutionen erfordert (Bekkers et al. 1993: 194). Ein zweites Kriterium zur
Unterscheidung der drei Prozeduren ist die *Politisierung*. Richtlinien der Kommission behandeln generell politisch weniger sensible Themen als die beiden
anderen Arten. Sie basieren normalerweise auf delegierten Entscheidungsfin-
dungsbefugnissen, mit dem Ziele, dass Rat und Europäisches Parlament sich
nicht in Details verlieren (Craig/De Búrca 1998: 140). Politisch äußerst sensible
Themen auf das Kommissionsniveau zu delegieren ist dabei höchst unwahrscheinlich. Die entsprechende Hypothese in diesem Zusammenhang lautet, dass
Richtlinien der Kommission eine größere konditionale Wahrscheinlichkeit auf
Umsetzung aufweisen als solche, welche vom Rat verabschiedet worden sind,
egal ob dieser entweder alleine oder gemeinsam mit dem Europäischen Parlament handelt. Zwischen den letzten beiden Arten von Richtlinien wird in dieser
Hinsicht kein Unterschied erwartet.

Eine zweite Erklärung auf EU-Niveau bezieht sich auf die Differenzierung zwischen Richtlinien, die entweder bereits Bestehende modifizieren, und solchen, die ein neues Politikfeld regulieren sollen. Modifizierungen sind gewöhnlich von eher technischer Natur; entweder gleichen sie die Gesetzgebung an den „technischen Fortschritt" (ein Ausdruck welcher häufig in Richtlinien verwendet wird) an, oder sie erweitern allmählich die zu erfüllenden Voraussetzungen für eine vollständige Umsetzung. Die konditionale Wahrscheinlichkeit der Umsetzung wird daher bei den modifizierten Richtlinien höher eingeschätzt als bei „neuen" Richtlinien.

Eine dritte entscheidende Erklärung auf EU-Niveau betrifft den Zeitraum, d.h. die Festlegung des Umsetzungsstichtags, der den Staaten zugewiesen wird. Dabei kann die Hypothese formuliert werden, dass der Zeitraum, der für die Umsetzung bewilligt wird, einen Schlüsseleffekt auf den tatsächlich benötigten Zeitraum hat. Des weiteren beschreibt der Stichtag die Komplexität der Richtlinie hinsichtlich des Aufwandes, den die Mitgliedsstaaten bei der Implementierung haben werden. Höchst detaillierte und komplexe Richtlinien, die allgemein als langsam umsetzbar beschrieben werden (Ciavarini Azzi 2000: 56), benötigen daher wahrscheinlich mehr Zeit für die Umsetzung als relativ einfache Richtlinien. Zwar wollen Mitgliedsstaaten den Stichtag einhalten; sie bevorzugen es aber dennoch, Richtlinien nicht zu früh umzusetzen, sondern wählen einen Zeitpunkt, der nahe am Stichtag liegt. Die Hypothese lautet darum, dass die konditionale Wahrscheinlichkeit der Umsetzung, unter der Vorraussetzung dass alle anderen Faktoren gleich bleiben, sich rund um den Stichtag konzentriert. Später sinkt die Zahl der Umsetzungen wieder.

4.2 Erklärungen auf nationalem Niveau

Die erste Erklärung auf nationalem Niveau ist rechtlicher Natur und betrifft die Art der juristischen Maßnahmen, die verwendet werden, um eine Richtlinie umzusetzen. Es gibt in den Niederlanden vier verschiedene Kategorien solcher Maßnahmen: Statuten (*wetten in formele zin*), Ratsbeschlüsse (*algemene maatregelen van bestuur*), Ministerielle Beschlüsse (*ministeriele regelingen*) und andere Methoden. Verabschiedete Statuten benötigen dabei wahrscheinlich die meiste Zeit, denn hierbei sind beratende Gremien, der Staatsrat (*Raad van State*) sowie das niederländische Parlament, involviert. Niederländische Rechtsbeobachter bemerkten daher, dass diese langwierige Prozedur unzulänglich ist für die Umsetzung von Richtlinien (Bekkers et al. 1995: 410). Eine Umsetzungstechnik die weniger zeitintensiv scheint, sind die so genannten Ratsbeschlüsse, d.h. verwaltungstechnische Akte, die durch die Ministerien vorbereitet und vom Kabinett verabschiedet werden. Während hierbei der Staatsrat zwar angehört werden muss, geschieht die Einbeziehung des Parlaments eher selten. Eine dritte Umsetzungstechnik sind die ministeriellen Beschlüsse. Diese Methode ist in ihrer Wirkung wahrscheinlich zügiger als die Statuten oder die ministeriellen Beschlüsse (Bekkers et al. 1995:404), da nur selten konsultierende Arbeitsgruppen hinzugezogen werden und weder der Staatsrat noch das Parlament angehört werden müssen (Bekker et al. 1995: 412). Viertens gibt es noch einige alternative Umsetzungsmethoden, bei denen zum Beispiel zwischen Selbstregulierung, Zirkularen und Verträgen unterschieden wird (Heukels 1993: 70-2; Bekkers et al. 1995: 412-14). Diese bilden allerdings eine recht heterogene Gruppe, wodurch ihre Positionierung im Vergleich mit den anderen Umsetzungstechniken hinsichtlich ihrer Dauer unklar ist.

Als Hypothese folgt daraus, dass die konditionale Wahrscheinlichkeit für eine Umsetzung am niedrigsten bei den Statuten ist, gefolgt von den Ratsbeschlüssen beziehungsweise den Ministeriellen Beschlüssen. Des Weiteren ist eine Wechselwirkung mit der Zeit zu vermuten, d.h. dass die konditionalen Wahrscheinlichkeiten für die verschiedenen Instrumente sich mit der Zeit verändern können. Es ist zunächst zu erwarten, dass die Ungleichheiten zwischen Ministeriellen Beschlüssen und Ratsbeschlüsse mit der Zeit abnehmen werden. Ministerielle Beschlüsse können zwar schneller verordnet werden, jedoch verlieren sie diesen Vorteil nach einer gewissen Zeitspanne. Dies geschieht genau dann, wenn damit begonnen wird, Ratsbeschlüsse und Statuten umzusetzen.

Eine zweite Hypothese auf nationalem Niveau betrifft die Komplexität der Umsetzung hinsichtlich der Anzahl von Maßnahmen, die getroffen oder angepasst werden müssen, um eine Richtlinie umzusetzen. Dies hängt wiederum damit zusammen, dass viele Richtlinien höchst komplex sind (Ciavarini Azzi 2000: 56). Implementierungsschwierigkeiten sind darum am wahrscheinlichsten wenn viele Maßnahmen getroffen werden müssen. Es ist daher zu erwarten, dass die konditionale Wahrscheinlichkeit für eine Umsetzung sinkt je mehr Umsetzungsmaßnahmen benötigt werden.

Die dritte Erklärung auf nationaler Ebene betrifft Unterschiede hinsichtlich der Organisationsstrukturen der Ministerien. Der organisatorische zentrale Faktor hierfür wird in der Literatur als die „Chinesische Mauer" zwischen den Vorbereitungsstufen und der tatsächlichen Umsetzung von europäischen Richtlinien bezeichnet (Bekkers et al. 1993: 195; Van Krefeld 1993: 167). In vielen Ministerien wird die Planung von Beamten durchgeführt, die Umsetzung jedoch von Juristen. Diese Konstellation wird als äußerst schädlich für eine rechtzeitige und adäquate Umsetzung erachtet, da es keine Möglichkeit gibt, eventuelle rechtliche Probleme vorauszuahnen. Solche „Chinesische Mauern" sind am wahrscheinlichsten in Ministerien anzutreffen, die sowohl über eine große professionelle, internationale Abteilung für Verhandlungen auf EU-Ebene verfügen, sowie über eine separate Rechtsabteilung, die die Umsetzung juristisch zu verantworten hat. Dies ist zum Beispiel bei den niederländischen Ministerien für Transportwesen, Landwirtschaft, Wirtschaft sowie Umweltschutz der Fall (Staatsalmanak 2003). Eine zweite Gruppe von Ministerien (Gesundheit, Soziales und Finanzen) verfügt nicht über eine solch klare Trennung. Daher wird bei diesen eine höhere konditionale Umsetzungswahrscheinlichkeit erwartet. Diese Unterschiede müssen allerdings nicht dauerhafter Natur sein; manche Ministerien können aufgrund von Koordinationsproblemen Startschwierigkeiten haben, später aber eventuell wieder mit den Anderen aufschließen.

Eine vierte wichtige Erklärung auf nationaler Ebene betrifft Koordinationsprobleme zwischen den Ministerien (Bekkers et al. 1993: 197; Oosschot 2001: 4; Drijber 2001). Richtlinien fallen häufig in die Anordnungsbefugnis von mehreren Ministerien, was deren Zusammenarbeit verlangt. Dies kann zu Koordinationsproblemen oder sogar zu Kompetenzrangeleien führen, die eventuell den Umsetzungsprozess in die Länge ziehen. Mit anderen Worten bedeutet dies, dass umso mehr Klärungsbedarf und Verzögerungen auftauchen können je mehr Ministerien involviert sind (Pressman/Wildavsky 1984). Des Weiteren kann es zu einem negativen Kompetenzkonflikt kommen wenn keines der Ministerien die Verantwortung für die Umsetzung übernehmen will (Van Kreveld 1993: 168). In den Niederlanden wird dieses Problem durch die unterschiedlichen Arbeitsweisen der Ministerien noch verschärft (Bekkers 1993: 197-8). Zum Beispiel hat das Landwirtschaftsministerium eine Neigung zur dezentralisierten Regelgebung, das Gesundheitsministerium wiederum bevorzugt primäre Gesetzgebung. Diese unterschiedlichen ministeriellen Gebräuche und Sichtweisen können den Umsetzungsprozess gar in einen Streit zwischen den Ministerien ausarten lassen (Dimitrakopoulos 2001: 616). Die Hypothese in diesem Zusammenhang ist daher, dass Koordinationsprobleme die konditionale Umsetzungswahrscheinlichkeit verringern.

Fünftens kann die Leichtigkeit der Umsetzung von der Passgenauigkeit abhängen, oder mit anderen Worten, dem Grade der Kompatibilität zwischen EU und nationaler Regelgebung sowie Institutionen. Das Argument, ursprünglich erdacht von Knill und Lenschow (1998: 596), lautet, dass je kleiner die Passgenauigkeit ist, die Umsetzungskosten für das Mitgliedsland umso höher sein werden und die Umsetzungsleistung umso schlechter sein wird. Es ist zu vermuten, dass die Umsetzungsgeschwindigkeit ein Aspekt jener Leistung ist: Sollte eine EU-Richtlinie höchstgradig inkompatibel mit den bestehenden Gesetzen sein, so wird die Umsetzung sehr schwerfällig von Statten gehen, da Entscheidungsträger, Beamte und regulierende Akteure sich wahrscheinlich den Kosten der Umsetzung wiedersetzen werden (Börzel 2003: 2). Die Hypothese lautet hier, dass je besser die Passgenauigkeit, desto grösser die konditionale Umsetzungswahrscheinlichkeit. Jedoch ist der Unterschied der Umsetzungswahrscheinlichkeiten vermutlich nicht konstant. Gut passende Richtlinien werden anfangs einen Vorteil haben verglichen mit weniger passenden Richtlinien; nach einer Weile wird die letztgenannte Kategorie Erstere aber wieder einholen.

Als Letztes wird erwartet, dass die Umsetzungswahrscheinlichkeiten eines gewissen Zeitpunkts mit der Zeit variieren können. Insbesondere ist zu erwarten, dass die konditionale Umsetzungswahrscheinlichkeit mit der Zeit zunehmen wird. Dies bedeutet, dass nach der Verabschiedung der Richtlinie die Umsetzungswahrscheinlichkeit noch eher klein ist. Der Ausschuss der Ständigen Vertreter muss dem zuständigen Ministerium die Richtlinie übermitteln, wobei mit der Bestimmung der verantwortlichen Beamten viel Zeit verbunden ist. Die Beamten müssen möglicherweise erst einen anderen vorliegenden Auftrag erledigen, bevor mit dem eigentlichen Prozess der Umsetzung begonnen werden kann. Sie müssen, haben sie einmal begonnen, Interessengruppen kontaktieren und Umsetzungsmaßnahmen entwerfen, wonach dann die eigentliche Entscheidungsfindung stattfinden kann. Die konditionale Umsetzungswahrscheinlichkeit, welche den Einfluss der anderen unabhängigen Variablen kontrolliert, wird daher voraussichtlich mit der Zeit steigen.

5   Methode

Nachfolgend wird eine Überlebensanalyse (survival analysis) auf die Dynamiken des Umsetzungsprozesses angewandt.[3] Dies ist eine Methode zur Untersuchung der konditionalen Wahrscheinlichkeit eines bestimmten Ereignisses in einem gewissen Zeitraum (siehe Kalbfleisch/Prentice 1980). In der Soziologie und in den Wirtschaftswissenschaften ist diese Methode ist weit verbreitet; in den Politikwissenschaften ist sie jedoch eher selten anzutreffen (eine Übersicht bieten Box-Steffenmeier/Jones 2003). Auf dem Gebiet der europäischen Integrationsforschung wurde diese Methode bislang äußerst selten angewandt. Nennenswerte Ausnahmen stellen einige Arbeiten zur Geschwindigkeit der EU Entscheidungsfindung (Golub 1999; Schulz/König 2000) sowie zur EU-Ausbreitung (Schimmelfennig 2002) dar.

---

[3] Eine weitere Alternative würde ein binäres, abhängiges Regressionsmodell darstellen, wie z.B. logistische Regression. Der Nachteil dabei wäre allerdings, dass ein solches Modell die Information verwirft, *sobald* einer Einheit das Ereignis wiederfährt. Diese Methode wurde ursprünglich in der Medizin entwickelt, und diente dazu, die Wirksamkeit bestimmter Arzeneien auf die Überlebenschancen von Krebspatienten zu untersuchen - darum auch der düstere Name. Sie ist auch bekannt als Survival Analysis, Event History Analysis, Lebenszeitanalyse, Ausfallzeitanalyse und Ausfallsicherheitsanalyse.

Im Zusammenhang dieses Kapitels ist die Überlebensanalyse der multivariaten Regressionsanalyse hinsichtlich des benötigten Umsetzungszeitraumes vorzuziehen,[4] da Letztere den Einfluss des Stichtags falsch wiedergeben würde. Wie bereits erwähnt, hat der Stichtag vielleicht einen zeitabhängigen Effekt auf die Umsetzungswahrscheinlichkeit, der steigt je näher der Stichtag rückt. Solch eine zeitvariante Kovariate (Allison 1982: 65), kann nicht in die Regressionsanalyse implementiert werden. Die Überlebensanalyse ist hingegen äußerst gut geeignet, solche Variablen zu modellieren. Ein zweiter Grund die Überlebensanalyse vorzuziehen, ist, dass die Ereigniszeitpunkte und die Residuen nicht normal verteilt sind, was eine Regressionsanalyse unmöglich macht. Ein letzter allgemeiner Grund die Überlebensanalyse aufgrund der rechtsseitigen Zensierung der Daten vorzuziehen (siehe Yamaguchi 1991: 3-9) ist bei dieser Untersuchung allerdings nicht relevant, da nur ein Prozent der erforschten Richtlinien eine unbekannte Laufzeit haben.

Die Überlebensanalyse bietet zwei Möglichkeiten um den Zeitraum zu spezifizieren: kontinuierlich oder diskret (Allison 1984: 14). Letzere wird entweder dann empfohlen, wenn nicht bekannt ist, wann ein Ereignis geschieht, oder wenn die Ereignisse nicht auf einer realen kontinuierlichen Basis auftreten. Bei dieser Untersuchung trifft dies zu. Obschon die exakten Zeitpunkte für die Umsetzung bekannt sind, können diese streng genommen eher im Sinne von Wochen anstatt von Tagen konzeptualisiert werden. Der banale Grund hierfür ist, dass die Umsetzung selten am Wochenende stattfindet. Wahrscheinlich geschieht sie eher zu mehr oder weniger regulären Zeitpunkten, abhängig jeweils vom verantwortlichen Ministerium. Zusätzliche Vorteile von diskreten Zeitmodellen bestehen darin, dass sie flexiblere Spezifikation über Zeitabhängigkeiten erlauben (Jenkins 1995: 129), sowie dass sie besser mit Verknüpfungen in den Daten umgehen können (Yamaguchi 1991: 16). Zudem werden diskrete Zeitmodelle oftmals als ansprechender empfunden als kontinuierliche Zeitmodelle, da sie mit Hilfe der sogenannten Logit-Analyse geschätzt werden können (Allison 1982). Dies ist eine Methode mit der viele Politikwissenschaftler vertraut sind. Aus diesen Gründen wird hier ein diskretes Umsetzungszeitmodell verwandt.

---

[4] Eine weitere Alternative würde ein binäres, abhängiges Regressionsmodel darstellen, wie z.B. logistische Regression. Der Nachteil dabei wäre allerdings, dass ein solches Model die Information verwirft, *sobald* einer Einheit das Ereignis wiederfährt.

6   Daten und Operationalisierung

Um die Überlebensanalyse durchführen zu können wurde eine Datenbank erstellt, die alle verabschiedeten EG und Euratom Richtlinien von 1995 bis 1998 beinhaltet.[5] Für alle 229 in dieser Stichprobe enthaltenen Richtlinien wurden die relevanten niederländischen Umsetzungsmaßnahmen herausgesucht[6]. Der Untersuchungszeitraum erstreckt sich hierbei von 1995 bis 2002. Drei, sich zum Teil überschneidende, Informationsquellen wurden genutzt: die vierteljährlichen Übersichten des Außenministeriums; eine Liste von Umsetzungsmaßnahmen, die der Kommission durch die niederländische Regierung übermittelt wurden; eine Datenbank, die durch das T.C.M Asser Institute zusammengestellt wurde und die Informationen über die Umsetzungsmaßnahmen enthält.[7] Die daraus gewonnenen Informationen wurden mit Hilfe der juristischen Datenbank „Opmaat" doppelt geprüft.[8] Diese Datenbank enthält Informationen über alle verabschiedeten niederländischen Gesetzte, Ratsbeschlüsse und Ministeriellen Beschlüsse. Schliesslich wurden bei fehlenden Informationen die entsprechenden verantwortlichen Beamten kontaktiert.

6.1 Die abhängige Variable

Die abhängige Variable bei der Überlebensanalyse ist die Hazardrate (oder auch Ausfallrate), eine latente Variable, die Informationen über jeweils das Auftreten und das Timing eines bestimmten Ereignisses enthält. Sie korrespondiert mit der momentanen Wahrscheinlichkeit des Auftretens eines Ereignisses zu einem bestimmten Zeitpunkt, unter der Voraussetzung, dass das Ereignis noch nicht stattgefunden hat (Box-Steffensmeier/Jones, 1997: 1419). In dem zu untersuchenden Fall bezieht sich die Ausfallrate auf die momentane Wahrscheinlichkeit der Um-

---

[5] Die Gründe zur Wahl dieses Zeitraumes sind folgende: Erstens ist die heutige Situation interessanter als die Alte, da sich die politischen und akademischen Debatten auf Erstere beziehen. Zweitens sind zuverlässige Information über die Umsetzung alter Richtlinien schwerer zu sammeln, da es systematische Informationen über die Umsetzung von Richtlinien in der Niederlanden erst seit 1999 gibt. Andererseits sollten die Richtlinien auch nicht zu aktuell sein, da Informationen sonst noch nicht verfügbar sind. Darum wurde 1998 als Endpunkt gewählt.
[6] Dies bezieht sich auf die endgültige Anzahl der analysierten Richtlinien. Die tatsächliche Stichprobe bestand aus 353 Richtlinien, wovon aber viele nicht Teil der endgültigen Stichprobe ausmachten. Gründe hierfür sind, zum Beispiel, dass die Niederlande behaupteten, die Richtlinie sei bereits umgesetzt, oder dass die Umsetzung laut Europäischer Kommission nicht zwingend notwendig war.
[7] Siehe *Kamerstukken* (Publikationen des Parlaments) 21109. Für weitere Informationen über das Asser-Institut oder das Institut für Privates und Öffentliches Internationales Recht, Internationales Handelsschiedsverfahren und Europäisches Recht, siehe http://www.asser.nl/.
[8] siehe http//www.opmaat.sdu.nl.

setzung der Richtlinie in einer bestimmten Woche, gesetzt dem Fall die Richtlinie existiert noch bis zu diesem Zeitpunkt.

Um diese Variable konstruieren zu können benötigt man Informationen über das Auftreten und das Timing aller Ereignisse bei der Umsetzung. Diese Information wird in der Form eines Zensierungsindikators sowie einer Zeitvariablen dargestellt. Ersterer ist eine fiktive Variable, auch Dummy-Variable genannt, welche die Werte 1 (Umgesetzt) und 0 (Zensiert) annehmen kann. Die Zeitvariable bezieht sich auf den benötigten Zeitraum bisher umgesetzter Richtlinien sowie auf die minimale Dauer der noch nicht umgesetzten. Die Zeitdauer ist gleichzusetzen mit der zeitlichen Differenz zwischen dem Beginn und dem eigentlichen Moment der Umsetzung, gemessen in Wochen. Der Beginn es Zeitraums – d.h. der Zeitpunkt ab dem die Richtlinie „Gefahr läuft" umgesetzt zu werden – wird durch das Datum wiedergegeben, an dem die Richtlinie auf EU-Level unterzeichnet wurde. Das Ende des Zeitraums – d.h. die Umsetzung – ist das Datum, an dem die Umsetzungsmaßname auf nationaler Ebene getroffen wurde. Dies stimmt zwar nicht überein mit der juristischen Definition der Implementierungspflicht, die besagt, dass die Maßnahme nicht nur getroffen werden, sondern auch bereits vor dem Stichtag in Kraft treten muss. Dennoch kommt es relativ häufig zu einer gewissen Diskrepanz zwischen der Unterzeichnung der Maßnahme und ihrem eigentlichen Inkrafttreten. Sich auf das Datum des Inkrafttretens zu richten, würde den zugrundeliegenden Überlebensprozess verdrehen und unzuverlässige Parameter voraussagen.

6.2 Die Variablen auf EU-Niveau

Der EU-Entscheidungsprozess ist eine ziemlich eindeutige Variable. Sie ist ordinal skaliert und benötigt zwei Dummies, mit den Richtlinien des Rates als Referenzgruppe. Zur Codierung wurde „Celex" verwendet, ein ursprünglich juristischer EU-Datensatz, der Informationen über diese Variable enthält.

Die zweite Variable stellt den Unterschied zwischen Richtlinien dar, die sich entweder auf einen gänzlich neu zu regulierenden Themenkomplex beziehen, oder die lediglich bestehende Richtlinien modifizieren. Dies ist eine fiktive Variable, bei der der Wert 1 die Modifizierung widerspiegelt. Die Informationen zu dieser Variable wurden den Titeln und Texten der Richtlinienvorschläge entnommen.

Die dritte Variable auf EU-Niveau bezieht sich auf die Dauer bis zum Stichtag. Sie wurde anhand des Stichtags konstruiert, der in den Richtlinien festgelegt wurde. Die verbleibende Periode bis zum Stichtag wurde aus der Anzahl Wochen errechnet, in der die Richtlinie bis dato noch nicht umgesetzt wurde. Die angenommene funktionale Form wird mit Hilfe einer linearen Spline-Funktion (siehe Marsh/Cormier 2002) des Zeitraums nach dem Stichtag überprüft, mit den Knoten bei zehn Wochen vor dem Stichtag sowie dem Datum des Stichtags. Um an Informationen über diese Variable zu gelangen wurden wiederum Celex sowie die Richtlinientexte zu Rate gezogen.

6.3 Die Variablen auf nationalem Niveau

Informationen über die rechtlichen Maßnahmen wurden aus den vierteljährlichen Informationsübersichten des niederländischen Außenministeriums, der Liste der Maßnahmen der der Kommission durch die Regierung zugesandt wurden, der Liste des Asser Instituts sowie „Opmaat" gewonnen. Informationen über andere Maßnahmen wurden von anderen Quellen eingeholt, jeweils anhängig von der Art der benötigten Information. Hieraus wurde eine ordinale Variable mit vier Kategorien gebildet: Statute, Ratsbeschlüsse, Ministerielle Beschlüsse und alternative Mechanismen. Es wurden drei Dummy-Variablen gebildet mit den Ministeriellen Beschlüssen als Referenzgruppe.

Informationen über die Anzahl der Umsetzungsmaßnahmen, woraus sich eine kontinuierliche Variable ergibt, wurden aus den bereits oben erwähnten niederländischen Quellen extrahiert. Ein Problem dieser Variable besteht jedoch darin, dass die definitive Anzahl von Maßnahmen möglicherweise nicht bekannt ist wenn der Umsetzungsprozess noch nicht abgeschlossen ist. Diese Problem kann jedoch vernachlässigt werden; die Veränderungen der Variable wurden regelmäßig überprüft, und das Gesamtbild scheint nahezu komplett, da sich die Anzahl von Maßnahmen pro Richtlinie zum großen Teil stabilisiert hat.

Das verantwortliche Ministerium wird operationalisiert als das Ministerium, das sich formell für die Umsetzung einer bestimmten Richtlinie verantwortlich zeigt. Dies ist eine nominale Variable, für die sechs Dummies nötig sind. Informationen über die Variable wurden den vierteljährlichen Rapporten des Außenministeriums entnommen. Zudem wurde die mögliche Verklumpung von Fällen berücksichtigt, die zur gleichen Zeit verabschiedet und vom gleichen Ministerium umgesetzt wurden, da sonst die Voraussetzung unabhängiger Beobachtungen verletzt worden wäre. Die Referenzgruppe bildet hier das Verkehrsministerium, das, mit Hilfe vorangegangener, deskriptiver Analyse, als der langsamste Richtlinienumsetzer ermittelt wurde.

Das Auftreten von Koordinationsprobleme zwischen den Ministerien macht es schwierig, eine solch große Stichprobe zu messen. Darum wurde die Anzahl derjenigen Ministerien die in den Umsetzungsprozess involviert waren, als Proxi verwandt, denn je höher die Anzahl der involvierten Ministerien, umso wahrscheinlicher treten Koordinationsprobleme auf. Informationen über diese Variable wurden den ursprünglichen Texten der Umsetzungsmaßnamen, den vierteljährlichen Berichten des Außenministeriums sowie der Liste des Asser-Institutes entnommen. Die Anzahl der Ministerien reichten von eins bis sieben. Da eine Umsetzung durch mehr als drei Ministerien eher eine Ausnahme darstellte (neun Fälle, oder vier Prozent), wurde eine fiktive Variable für jene Fälle konstruiert, die durch drei Ministerien bearbeitet wurden, sowie einem weiteren Dummy für zwei Ministerien. Die Referenzgruppe bildet ein einzelnes Ministerium.

Die Passgenauigkeit ist bei einer solch großen Stichprobe ebenfalls schwierig zu messen. Im Idealfall sollte die Operationalisierung einen eingehenden Vergleich der EU-Richtlinie mit dem bestehenden Recht, hinsichtlich der Herangehensweise zur Problemlösung und den bestehen nationalen politischen Instrumenten und Standards beinhalten (Börzel 2003: 37-8). Weil dies für die, in diesem Falle, 229 Richtlinien nicht realisierbar ist, wird hierfür wiederum einen Proxy verwandt: die Umsetzung in eine komplett neue nationale Maßnahme contra die Modifizierung einer bereits existierenden Maßnahme. Fälle die über eine hohe Passgenauigkeit verfügen, sollten normalerweise ohne große Probleme in bestehendes Recht eingefügt werden können, und Fälle mit schlechter Passgenauigkeit können neue Instrumente erforderlich machen bevor sie umgesetzt werden zu können. Leider ist dieser Indikator sehr ungenau, insofern als dieser Zusammenhang nicht wasserdicht ist: Regierungen können auch willens sein, bestehendes nationales Recht auch in Fällen schlechter Passform klaglos anzupassen. Dennoch gibt es bislang keine bessere Methode zur Messung dieser Variable. Informationen für diese kategoriale Variable wurden durch die Analyse von Texten gewonnen, die die jeweiligen relevanten Umsetzungsmaßnahmen betreffen. Dort ist üblicherweise zu finden, ob es sich um die Modifikation einer existierenden Maßnahme handelt oder nicht. Bei anhaltenden Zweifeln wurde überdies der Text der relevanten Maßnahme studiert. Um möglichen zeitabhängigen Effekten Rechnung zu tragen, wurde obendrein die Variable mit der Zeit interagiert.

Schliesslich und endlich wurde die Zeitdauer, gemessen in Wochen, nach der Verabschiedung der Richtlinie aufgenommen. Die Form der angenommenen Zeitabhängigkeit wurde mit Hilfe von Splineglättung auf der zeitlichen Verteilungszeitfunktion verifiziert. Hierfür wurden fünf lineare Splines mit den Knoten an den Quantilen angewandt (siehe Marsh/Cormier 2002).

6.4 Die niederländische Erfolgsbilanz

Nur drei der 229 Richtlinien im Datensatz wurden in den Niederlanden bislang noch nicht umgesetzt. Die Umsetzungsrate dieser Stichprobe liegt demnach bei 99 Prozent, was sogar höher ist als die 96 Prozent, die auf dem Scoreboard der Kommission verzeichnet sind. Dieser Unterschied kann auf der Tatsache beruhen, dass die Statistiken der Kommission aus neueren Richtlinien bestehen als diejenigen in diesem Datensatz. Die Niederlande scheinen im Großen und Ganzen dennoch nicht unter einem ernsthaften Umsetzungsdefizit zu leiden. Andererseits kann durch das Hinzuziehen von Informationen über den benötigten Umsetzungszeitraumszeitraum aber durchaus ein exakteres Bild gezeichnet werden.

Zur Operationalisierung der Pünktlichkeit ist es sinnvoll, die Differenz zwischen dem in der Richtlinie niedergelegten Stichtag und dem tatsächlichen Datum des Inkrafttretens der Umsetzung zu betrachten. Da die Verteilung der Zeitspannen recht asymmetrisch ist, sollte der Median anstelle des Mittelwertes vermeldet werden: dieser liegt bei null Wochen. Dieses ziemlich gute Ergebnis wird auch von der kumulativen Verteilung der Fälle gestützt, dargestellt in Figur 1. Rund 30 Prozent der Richtlinien wurden zu früh umgesetzt; überaus auffallend ist es, dass 28 Prozent der Richtlinien genau rechtzeitig umgesetzt worden sind. Scheinbar verschiebt die niederländische Regierung des Öfteren das Inkrafttreten der Umsetzungsmaßnahmen bis zum vorgeschriebenen Datum.

Abbildung 1:   Der kumulative Prozentsatz umgesetzter Richtlinien als Verzögerungsfunktion

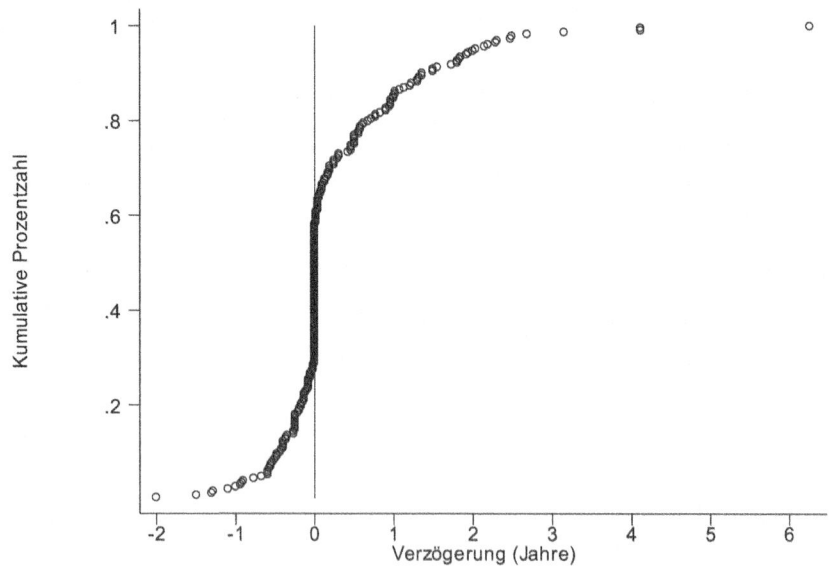

Dennoch wird auch dieser, doch recht positive, Eindruck wieder ins rechte Licht gerückt durch die Tatsache, dass 42 Prozent der Richtlinien zu spät umgesetzt worden sind. Der Mittelwert dieser Gruppe liegt bei sieben Monaten, was dem 1.6-fachen der zugewiesenen Umsetzungsperiode entspricht. Die Niederländer scheinen daher nichtsdestotrotz an einem Umsetzungsdefizit zu leiden.

Des Weiteren zerstört das oben gezeichnete Bild den offenkundigen Sachverhalt, dass des Öfteren mehr als nur eine nationale Maßnahme für die Umsetzung ergriffen worden ist. Beinahe die Hälfte der Richtlinien (43 Prozent) wurde durch mehr als nur eine Maßnahme umgesetzt. Der alleinige Fokus auf die erste ergriffene Maßnahme impliziert daher eine ernsthafte Unterschätzung des Umsetzungsdefizits. Es könnte also interessant sein, weitere Analysen nach der jeweils letzten verordneten Umsetzungsmaßnahme durchzuführen. Diese Analysen ergeben, dass 58 Prozent, und nicht 42 Prozent der Richtlinien zu spät umsetzt wurden. Des weiteren wächst der Verzögerungsmittelwert auf 53 statt 30 Wochen, was de facto einer Verzögerung von doppelter Länge des zugewiesenen Umsetzungszeitraums entspricht.

Eine wichtige Frage bei der Interpretation der Daten ist, ob das Zeitraum-Problem struktureller Natur ist. Börzel (2001: 814) zufolge ist dieses nicht der Fall, da die Umsetzungsraten tatsächlich mit der Zeit einen Aufwärtstrend aufweisen. Dennoch scheint dies ein Artefakt aus den Daten der Kommission zu sein. [9] Seit den 70er Jahren, als dieses Problem in den Niederlanden zum ersten Mal untersucht wurde, gab es in dieser Hinsicht wenig Fortschritte. Damals fanden Maas/Bentvelsen (1978: 446) heraus, dass 64 Prozent aller zwischen 1973 und 1975 verabschiedeten Richtlinien zu spät umgesetzt worden waren. Der Mittelwert lag hier bei 15 Wochen. In dieser Hinsicht ist die gegenwärtige Zahl von 58 Prozent kein beträchtlicher Fortschritt, wobei der Verzögerungsmittelwert selbst noch gestiegen ist.[10] Daher scheint es in den Niederlanden ein strukturelles Problem mit der rechtzeitigen Umsetzung zu geben. Was also sind die Gründe für die Verzögerung?

---

[9] Wie erwähnt beziehen sich die Daten auf alle bislang verabschiedeten Richtlinien. Die Umsetzungsrate kann daher im Lauf der Zeit lediglich ansteigen, aus dem einfachen Grund, weil der Anteil alter Richtlinien, die eine höhere Umsetzungswahrscheinlichkeit haben, mit der Zeit ebenfalls steigt.

[10] Dieser Unterschied kann auch ein Artefakt der Daten sein, da der Zeitraum dieser jetzigen Untersuchung länger ist als der von Maas/Bentvelsen (1978). Der Mittelwert von 15 Wochen kann daher eine zu niedrige Schätzung sein.

7 Die explorative Analyse

Der erste Schritt bei der Überlebensanalyse gilt dem Aufbau der funktionalen Form der Zeitabhängigkeit der Hazardrate. Um die Hypothese der Zeitabhängigkeit überprüfen zu können, wurde zunächst ein komplettes Model abgeschätzt, das alle Variablen sowie die fünf Splines enthält. Wie Figur 2 zeigt, liefert dieses eine monoton steigende Basis-Hazardrate, die auf die Log-Transformation der Zeit hindeutet. Um das Ergebnis doppelt zu kontrollieren, wurde überprüft, ob das Einfügen der natürlichen Lograte der Zeit in die Analyse die geschätzten Parameter verändert oder sich die Log-Wahrscheinlichkeit des Models signifikant verkleinert. Da dies nicht der Fall war, stellt die Log-Funktion eine angemessene Annäherung der Zeitabhängigkeit der Ausfallrate dar; die konditionale Wahrscheinlichkeit der Umsetzung steigt monoton mit der Zeit, unter der Vorraussetzung, dass alle andere Faktoren gleich bleiben.

Der zweite Schritt gilt den übrigen Variablen. In Tabelle zwei sind die Ergebnisse in Form von Ausfallverhältnissen wiedergegeben; sie zeigen, dass die bedingte Ausfallrate eines Falles mit dem Wert ,1' auf einer dazu relevanten Variable den Wert ,0' aufweist, unter der Vorraussetzung, dass alle anderen Variablen gleich bleiben. Bei den unterschiedlichen EU-Entscheidungsfindungsprozeduren liegt die bedingte Ausfallrate der Richtlinien der Kommission mehr als doppelt so hoch wie die der Richtlinien des Rates; dieses Ergebnis stimmt auch mit der Hypothese überein. Wie erwartet gibt es keinen signifikanten Unterschied zwischen Rats- und Parlamentsrichtlinien.

Abbildung 2:   Die Umsetzungsbasis-Hazardrate (Umsetzungsbasis-
Ausfallrate)

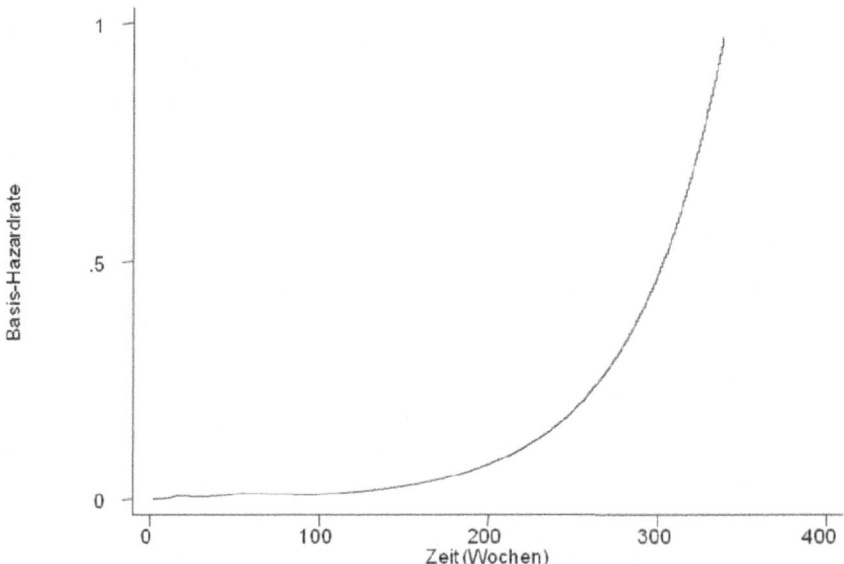

Zweitens gibt es keinen signifikanten Effekt der Modifikation/Anpassung von
Richtlinien, was nicht den zuvor formulierten Erwartungen entspricht. Es könnte
sein, dass manche Modifikationen ‚politisierte' Themen behandeln. Des Weiteren wurde der Effekt dieser Variable zu einem gewissen Teil durch die Passge-
nauigskeitsvariable absorbiert, da diese beiden Variablen korrelieren (phi = .35).
Dies ergibt auch Sinn, da die „Mutter-Richtlinie" des Öfteren bereits in das nationale Rechtssystem umgesetzt wurde, so dass für anschließende Modifikationen keine komplett neue Gesetzgebung mehr vonnöten ist.

Tabelle 2: Geschätzte Umsetzungs-Hazard-Verhältnisse (Ausfallverhältnisse)

Variable	Operationalisierung	Hypo-these	Hazardverhält-nis (robuste Stan-dardfehler in runden Klam-mern)
Typ	Richtlinie der Kommission	HR>1	2.19*** (0.42)
	Richtlinie des Rates & des Europäischen Parlamentes	HR=1	1.48* (0.33)
Modifikation von bestehenden Rich-tlinien	Modifikation	HR>1	1.21 (0.25)
Zeit bis Stichtag	Spline des Zeitraums bis zehn Wochen vor dem Stichtag	HR ≠ 1	1.04*** (0.01)
	Spline des Zeitraums zehn Wochen vor dem Stichtag bis zum Stichtag	HR ≠ 1	1.10*** (0.03)
	Spline des Zeitraums nach dem Stichtag	HR ≠ 1	0.99*** (0.00)
Typ der gerichtlichen Handlung	Ratsbeschluss	HR<1	0.11*** (0.04)
	Ratsbeschluss * t	HR ≠ 1	1.02*** (0.00)
	Alternative	HR>1	2.50** (1.14)
	Alternative * t	HR ≠ 1	0.99* (0.01)
	Statuten	HR<1	0.11*** (0.05)
	Statuten * t	HR ≠ 1	1.02*** (0.00)
Komplexität	Anzahl der Maßnahmen	HR < 1	1.45*** (0.09)
Verantwortliches Ministerium	Landwirtschaft	HR = 1	1.36 (0.75)
	Landwirtschaft * t	HR ≠ 1	1.01 (0.01)
	Wirtschaft	HR = 1	12.64*** (7.15)
	Wirtschaft * t	HR ≠ 1	0.98*** (0.01)
	Umwelt	HR = 1	2.95** (1.63)
	Umwelt * t	HR > 1	0.99 (0.01)

	Gesundheit	HR ≠ 1	3.46*** (1.43)
	Gesundheit * t	HR ≠ 1	0.99 (0.00)
	Soziales	HR > 1	10.31*** (7.57)
	Soziales * t	HR ≠ 1	0.99* (0.01)
	Finanzen	HR > 1	1.15 (0.75)
	Finanzen * t	HR ≠ 1	1.01** (0.01)
Koordinationsprobleme	2 Ministerien	HR<1	0.97 (0.18)
	3 oder mehr Ministerien	HR<1	0.50** (0.16)
Güte der Anpassung	Bestehende Gesetzgebung	HR > 1	2.98*** (1.07)
	Bestehende Gesetzgebung * t	HR ≠ 1	0.99*** (0.00)
Zeit (Dauer)	ln (t)	HR>1	1.77*** (0.26)
Beobachtungen	14711		
Wald Chi2(N)	313		
Log-Wahrscheinlichkeit	-1022		
Warsch.>chi2	0.00		

Drittens muss noch die funktionale Form hinsichtlich des Einflusses auf den Stichtag untersucht werden. Wie bereits oben angedeutet, wird davon ausgegangen, dass 1. die bedingte Ausfallrate steigt je näher der Stichtag rückt, sowie dass 2. die bedingt Ausfallrate nach dem Stichtag wieder fällt. Diese Hypothese muss nicht verworfen werden: wie in Figur 3 dargestellt, steigt das Hazardverhältnis schnell bis zum Datum des Stichtages an, danach fällt es wieder. Die funktionelle Form erlaubt keine einfache Parametrisierung, weshalb die Splines in dem Model belassen werden.

Abbildung 3:   Hazard als Zeitfunktion bis zum Stichtag

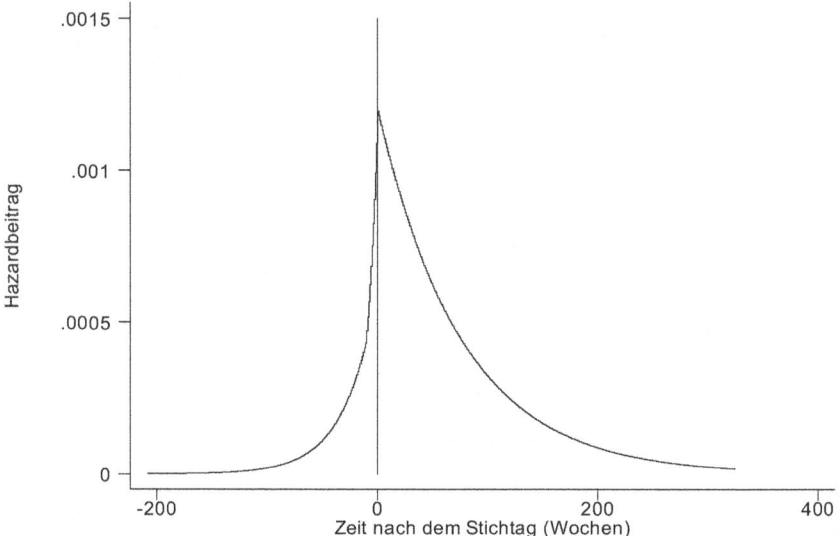

Was den Typ der juristischen Maßnahme angeht, so bestätigen die Ergebnisse die Hypothese. Die bedingte Ausfallrate alternativer Beschlüsse ist zweieinhalb mal höher als die Ministerieller Beschlüsse; sowohl Statuten als auch Ratsbeschlüsse weisen dagegen eine anfängliche bedingte Ausfallrate auf, die nur elf Prozent der Ausfallrate der Referenzgruppe, also der Ministeriellen Beschlüssen, beträgt. Dennoch sind, über einen längeren Zeitraum hinweg, die Effekte dieser zwei Typen nicht proportional. Wie in Figur 4 dargestellt, holen sowohl die Ratsbeschlüsse als auch die Statuten mit der Zeit den Rückstand auf, wobei das ursprüngliche Hazardverhältnis um zwei Prozent pro Woche ansteigt.

Die Anzahl der Umsetzungsmaßnahmen reflektiert die Erwartungen nicht. Das Hazardverhältnis beträgt für diese Variable 1.45, was bedeutet, dass eine zusäzliche Maßnahme die bedingte Ausfallrate um 45 Prozent steigen lässt. Das ergibt allerdings keinen Sinn, da die unterstellte These lautete, dass die Umsetzung langsamer von statten geht, wenn mehr Maßnahmen geändert oder eingeführt werden müssen. Oben genanntes Ergebnis kann darauf beruhen, dass die Ministerien frühzeitig beginnen an komplizierteren Richtlinien zu arbeiten, da man bereits im Vorfeld erwartet, dass die Umsetzung der Richtlinie schwierig hinsichtlich der Ausarbeitung mehrere einzelner Maßnahmen werden wird. Mit anderen Worten kann hier von einem gewissen Antizipationseffekt die Rede sein. Es kann auch das Ergebnis einer Verzerrung der Stichprobe (*Sampling Bias*) sein. Nach unserer bisherigen Kenntnis liegt das Problem darin, dass die Anzahl der bekannten Maßnahmen möglicherweise mit der Schwierig- und Leichtigkeit des Umsetzungsprozesses korreliert, so dass Richtlinien die mehrerer Maßnahmen bedürfen, tatsächlich einen relativ einfacheren Prozess durchlaufen als solche, bei denen nur eine Maßnahme verlangt wird.

Abbildung 4: Zeitliches Hazard-Verhältnis als Funktion der verwendeten juristischen Instrumente

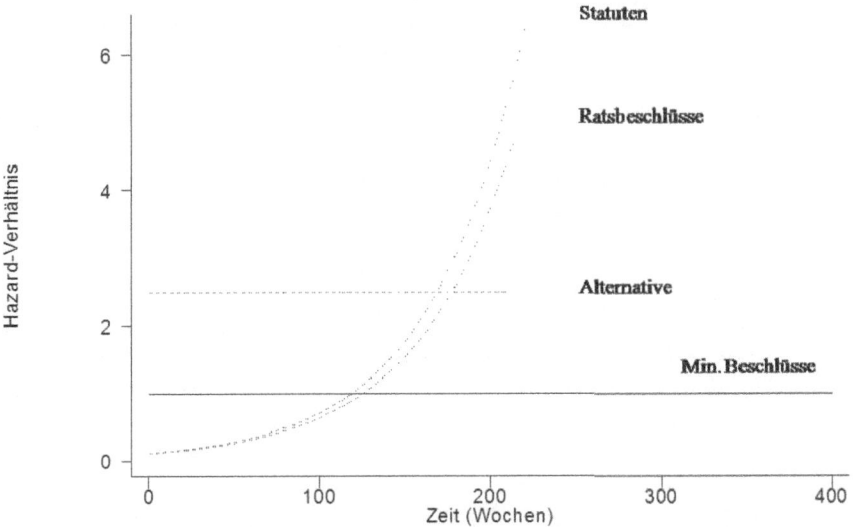

Die Unterschiede zwischen den Ministerien sind auf den ersten Blick aufgrund der Kombination der Zeitkonstanten und den zeitvariierenden Effekte nicht ganz eindeutig; für das Wirtschafts- und das Finanzministerium jedoch sind die Ergebnisse signifikant. Doch zunächst zu den anderen Ministerien: Die auf der Existenz der „Chinesischen Mauer" beruhende unterstellte Dichotomie, wird durch die Berechnungen weitestgehend bestätigt. Das Verkehrsministerium hat die niedrigste bedingte Ausfallrate; dennoch unterscheidet sie sich, wie in der Hypothese unterstellt, nicht signifikant von der des Landwirtschaftsministeriums. Auf der anderen Seite unterschieden sich das Umweltschutzministerium, das Gesundheitsministerium sowie das Sozialministerium nicht signifikant voneinander. Die Position des Umweltschutzministeriums ist anders als in der Hypothese angenommen, da sich seine bedingte Ausfallrate signifikant von dem des Verkehrsministeriums unterscheidet. Andererseits ist diese Differenz kaum signifikant (p= .49), sowie gar nicht signifikant, wenn sie mit dem Landwirtschaftsministerium verglichen wird (p= .20). Wenn es allerdings um die Position des Wirtschafts- und des Finanzministeriums geht, so müssen deren zeitvariierende Kovarianten berücksichtigt werden. Es gibt dabei einen besonders interessanten Effekt beim Wirtschaftsministerium zu beobachten: Die bedingte Ausfallrate ist zwölfmal höher als die des Transportministeriums; allerdings geht dieser Vorsprung nach zwei Jahren wieder verloren. Das mag damit zusammenhängen, dass die wirklich schwierigen Richtlinien auch über diesen Zeitraum hinaus weiterbestehen, wohingegen das Verkehrsministerium beginnt aufzuholen, da Koordinationsprobleme gelöst wurden und eine Vielzahl von Richtlinien zu diesen Zeitpunkt bereits umgesetzt worden sind. Das Gegenteil ist beim Finanzministerium der Fall, das seine Position im Verhältnis zum Verkehrsministerium mit der Zeit verbessert. Die anfänglichen Probleme des Finanzministeriums könnten damit zusammenhängen, dass das Ministerium nicht mit sehr vielen Richtlinien zu tun hat (sechs Prozent von allen) und daher zu Beginn des Umsetzungsprozesses mit Startschwierigkeiten zu kämpfen hat. Insgesamt scheint also die Existenz der „Chinesischen Mauer" Unterschiede im Umsetzungsprozess zu erzeugen; dennoch erklärt sie nicht alle Varianzen.

Hinsichtlich der vierten nationale Variable – Koordinationsprobleme, die als die Anzahl der involvierten Ministerien zu verstehen sind – sind die Ergebnisse gemischt. Es gibt keinen Unterschied in den bedingten Ausfallraten von Richtlinien, die in entweder nur einem Ministerium oder in zwei Ministerien bearbeitet wurden. Allerdings liegt bei der Zusammenarbeit von drei oder mehr Ministerien die bedingte Ausfallrate bei 50 Prozent des Wertes von einzelnen Ministerien. Dieses Ergebnis stimmt dennoch nicht vollständig mit der Hypothese überein, die besagte, dass die bedingte Ausfallrate mit der Anzahl der Ministerien steigen werde. Möglicherweise spielen in dieser Hinsicht Koordinationsprobleme nur dann eine Rolle, wenn mehrere Ministerien involviert sind. Anderseits könnte es auch sein, dass die Operationalisierung nicht gut war um Schlussfolgerungen über diese Variable ziehen zu können. Die Anzahl der Ministerien ist ein eher ungenauer Indikator, und die Probleme die sich auftun wenn drei oder mehr Ministerien involviert sind, können auch besagen, dass diese Richtlinien wahrscheinlich höchst arbeitsaufwändig sind und daher verschiedener Veränderungen in der nationalen Gesetzgebung bedürfen.

Die letzte Variable – die Passform – hat das erwartete Vorzeichen und ist signifikant. Auch der Unterschied im Hazard-Verhältnis für bestehende gegenüber neuer Gesetzgebung wird, wie erwartet, mit der Zeit geringer. Nach rund zwei Jahren wird das Hazard-Verhältnis zwischen diesen beiden Gesetzgebungstypen kleiner als eins, was auf einen höheren Hazard für neue Maßnahmen hinweist.

8   Sonderfälle

Insgesamt scheint das Model ziemlich gut zu funktionieren, in dem Sinne, dass nur wenige Hypothesen verworfen worden mussten. Dies sagt allerdings nichts über die Eignung des Models aus, die mit einer Residuen-Analyse grafisch abgeschätzt werden kann. Wir verwenden die geschätzten bedingten Ausfallraten um die vorhergesagte Überlebenszeit für jeden einzelnen Fall zu berechnen, und damit die Eignung des Models zu untersuchen. Die Mehrzahl der Fälle kann gut durch das Model erklärt werden (94 Prozent der Fälle liegen innerhalb von zwei Standardabweichungen). Eine Ausnahme bilden jedoch Fälle mit einer großen Verzögerung, die das Model nur schlecht vorhersagen kann. Dies kann auf einen nicht berücksichtigen systematischen Fehler bei den Variablen oder auf eine schlecht operationalisierte Variable hindeuten. Hinsichtlich der zweiten Möglichkeit liegt der wahrscheinlichste Grund an der Messung der Passform. Wie bereits angemerkt, ist der Operationalisierungsgrad dieser Variable unzulänglich, besonders bei Fällen mit schlechter Passform. Auffallend ist, dass die Umsetzung der meisten Sonderfälle Modifikationen der bestehenden Gesetzgebung waren. Es ist daher möglich, dass diese Fälle tatsächlich solche mit schlechter Passform waren.

Für die andere Möglichkeit gilt, dass die „politische Opposition" eine möglicherweise fehlende Variable ist. Hochgradig politisierte Richtlinien stehen sich schneller ernsthaften Umsetzungsschwierigkeiten gegenüber. Wie Puchala (1975: 498) bereits beschrieben hat, können mächtige innenpolitische Akteure die nationale Regierung zum „balk at complying", also dem Behindern der Umsetzung, zwingen. Alternativ kann auch die nationale Regierung selbst probieren, durch Mogeln und Hinhalten ungewollte Europäische Richtlinien zu verhindern. Ein gutes Beispiel für diese Art von Problemen ist der Sonderfall der Richtlinie 1998/44, in der es um den gesetzlichen Schutz biotechnischer Entwicklungen ging. Diese Richtlinie wurde nicht umgesetzt, da das Parlament sich schlichtweg geweigert hatte, die erforderlichen gesetzlichen Veränderungen zu verabschieden.

Ein Argument gegen die Einbindung der innenpolitischen Opposition als Variable ist, dass der ihr unterstellte Einfluss auf die Umsetzungsgeschwindigkeit bereits durch die Passform in die Analyse miteinbezogen wurde. Schlecht passende Fälle ziehen für gewöhnlich mehr politischen Gegenwind auf sich, als Richtlinien, die gut in das bestehende gesetzliche Regelwerk passen; daher brauchen sie auch mehr Zeit um umgesetzt zu werden. Allerdings haben Knill/Lenschow (1998) gezeigt, dass der Einfluss der Passform manchmal durch die Opposition der Akteure überlagert wird. Es wird daher ein dynamischeres Konzept der Passform und des Umsetzungsprozesses benötigt, das den Präferenzen der formellen und informellen Akteure Rechnung trägt (Dimitrova/Steunenberg 2000). Dieses Konzept ist jedoch für statistische Analysen wie die hier verwendete noch nicht umsetzbar; es besteht also ein deutlicher Bedarf an weiterführender Forschung zu diesem Thema.

9 Diskussion

Dieses Kapitel bezieht sich auf die Behauptung, dass ein EU-Implementationsdefizit besteht. Um dieser Behauptung nachzugehen, haben wir uns auf die Pünktlichkeit der Umsetzung in den Niederlanden konzentriert. Während die Berichte der Europäischen Kommission suggerieren, dass die Niederländer relativ gute Arbeit bei der Umsetzung von Richtlinien leisten, liefern die hier dargestellten Ergebnisse ein anderes Bild. Beinahe 60 Prozent der Richtlinien wurden spät umgesetzt, wobei die Verzögerungen hierbei auch mehrere Jahre betragen konnten. Des weiteren scheint es ein strukturelles Problem mit der Pünktlichkeit zu geben, da sich die niederländische Umsetzungsbilanz seit den späten 70`er Jahren nicht verbessert hat. Es kann daher sehr wohl von einem Implementationsdefizit in den Niederlanden gesprochen werden, was jedoch aus den Angaben der Kommission nicht hervorgeht.

Trotzdem ist nicht alles schlecht, denn meistens wurden letztes Endes die Richtlinien doch noch umgesetzt. Nur rund ein Prozent der Richtlinien im Datensatz wurden bislang noch nicht transponiert. Das Nicht-Umsetzten scheint daher ein zeitliches Phänomen zu sein. Dies kann das Ergebnis einer wirksamen Durchsetzungsstrategie der Europäischen Kommission und Europäischen Gerichtshofs sein, die in den meisten Fällen doch die Erfüllung sicherstellt (Tallberg 2002: 620). Anderseits kann es aber auch Kompromisse zwischen der Pünktlichkeit und der Korrektheit geben, die der langsamen aber dafür perfektionistischen Implementationsstrategie der Niederländer zuzuschreiben ist (Baas 1996: 1198). Wie von Pressman/Wildavsky (1984: 122) dargestellt, ist es jedoch noch nicht deutlich, inwiefern langsame aber perfektionistische Implementation als Erfolg oder Misserfolg zu werten sind. Wenn man aber mit der normativen Sicht geht, nach der die Richtlinien rechtzeitig und korrekt vor dem Stichtag implementiert werden sollten, so formt die verspätete Umsetzung tatsächlich ein Problem, gerade wenn es um die Rechte individueller Akteure geht und die Verzögerung mehrere Jahre beträgt. Des weiteren kann die späte, schlussendlich korrekte, Umsetzung auf Probleme im den letzteren Stufen des Implementationsprozesses hindeuten – besonders auf die Anwendbarkeit und Durchsetzung. Der tatsächliche Zusammenhang zwischen Pünktlichkeit und Korrektheit erfordert daher weiterreichende Forschung; im Idealfall sollte diese auch noch das Implementationsgeschick der anderen Mitgliedstaten mit berücksichtigen.

Auch für die Erklärung der Pünktlichkeit spielen mehrere Variablen eine Rolle. Die Wichtigsten sind das verwendete juristische Instrument und das federführende Ministerium. Weitere wichtige erklärende Variablen sind der EU-Entscheidungsprozess sowie die Passform (hinsichtlich des Bestehens nationaler Gesetze, die zur Eingliederung der Richtlinie einfach angepasst werden können). Letztendlich wird die konditionale Wahrscheinlichkeit für die Umsetzung wesentlich dadurch erhöht, dass Zeit schlichtweg verstreicht, und dass die Gefahr besteht, den Stichtag zu verfehlen. Trotzdem zeigt die Residuen-Analyse, dass das verwendete Model nur einen Teil des Rätsels löst. Das Model erklärt einige Richtlinien, und zwar solche mit relativ heftigen Verzögerungen, nur ungenügend. Der Schlüssel hierzu kann die politische Opposition sein: Interessengruppen können versuchen, selbst gut passende Richtlinien zu blockieren, oder sie unterstützen vielleicht unerwartet die Umsetzung einer Richtlinie, die eigentlich unvereinbar mit bestehenden nationalen Gesetzen ist. Anderenfalls kann das Problem auch in der Operationalisierung der Passform liegen, denn diese wichtige Variable wird offenbar durch die hier angewandte Operationalisierung nur zum Teil wiedergegeben. Diese Vermutungen müssen aber wegen der Unmöglichkeit große Stichproben zu operationalisieren außen vor bleiben; es bleibt gleichwohl zu hoffen, dass sie in zukünftige Analysen aufgenommen werden können.

Literatur

Allison, Paul D (1982):Discrete-time methods for the analysis of event histories. In: Sam Leinhardt
    (Hrsg.) *Sociological Methodology*. San Francisco: Jossey-Bass. 61-98
Allison, Paul D (1984): *Event history analysis: Regression for longitudinal event data*. In: *Series:*
    Quantitative applications in the social sciences nr. 46. Newbury Park, CA: Sage
Baas, Auke (1996): The Netherlands in the face of its community obligations 1984-1995. In:
    Common Market Law Review 33 1996. 1197-244
Bekkers, Victor/Bonnes, Jacqueline/de Moor van Vugt, Adrienne / Schoneveld, Paul/ Voermans,
    Wim (1993): Succes- en faalfactoren bij de uitvoering van EG-beleid. In: *Bestuurskunde* 4
    1993. 192-200
Bekkers, Victor/Bonnes, Jacqueline/de Moor van Vugt, Adrienne / Schoneveld, Paul/ Voermans,
    Wim (1995): The case of the Netherlands. In: Spyros A. Pappas (Hrsg.) *National administra-*
    tive procedures for the preparation and implementation of community decisions. Maastricht:
    European Institute of Public Administration. 397-477
Börzel, Tanja A. (2001): Non-compliance in the European Union: Pathology or statistical artefact?
    In: *Journal of European Public Policy* 8(5) 2001. 803-24
Börzel,   Tanja   A.   (2003):   *Environmental   leaders   and   laggards   in   Europe:*
    Why there is (not) a Southern Problem. Aldershot, UK: Ashgate
Box-Steffensmeier, Janet M./Bradford S. Jones (forthcoming): *Timing and political change: Event*
    history modelling in political science. Michigan: University of Michigan Press
Box-Steffensmeier, Janet M./Bradford S. Jones (1997): Time is of the essence: Event history models
    in political science. In: *American Journal of Political Science* 41(4) 1997. 1414-61
Bursens, Peter (2002): Why Denmark and Belgium have different implementation records: On trans-
    position laggards and leaders in the EU. In: *Scandinavian Political Studies* 25(2) 2002. 173-95
Ciavarini Azzi, Giuseppe (2000): The slow march of European legislation: The implementation of
    directives. In: Karlheinz Neunreither/Wiener, Antje (Hrsg) *European integration after Amster-*
    dam: Institutional dynamics and prospects for democracy. Oxford: Oxford University Press.
    52-67
Craig, Paul/De Búrca, Gráinne (1998): *EU law: Text, cases, and materials*. 2e Ausgabe. Oxford
    University Press: Oxford
Dimitrakopoulos, Dionyssis (2001): Learning and steering: Changing implementation patterns and
    the Greek central government. In: *Journal of European Public Policy* 8(4) 2001. 604-22
Dimitrova, Antoaneta/Steunenberg, Bernard (2000): The search for convergence of national policies
    in the European Union: An impossible quest? In: *European Union Politics* 1(2) 2000. 201-26
Dinan, Desmond (Hrsg.) (2000): *Encyclopedia of the European Union*. Boulder, CO: Lynne Rienner
Dommers, Jan (1991): De Nederlandse uitvoering van richtlijnen. In: *Bestuurswetenschappen* 45(1)
    1991. 40-53
Drijber, Bernard J. (2001): Nederland en de Europese regelgeving gezien door een insider op afstand:
    De Permanente Vertegenwoordiging. In: *RegelMaat* 1 2001. 25-31
Golub, Jonathan (1999): In the shadow of the vote? Decision making in the European Community.
    In: *International Organization* 53(4) 1999. 733-64
Green Cowles, Maria/Caporaso, James/Risse, Thomas (Hrsg.) (2001) *Transforming Europe: Europe-*
    anization and domestic change. Ithaca and London: Cornell University Press
Haas, Peter M. (1998): Compliance with EU directives: Insights from international relations and
    comparative politics. In: *Journal of European Policy* 5(1) 1998. 17-37
Héritier, Adrienne/Kerwer, Dieter/ Knill, Christoph/Lehmkuhl, Dirk/Teutsch, Michael/Douillet,
    Anne-Cécile (Hrsg.) (2001) *Differential Europe: New opportunities and restrictions for poli-*
    cymaking in the member states. Lanham, MD: Rowman & Littlefield

Heukels, Ton (1993): Alternatieve implementatietechnieken en art. 189, lid 3 EEG: grondslagen en ontwikkelingen. In: *Nederlands Tijdschrift voor Bestuursrecht* 93(1) 1993. 59-74

Hill, Michael/Hupe, Peter (2002): *Implementing Public Policy*. London: Sage

Hix, Simon (1999): *The political system of the European Union*. Basingstoke, UK: Macmillan.

Jenkins, Stephen P. (1995): Easy estimation methods for discrete-time duration models. In: *Oxford Bulletin of Economics and Statistics* 57(1) 1995. 129-37

Kalbfleisch, John D./Prentice, Ross L. (1980) *The statistical analysis of failure time data*. New York: John Wiley

Knill, Christoph (2001): *The Europeanisation of National Administrations: Patterns of Institutional Change and Persistence*. Cambridge University Press

Knill, Christoph/Lenschow, Andrea (1998): Coping with Europe: the impact of British and German administrations on the implementation of EU environmental policy. In: *Journal of European Public Policy* 5 1998. 595 -615

Lampinen, Risto/Uusikylä, Petri (1998): Implementation deficit – Why member states do not comply with EU directives? In: *Scandinavian Political Studies* 21(3) 1998. 231-51

Maas, H.H. and C.W.J. Bentvelsen (1978): De tijdige uitvoering van EEG-richtlijnen in Nederland. In: *Bestuurswetenschappen* 32(6) 1978. 443-53

Marsh, Lawrence C./Cormier, David R. (2002) *Spline regression models*. Series: Quantitative applications in the social sciences nr. 137. Thousand Oaks, CA: Sage

Mbaye, Heather A.D. (2001): Why national states comply with supranational law. In: *European Union Politics* 2(3) 2001. 259-81

Mendrinou, Maria (1996): Non-compliance and the European Commission's role in integration. In: *Journal of European Public Policy* 3(1) 1996. 1-22

Metcalfe, Les (1992): After 1992: Can the Commission manage Europe? In: *Australian Journal of Public Administration* 51(1) 1992. 117-30

Oosschot, M. (2001): De Nederlandse visitatiecommissie en het Europees recht. In: *RegelMaat* 1 2001. 2-5

Peters, Guy B. (1997):'The commission and implementation in the European Union: Is there an implementation deficit and why? In: Neill Nugent (Hrsg.) *At the heart of the union: Studies of the European Commission*. Houndmills/London: Macmillan. 187-202

Pressman, Jeffrey L./Wildavsky, Aaron (1984): *Implementation: How great expectations are dashed in Oakland* (3e Ausgabe). Berkeley: University of California Press

Puchala, Donald J. (1975): Domestic politics and regional harmonization in the European Communities. In: *World Politics* 27(4) 1975. 496-520

Richardson, Jeremy (1996): Eroding EU politics: Implementation gaps, cheating and Resteering. In: Jeremy Richardson (Hrsg.) *European Union: Power and policy-making*. London: Routledge. 278-94

Schimmelfennig, Frank (2002): Liberal community and enlargement: An event history analysis. In: *Journal of European Public Policy* 9(4) 2002. 598-626

Schulz, Heiner/König, Thomas (2000): Institutional reform and decision-making efficiency in the European Union. In: *American Journal of Political Science* 44(4) 2000. 653-66

Siedentopf, Heinrich/Ziller, Jacques (Hrsg.) (1988) *Making European policies work: The implementation of community legislation in the member states*. London: Sage

Staatsalmanak (2003): Den Haag: SDU

Tallberg, Jonas (2002): Paths to compliance: Enforcement, management, and the European Union. In: *International Organization* 56(3) 2002. 609-43

Van Kreveld, J.H. (1993): Uitvoering van EG-regelingen in Nederland: Nationale en communautaire wetgevingsproblemen. In: *Bestuurskunde* 4 1993. 165-74

Weiler, Joseph H.H. (1991): The transformation of Europe. In: *The Yale Law Journal* 100 1991. 2403-83

Yamaguchi, Kazuo (1991): *Event history analysis*. Newbury Park: Sage

Verzeichnis der Autorinnen und Autoren

Konstantin Baltz ist wissenschaftlicher Mitarbeiter am Institut für Politikwissenschaft der Universität Greifswald. Er studierte Politikwissenschaft an der Universität Stuttgart und war wissenschaftlicher Mitarbeiter an der Universität Konstanz. Seine Forschungsinteressen gelten der Interessenvertretung sowie politischen Netzwerken.

Thilo Bodenstein ist John F. Kennedy Fellow am Center for European Studies der Harvard Universität. Zuvor hatte er die Vertretung des Lehrstuhls für Politikwissenschaft II an der Universität Mannheim inne und war Jean Monnet Chair am Jean Monnet Centre of Excellence der FU Berlin. Seine Forschungsschwerpunkte umfassen die europäische Integration sowie die politische Ökonomie.

Christian Fahrholz ist derzeit wissenschaftlicher Mitarbeiter am Lehrstuhl für Wirtschaftspolitik der Friedrich Schiller Universität Jena. Er promovierte zuvor an der Freien Universität Berlin. Seine Forschungsinteressen umfassen angewandte Finanzmarktökonometrie sowie empirische und spieltheoretische Modellierung politik-ökonomischer Entscheidungsprozesse.

Daniel Finke wirkt als wissenschaftlicher Mitarbeiter am Deutschen Institut für Öffentliche Verwaltung in Speyer. Zuvor hatte Finke Politik- und Verwaltungswissenschaft an den Universitäten Bremen und Konstanz studiert. Seine Forschungsschwerpunkte liegen bei auf dem Gebiet der Entscheidungstheorie sowie Europa-und Verfassungspolitik.

Michael Kaeding ist Dozent am Europäischen Institut für Öffentliche Verwaltung (EIPA) in Maastricht in den Niederlanden. Er promovierte zuvor an der Universität Leiden in den Niederlanden und war dort für ein Jahr Postdoc an der Rechtsökonomischen Abteilung. Seine Forschungsschwerpunkte umfassen Entscheidungsprozesse in der EU, das Europäisches Parlament, Europäisierung und die Umsetzung von EU Recht in den Mitgliedstaaten.

Frank M. Häge ist wissenschaftlicher Mitarbeiter und Doktorand am Fachbereich Verwaltungswissenschaft der Universität Leiden in den Niederlanden. Zuvor studierte er Verwaltungswissenschaft an der Universität Konstanz. Seine Forschungsinteressen konzentrieren sich auf EU Politik, Vergleichende Politikwissenschaft, Institutionentheorie und Forschungsmethoden.

Constanze Kathan arbeitet im Prozeßmanagement am Klinikum Derby in Großbritannien. Zuvor studierte sie Verwaltungswissenschaft an der Universität Konstanz und promovierte an der Universität Groningen in den Niederlanden. Ihre Forschungsinteressen umfassen Gesundheitsorganisation, Politik der öffentlichen Verwaltung sowie Forschungsmethoden.

Achim Kemmerling ist Postdoc am Wissenschaftszentrum Berlin. Er studierte Politikwissenschaft und Volkswirtschaftslehre in Tübingen, Berlin und Warwick in Großbritannien. Seine Themenschwerpunkte sind Sozialpolitik und politische Ökonomie.

Ellen Mastenbroek ist Assistenzprofessorin an der Universität Nijmegen in den Niederlanden. Zuvor studierte sie Politikwissenschaft in Nijmegen und promovierte an der Universität Leiden in den Niederlanden. Ihre Forschungsinteressen umfassen die Umsetzung von EU-Recht in nationale Gesetzgebung, Neo-Institutionalismus sowie Forschungsmethoden.

Philipp Mohl ist wissenschaftlicher Mitarbeiter am Zentrum für Europäische Wirtschaftsforschung (ZEW) in Mannheim. Er studierte Volkswirtschaftslehre und Politikwissenschaft an der Freien Universität Berlin und an der Universität Bologna in Italien. Seine Forschungsinteressen liegen auf makro- und politökonomischen Fragestellungen.

Gerald Schneider ist Inhaber des Lehrstuhls für Internationale Politik an der Universität Konstanz und geschäftsführender Herausgeber der Zeitschrift *European Union Politcs*. Zuvor war Schneider Professor für Politikwissenschaft an der Universität Stuttgart, Programmleiter an der Universität Bern und Lehrbeauftragter an der Universität Genf in de Schweiz.

Torsten J. Selck arbeitet als Associate Professor und Reader für Vergleichende Regierungslehre an der Universität Nottingham in Großbritannien. Zuvor war Selck Assistenzprofessor an der Universität Groningen und Wissenschaftlicher Mitarbeiter an der Universität Leiden. Seine Forschungsinteressen beinhalten EU-Politik und Europäische Integration, sowie Methoden der empirischen Politik- und Verwaltungsforschung.

Tim Veen ist Doktorand der Vergleichenden Regierungslehre an der Universität Nottingham in Großbritannien. Er studierte Internationale Beziehungen & Internationale Organisationen an der Universität Groningen in den Niederlanden. Seine Forschungsschwerpunkte liegen auf den Gebieten der EU-Politik und der Methoden der quantitativen Inhaltsanalyse.

Arndt Wonka hat an der Universität Konstanz studiert und am Mannheimer Zentrum für Europäische Sozialforschung (MZES) der Universität Mannheim promoviert. Derzeit arbeitet er als wissenschaftlicher Mitarbeiter am MZES. Neben der politischen Ökonomie des EU-Entscheidungsprozesses interessiert er sich für politische Mobilisierung durch Interessengruppen und Parteien in politischen Entscheidungsprozessen.

Schlagwortverzeichnis

The manufacturer's authorised representative in the EU is Springer
Nature Customer Service Centre GmbH, Europaplatz 3, 69115 Heidelberg,
Germany. If you have any concerns regarding our products, please
contact ProductSafety@springernature.com

Printed and bound by CPI Group (UK) Ltd, Croydon, CR0 4YY
27/04/2026
02097639-0003